아기와
대화하기

이 책의 발행에 도움을 주신 모든 분께 감사드린다.

특히 유디트 팔크Judit Falk박사를 비롯하여 카린 고트발트Karin Gottwald,

라인힐트 크라너Reinhild Kraner, 카를 폴로니Carl Polonyi,

엘케-마리아 리슈케Elke-Maria Rischke에게 감사의 말을 전한다.

– 우테 슈트룹Ute Strub, 안나 터르도시Anna Tardos

아기와 대화하기

아기는 우리에게 말을 건다

엠미 피클러 보육학 시리즈❷

Ute Strub und Anna Tardos (Hrsg.)
Im Dialog mit dem Säugling und Kleinkind

2006년 독일어 초판의 2011년 제2판을 한국어로 번역함

1판 1쇄 발행 2022년 1월 20일

지은이 우테 슈트룹Ute Strub, 안나 터르도시Anna Tardos
옮긴이 박성원

발행인 이정희
발행처 한국인지학출판사 www.steinercenter.org
주 소 04090 서울특별시 마포구 독막로 230 우리빌딩 2층 · 6층
전 화 02-832-0523
팩 스 02-832-0526

기획제작 씽크스마트 02-323-5609

ISBN 979-11-968748-4-1 (03370)

후원계좌 I 신한은행 140-009-321956 사)한국슈타이너인지학센터

아기와 대화하기

아기는 우리에게 말을 건다

우테 슈트룹 · 안나 터르도시 편저, 박성원 옮김

한국인지학출판사
KOREA ANTHROPOSOPHY PUBLISHING

발행인의 말

이미 여러 해째 출산율 저하 곡선이 이어지는 '초저출산' 국가 대한민국이라지만, "교육이 나라의 미래를 결정한다"는 표어가 유효하지 않을 리는 없습니다. 우리 미래를 결정할 이 아이들이 건강한 사회 구성원으로 자랄 수 있는 기본 조건은 무엇일까요? 변화하는 사회의 요구에 따라 마련된 영아 보육 현장은 얼마나 안정적인가요? 가정과 영아 보육 현장에서 어린아이에 대한 이해의 폭은 얼마나 충분한가요?

국가와 사회, 개인을 향해 던지는 다양한 질문과 함께, 우리는 평생을 좌우하는 영아기의 발달을 얼마나 소중하게 생각하는지, 그리고 무엇보다 바람직한 자녀 양육과 현장의 질적 보육을 위해 어린아이를 대하는 우리의 기본 자세는 어떤지, 다시금 살펴보아야 하겠습니다. 이런 맥락에서 정부는 양질의 보육을 위해 2020년 제4차 표준보육과정을 도입하여, 만 0~2세 현장의 "영아 중심, 놀이 중심, 교사의 놀이 지원" 원칙을 강조하고 있습니다. 이렇게 기존의 문제점들을 수정, 보완하는 정책은 바람직하지만, 무엇보다 개인적 차원에서 선행되어야 할 것이 있습니다. 나는 영아의 본질을 깊이 인식하고 있는가, 매일 마주하는 아기를 어떻게 대하는가, 어른의 도움이 필요한 영아에 대해 진정 "존중하고 공감하는" 자세인가, 등을 묻는 자기 성찰이 그것입니다.

아기는 탄생 직후부터 기초적인 돌봄이 필요하고, 따라서 어른에게 온전히 의존적인 존재입니다. 수유와 이유식, 기저귀 갈이와 씻기기 등 생리적 욕구 해결을 위한 돌봄은 일상에서 반복적으로 일어납니다. 이런 돌봄 과정에서 우리가 흔히 놓치는 부분이 있음을 유념해야 합니다. "함께하는" 동안 어른이 아기와 오롯이 소통하며 공감을 이루어 낼 때, 아기의 언어 발달은 간접적으로 촉진되며, 나아가 인성을 구성하는 요소들도 발달합니다. 자신을 대하는 어른의 손길과 눈길을 통해 아기는 자신이 어떻게 받아들여지는지를 본능적으로 느낍니다. 이때 경험하는 내적 안정감과 만족감은 아기의 자존감으로 이어지며, 이와 함께 건강한 애착 관계가 형성됩니다.

또 한 가지 가정과 영아 현장에서 자주 간과하는 부분이 있습니다. 아기는 "함께하기"뿐 아니라 "혼자 있기"도 원하고 즐깁니다. "혼자 있기"를 통해 아기는 차분하게 주변을 탐색할 수 있으며, 이렇게 자유롭고 독립적으로 신체를 스스로 움직여야 대소근육의 발달이 이루어집니다. 더욱이 어른의 개입이나 외부의 자극이 없는 자유 놀이에서 오히려 아기는 자신의 욕구를 활발하게 발산합니다. 아기는 놀이에서 세상을 배워 나가니 말입니다.

헝가리 소아과 의사이며 교육학자 엠미 피클러(1902-1984)는 바로 이 두 가지 관점을 포착하는 동시에 아이마다 다른 발달 속도의 배려를 강조하는 세계 최초의 영아보육학을 정립했습니다. 국립영아보육원 "로치"를 설립한 피클러는 직접 아기들을 돌보고 관찰한 경험을 토대로 구체적인 영아 보육 방법을 제시합니다. 1968~1970년 세계보건기구(WHO)의 위탁으로 성인이 된 '로치 아동 100명'의 생활 모습을 추적한 결과, 이른바 '일반 가정'에서 자란 경우와 전혀 차이가 없다는 보고서가 나왔습니다. 이렇게 부모 없이 보육원 시설에서 자란 아이들 대부분이 일명 '시설병' 때문에 심리적 어려움을 겪는다는 통념을 무너뜨린 것이 피클러 영아보육학입니다. 영아 보육이 일반화된 요즘, 이런 실증적인 확인이 피클러 영아보육학의 의미와 가치를 더욱 부각시키고 있습니다.

한국슈타이너인지학센터가 발간하는 〈엠미 피클러 보육학 시리즈〉는 36개월 미만 아기들 일상의 다양한 장면을 보여 줍니다. 부다페스트의 피클러 연구소와 베를린 피클러 협회에서 발행한 시리즈 각 권은 풍부한 실제 사례와 분석을 통해 영아의 발달을 동행하는 바람직한 어른의 자세를 제시하고, 상황별 영아 보육 방법을 세밀하게 안내합니다. 가정과 영아 현장에서 드러나는 어른의 행동이 아이에게 과잉보호로 작용하지 않는지, 아이를 하나의 '인격체'로 대한다는 생각에서 어른이 하는 말하고 행동이 적절한지, 또는 아이의 성장을 지원한다는 이른바 '영아 교육 프로그램'과 각종 교육 행위가 타당한지 점검하고, 나아가 4~7세의 유아 현장에서 만나는 문제들 역시 그 원인과 해결책을 교육적으로 풀어가는데, 이 〈엠미 피클로 보육학 시리즈〉는 유익한 자료가 될 것입니다.

《발도르프 육아예술》 저자,
한국슈타이너인지학센터 대표
이정희

차례

프롤로그

1983년 엠미 피클러Emmi Pikler는 우리가 근무하는 베를린 소재 외래 진료소를 방문하여 소아 환자의 물리 치료를 참관했다. 엠미 피클러는 후에 이와 관련하여, 우리가 아이들의 옷을 갈아입힐 때처럼 아이들을 돌보는 일상적인 과정에서 갓난아기나 영아들을 친밀하고 세심하게 대함으로써 아이의 부모들에게 모범적인 영향을 미칠 수 있다고 조언을 해주었다. 예컨대 소매에 팔을 집어넣거나 바지에 다리를 집어넣는 것은 수없이 반복되는 자연스런 행위이다. 하지만 옷을 갈아입힐 시간이 되면 미리 아이에게 이제 옷을 갈아입혀 줄 거라는 말을 하고, 옷을 갈아입히는 중에도 그 행동을 묘사해 준다면, 아이는 우리의 말을 훨씬 쉽게 이해하게 되리라는 이야기였다. 내가 속한 팀은 엠미 피클러의 이런 조언과 수년간 이어진 안나 터르도시Anna Tardos와의 협력에서 얻은 경험을 통해 특별한 도움을 필요로 하는 아이들이 좀 더 쉽게 언어를 이해하고 습득할 수 있는 일상적인 기회를 발견했다. 그때까지 우리는 그런 일상적인 기회를 간과하고 있었던 것이다.

이 책은 베를린 피클러 협회Pikler Gesellschaft Berlin에서 발간한 일련의 책자 중 하나이다. 우리는 부다페스트에 있는 피클러 보육원Pikler-Institut에서 이루어진 발견과 지식을 신생아나 영아를 돌보는 일을 하거나 시설에서 영아과 함께 사는 모든 이에게 전해 주고자 하는 마음에서 이 책을 출간했다. 60여년에 걸쳐 피클러 보육원에서 축적된 경험이 우리에게 알려 주는 것은, 사람들과 갖가지로 의사소통을 하려는 아기의 욕구를 깨우려면, 그리고 우리의 응답을 듣기 위해서 아기가 자신의 욕구를 더 세세히 표현할 수 있게 하려면, 아기에게 어떻게 해 주어야 하느냐는 것이다.

대부분의 부모는 아기가 만 1세가 지나고 나서야 자녀의 언어 발달에 대해 본격적으로 관심을 갖기 시작한다. 첫돌이 되기 이전에 부모는 아기가 아무런 의도도 없는 듯 내는 소리에 귀를 기울이기보다는 처음으로 미소를 짓고 몸을 뒤집고 기어 다니다가 마침내 앉을 수 있게 되는 것에 더 관심을 쏟는다. 그러다가 만 2세 생일 전후가 되어서도 아이가 주변 사람들이 알아듣도록 분명하게 말을 하지 못하면 서서히 걱정하기 시작한다.

일반적으로 가족이나 의사, 치료사들은 아이가 운동 발달 면에서 문제가 있어 보이면 비교적 이른 시기부터 이를 주목한다. 반면 아이의 발성이 발달하면서 다양한 소리와 음절을 내게 되는 과정은 제대로 관찰하지도 않으며, 이를 개별화의 초기 발달 과정으로 간주하지 않는 경우가 허다하다. 많은 부모들은 태어난 지 몇 달밖에 되지 않는 어린아기와 대화를 나누거나 아기에게 뭔가 이야기하기를 어려워한다. 그래서 엄마, 아빠들은 이렇게 묻는다. "기저귀를 갈아 주면서 도대체 무슨 말을 하라는 거예요? 대답도 하지 않는 아기한테 무엇에 관해 이야기를 하란 말이에요!" 하지만 신생아는 실제로 매우 일찍부터 다양한 방식으로 부모와 의사소통을 하기 시작한다. 처음으로 눈을 맞추고, 작은 몸짓을 하고, 여러 가지 소리를 내고, 울고, 미소를 짓고, 그러다 생후 2개월이나 3개월이 지나면 소리 내어 웃음으로써 의사소통을 한다.

베를린 피클러 협회에서 펴낸 이 자료는 부모와 어린이집 및 유치원 현장 교사, 치료사, 소아과 의사 등 영아들과 관련된 사람들로 하여금 영아들이 음성으로 하는 다양한 표현에 주의를 기울이도록 유도한다. 그래서 얼핏 듣기에 차이가 없지만 분명히 구분되는 여러 소리를 해독하고, 그 소리를 통해 아이가 표현하려는 욕구를 알아차리도록 돕는다. 나아가 저자들은 어린아이가 내는 모든 소리 아이가 의사 전달을 하는 중요한 형태, 그리고 궁극적으로는 주변 사람이 알아들을 수 있는 말의 중요한 형태로 이해되는 것을 중요하게 여긴다. 부다페스트에 있는 피클러 보육원의 축적된 경험에서 우리가 배울 점은, 다양한 방법으로 사람들과 의사소통을 하려는 어린아이의 욕구를 일깨우는 조건, 그리고 아기가 의사소통의 방식을 더 섬세하게 발전시켜 나가도록 하는 데 필요한 조건들이다.

특히 아기의 엄마와 아빠는 일상적인 일들을 아기와 이야기를 나누는 기회로 활용해야 한다. 기저귀를 갈아 주든, 목욕을 시키든, 우유를 먹이든, 이제 무엇을 하려는지를 아기에게 항상 미리 설명해 주어야 한다. 물론 생후 몇 개월 동안 아기는 단어 하나하나를 이해하지는 못할 것이다. 하지만 엄마와 아빠의 눈길, 목소리의 높낮이, 반복되는 어순을 익혀 나가고 이에 대해 반응하려고 시도할 것이다. 이런 상호작용을 통해 아기는 신뢰감과 행동 기준을 습득한다. 그리고 상대방을 소중히 여기고 존중하는 것을 경험한다. 이 책에는 어른과 아기 또는 어른과 어린아이 간의 대화가 예시적으로 기술되어 있다.

이 책에서 제안하는 것 외에도, 영아의 자유 놀이가 발달해 가는 과정이 아기의 의사 전달 욕구와 대단히 긴밀하게 결부되어 있다는 사실을 언급하고 싶다. 만 1세까지의 아기는 놀이를 하면서 자신의 주변과 씨름한다. 아기는 다양한 사물을 만져 보면서 탐구하고, 그것들로 뭔가를 하고 다른 사물들과 비교한다. 만 1세가 지날 무렵 아기는 놀잇감을 가지고 간단한 계획을 세우기 시작한다. 한 가지 사물을 다른 사물과 연결하고, 어느 것을 다른 것 위에 올려놓거나 아래에 넣는다. 장난감 상자에서 놀잇감을 모두 꺼냈다가 금새 집어넣기도 하고, 다시 놀잇감을 쏟아 새롭게 정리하는 등 갖가지 놀이를 한다.

아기가 자신의 놀이 도구와 어른 사이를 연결하기 시작하면, 다시 말해서 어른이 자신의 행동에 관심을 가지기를 원하기 시작하면, 그야말로 급격한 발달이 이루어진다. 이제 아기는 "3자 관계"를 맺기 시작한다. 따지고 보면 언어라는 것은 제대로 된 3자 관계에서 비로소 의미와 목적을 갖는다. 한 사람이 다른 무엇과 경험한 것을 또 다른 사람에게 전하는 것이 언어인 것이다.

어린아이는 자신이 놀이에서 체험한 것을 다른 사람과 공유하고 싶어하며, 그 사람의 의견을 알고 싶어하며, 그 사람과 함께하는 간단한 놀이를 만들어 내어 그것을 통해 의사소통을 한다. 그렇게 상세하게 의사 전달을 하려면, 눈을 마주치고 목소리의 높낮이를 간단하게 바꾸는 것으로는 충분하지 않다. 이때 아이에게 필요한 것이 언어이다. 아이는 자신이 체험하는 것을 어른에게 전하고 확인 받고 싶어한다. 그래서 놀이가 말하기의 분화를 촉진하는 주된 동기를 제공하는 것이다.

이런 구조는 갖가지 치료적 조치와도 자연스럽게 연결된다. 발달이

지체된 아이는 보통의 아이들보다 더 오랫동안 기능적인 놀이 행위를 계속하며, 자기 행위의 결과에 대해 다른 사람과 소통하는 데 관심이 적고, 그런 이유로 언어 발달도 지체된다. 이를 반대로 해석하면, 언어 습득이 우려할 만큼 늦거나 아예 시작하지 않는 아이의 경우 독립적인 놀이를 할 수 있도록 지원해 주는 것이 언어 능력의 발달에 효과적일 때가 많는 것이다. 이에 반해 언어 치료의 조기 개입이 언어 발달을 향한 동기의 결여를 대신하지 못한다.

모니카 알리Monika Aly

머리말

안나 터르도시Anna Tardos

형가리의 소아과 의사 엠미 피클러가 1946년 설립하고 33년간 이끌어 온 영아 보육원은 부다페스트 로치Lóczy 가에 있으며, 그래서 세계적으로 "로치"라는 이름으로 알려지게 되었다. 현재는 설립자의 이름을 따서 피클러 보육원으로 불린다.

피클러 보육원과 함께 있는 피클러 연구소는 갓난아기와 어린아이의 발달과 교육의 연구 및 재교육으로도 널리 알려져 있다. 그래서 우리의 연구에 관심을 갖고 있는 다양한 전문 분야의 사람들이 여러 나라에서 찾아온다. 연구소 방문에 이어 피클러 보육원 현장을 참관한 방문객들은 보육교사들이 영아, 유아들과 이야기하는 방식에 놀라움을 표한다. 그럴 때면 나는 방문객들이 이해하지 못하는 언어가 사용되는 상황에서 무엇을 알아들었는지 물어본다.

대답은 무척 다양하지만 내용은 대부분 유사하다.

방문객들이 언급하는 내용 중 한 가지를 꼽자면, 피클러 보육원의 보육교사들이 일반적인 경우보다 갓난아이 또는 영아와 훨씬 많은 이야기를 하며, 이때 아이에게 인간적이고도 진정한 관심을 준다는 것이다. 또한 보육교사들의 말은 무심한 독백이 아니어서 아이로 하여금 자신에게 말을 하는 거라고 느끼도록 한다는 인상을 받았다고 한다. 심지어 신생아와 생후 몇 개월밖에 되지 않은 아기들까지 마치 보육교사의 말을 먹고 자라기라도 하는 듯이 이들의 말에 집중하고 주의 깊게 듣는 것이 너무나도 놀랍다고 말한다.

또한 방문객들은 보육교사들이 갓난아이나 영아에게 하는 말이 그 순간에 행해지고 있는 행위, 그리고 곧 행해질 행위와 직접적인 관련이 있다는 것을 감지한다. 그리고 말을 할 때 보육교사들은 그 말에 따른 몸짓을 동시에 한다. 따라서 방문객들은 비록 언어를 이해하지는 못해도 각 상황에서 어떤 대화가 이루어지는지 이해할 수 있을 것 같다는 느낌을 받는다. 아기들이 아직 보육교사의 말에 언어로 반응하지 않지만, 우리는 이를 대화라고 표현할 수 있다. 왜냐하면 아기들이 보육교사의 말에 귀를 기울이고, 자신이 들은 것을 따르며, 온몸과 시선, 음성, 여러 가지 몸짓을 통해 대답하는 것을 눈으로 확인할 수 있기 때문이다.

또한 방문객들은 이곳의 보육교사들이 얼마나 너그럽고 이해심 있게 공감하는 태도로 아이들과 이야기를 하는지 직접 체험한다. 예컨대 한 아기의 기저귀를 갈아 주거나 옷을 입히거나 먹을 것을 주는 동안 다른 아기가 울기 시작하면, 우선 멀리서라도 간간이 말을 걸어 주고 아기의 불만이라고 추측되는 것을 말로 표현해 줌으로써 우는 아이를 달래어 울음을 그치게 하는 일이 제법 자주 일어난다. 방문객들은 이곳의 보육교사들이 이런 상황에서도 침착한 태도를 잃지 않고 차분하게 행동하는 데 깊은 인상을 받는다.

로치에서는 아기가 식사나 목욕 차례가 되면 당연히 보육교사가 특별히 관심을 집중한다. 가끔 다른 아이들이 부르는 소리에 대답하거나 어려움에 처한 아이에게 반응을 보이는 일도 있다. 하지만 이는 대부분 멀리 떨어져서 간단한 대화를 나누며 관심을 보이는 정도에 그친다. 이렇게 다른 곳에 신경 써야 하는 경우가 생기면 보육교사는 팔에 안고 있거나 기저귀를 갈아 주기 위해 눕혀 놓은 아이에게 미안하다고 말한다. 예컨대, "지금 보르카가 수건을 잃어버려서 울고 있기 때문에, 잠시 보르카와 이야기를 해야겠어." 하고 양해를 구하는 것이다.

로치의 아이들은 대부분 순하고 명랑하고 활기차다. 하지만 이 아이들 사이에서도 크고 작은 다툼이 있다. 예컨대 한 아이가 다른 아이의 장난감을 빼앗거나 머리카락을 잡아당기기도 한다. 이런 일이 일어나면 보육교사의 목소리는 보통 때보다 살짝 단호해지기도 하지만, 목소리 자체가 커지거나 비난하는 어조가 되지는 않는다. 보육교사들은 아이에게 소리를 지르거나 욕을 하지 않으며 벌을 주겠다고 위협하지도 않는다. 여러 가지 이유로 잠깐 또는 오래 가정을 떠나 살고 있으며 대부분의 경우 어려운 상황을 겪은 아이들에게는, 자신과 세상에 대해 신뢰감을 되찾아 주고 안정감을 심어 줄 수 있는 태도가 필요하다. 갈등 상황에 처한 이곳의 아이들에게 차분하고 수용적인 태도로 이야기하는 것 또한 아이들이 안정감을 느낄 수 있는 분위기를 조성하는 일이다.

한 영아 그룹 안에서 일어나는 일을 몇 시간에 걸쳐 주의 깊게 관찰하는 방문객들은 아기와 어린아이들이 마치 어른들이 하는 말에 따라 행동하고 또 그 말을 이해하는 것처럼 반응하는 것을 보고 놀라워한다. 예를 들어, "네 옆에 수건이 떨어져 있네."라는 보육교사의 말을 듣고 수건을 찾은 아기는 마음이 진정되어 잠시 울음을 그치기도 한다. 플라스틱 컵으로 다른 아이의 머리를 때리던 만 18개월짜리 아이는 목욕탕에서 또 다른 아이의 기저귀를 갈아 주던 보육교사가 차분한 목소리로, "컵을 가지고 바닥은 두들겨도 되지만, 산드라의 머리를 쳐서는 안 되지." 하고 말하자 얌전해진다. 이곳에서는 이런 일이 방문객들이 생각하는 것보다 더 자주 일어난다. 로치의 생활에 대해 이미 잘 알고 있는 사람들은 보육교사들이 아기들에게 무슨 말을 하고 보육교사와 어린아이들이 무슨 이야기를 나누는지 알고 싶어하는 경우가 많다.

우리는 이 책을 통해 그런 관심에 부응하려 하며, 로치에서 영아들을 다룰 때 보이는 주의 깊은 태도가 언어를 통한 대화에서는 어떤 모습으로 나타나는지 전달하고자 한다. 우리가 어떤 내용으로, 그리고 어떻게 신생아뿐만 아니라 아기들과도 공감하면서 진지하고 밝게 배려하며 예의를 갖추어 이야기할 수 있는지 전하려 한다. 또한 자신을 둘러싸고 있는 세상에서 적응하는 데 필요한 행동의 기준을 아이들에게 말로써 전하는 모습을 보여 주고자 한다. 우리가 어떤 방법으로 아이로 하여금 자신과 주변 사람들을 알아가고 일상에서 일어나는 반복적인 일 또는 예기치 못한 일을 이해하도록 돕는지 보여 주려 한다. 그리고 영아들의 질문에 솔직하게 대답함으로써 아이들이 점차 과거, 현재, 미래에 대한 감각을 가질 수 있도록 돕는 모습도 보여 주고자 한다.

성인들을 상대할 때 우리는 당사자에게 생길 일을 미리 알려 주어 준비시키는 것이 보통이다. 하지만 유감스럽게도 신생아와 영아들을 대할 때는, 함부로 대할 수 없는 어른들과는 달리 구체적인 말을 통해 상황을 파악하도록 배려하는 일이 예외에 가깝다. 이것은 우선 우리의 의식이 변해야 개선될 부분이다. 하지만 갓 태어난 아기가 엄마의 관심을 감지하고 그 말에 주의 깊게 귀를 기울이는 모습을 직접 체험한 엄마는 아기가 얼마나 많은 것을 이해할 수 있는지 믿게 된다. 이런 체험을 한 엄마는 처음에는 확신이 없더라도 시간이 갈수록 자신도 모르는 사이에 생후 몇 개월이 된 아기와도 유사한 방식으로 자연스럽게 이야기를 나누게 될 것이다. 이렇게 엄마가 아이에게 자신이 할 행동을 미리 말로 알려 줄 때, 엄마의 움직임도 저절로 속도가 느려지고 조심스러워진다.

이 책에 실린 여러 편의 글은 부모와 보육 종사자들이 아기와 어린아이를 대하는 과정에서 어른과 아이 모두가 기쁨을 느끼는 관계를 쌓는 데 도움이 될 것이다. 말을 주고받는 행위는 관계를 한층 다양하고 특별하고 신중하게 만들며, 갈등의 소지를 확연하게 줄일 것이니 말이다. 이는 우리가 **무엇을 어떤 방식으로** 아이에게 말하는지 의식하는 순간 어린아이의 존엄성에 대한 자각이 우리 안에 생기기 때문에 가능한 일이다. 가정이나 현장, 어느 곳에서든 아기 또는 어린아이와 처음 만나는 순간부터 이야기를 나누다 보면, 그들과의 관계는 한층 깊어지고 풍부해진다.

* 43쪽–103쪽의 사진은 마리안 라이스만Marian Reismann이 로치 보육원의 일상을 담아놓은 것이며,
119쪽과 126쪽의 사진은 로자 클리아스Rosa Kliass가 촬영한 것이다

아기와 대화하기

"아이가 아직 우리가 말하는 것 가운데
일부분을 알아듣지 못한다는 느낌이 들거나
단 한마디도 알아듣지 못한다는 느낌이 들더라도,
우리 자신이 말을 못하는 사람처럼 행동하지는 않습니다.
우리가 자연스럽게, 선입견 없이 이야기를 하면
아이가 우리의 말을 이해할 것이라고 믿어야 합니다."

엠미 피클러Emmi Pikler,
《평화로운 아기들, 만족스러운 엄마들》
("Friedliche Babies - zufriedene Mütter") 중에서

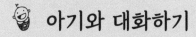

로치 보육원의 분위기

_마리아 빈체Mária Vincze

많은 방문객들은 로치를 둘러보고 나면 무엇보다도 "분위기가 특별하다"고 말한다. 우리는 이러한 언급을 계기로 로치의 분위기가 왜 특별하게 느껴지는지 자문하고 분석해 보았다. 우리가 분석한 요인 중 일부는 다음과 같다.

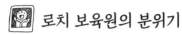

가장 중요한 요인은 사람과의 관계이다. 아이와 보육교사는 서로에게 중요한 존재이며, 함께하는 시간을 통해 서로에 대해 점점 더 알아가며, 상대방의 반응도 익혀 나간다. 보육교사는 아이의 발달 과정을 주의 깊게 지켜보면서 동행하고 배려하며 아이의 성향과 취향 문제를 파악한다. 아이에게 지나친 사랑을 쏟아 부으며 재촉하지 않으며, 화를 내지도 않는다. 보육교사는 한편으로는 자신이 돌보는 아이가 자신의 아이가 아니고 언젠가는 서로 각자의 길을 갈 것임을 의식하고 있다. 다른 한편으로 보육교사는, 장차 아이가 맺게 될 모든 인간관계의 토대가 바로 지금 이 순간 자신과의 첫 번째 관계이므로 집중적이며 탄탄한 관계를 다져 두어야 한다는 점을 인식하고 있다. 아이는 이후에 자신의 가정으로 돌아가거나 입양될 수도 있고, 위탁가정에서 자랄 수도 있다. 보육교사는 아이가 어떤 형태로 자라게 되든지 자신의 어머니와 특별한 관계를 맺을 수 있도록 어느 정도의 공간을 비워 두어야 한다.

조화로운 분위기를 조성하기 위해서, 아이에게 욕을 하거나 소리치지 않으며, 아이를 거칠거나 세게 붙잡지 않으며, 화풀이를 하지도 않는다. 보육교사는 아이의 분노와 화를 받아 주며, 아이가 흥분하는 것을 이해하려고 노력한다. 또한 아이가 사회화 과정을 잘 거치도록 끈기 있게 이끈다. 이 과정에서 보육교사는 아이를 재촉하지는 않지만, 아이가 집단생활에 필요한 사항, 예컨대 자기 차례가 될 때까지 기다리는 것 등을 받아들일 준비를 하도록 이끈다.

지금 이 순간 아이 자신이 존재하는 공간에서 주위 사람들과 관계를 맺으며 자신의 발달 수준에 따라 자신이 나아갈 방향을 찾을 수 있을 때, 아이는 근본적인 내적 안정감을 찾게 된다. 따라서 주기적으로 반복되도록 정해진 일상은 매우 중요하다. 이런 반복적인 일상이 없으면, 아이는 예측할 수 없는 우연한 사건과 자주 부딪히게 된다. 로치의 아이들은 정해진 순서대로 식사를 한다. 보육교사는 식사할 차례가 된 아이를 팔에 안고 다음 차례인 아이에게 다가가서 이렇게 말한다. "지금 일로나에게 먹을 것을 주고 나면, 네 차례가 된단다."

가정이 아닌 시설에서 아이들에게 이런 종류의 안정감을 주려면 조직 내에 아이들의 내적 자유를 존중하는 분명한 규율이 있어야 한다. 아이들은 이러한 규율이 존재한다는 것을 인식하지 못하지만, 이것은 아이들에게 안정감을 주기 위해 반드시 필요하다.

수년에 걸친 관찰과 경험을 바탕으로, 우리는 아이의 자기주도성과 독자적인 행동, 독자적인 능력을 신뢰한다. 특히 운동 발달의 측면에서 아이들의 이런 능력을 신뢰한다. 우리는 아이들에게 어떻게 자리에 앉고 일어서고 걷는지 시범을 보이지 않는다. 대근육 운동 기능의 발달이 다소 늦거나 지체되더라도 아이가 필요로 하는 만큼의 시간을 주고 지켜본다. 미세근육 운동 기능의 발달과 언어 발달이 눈에 띄게 늦어도, 우리는 걱정하지 않는다. 우리는 아이가 자신과 세상을 발견해 갈 수 있도록 안정감과 평안함을 심어 주고, 이에 필요한 외부 조건을 조성한다. 사물의 특성을 알아 갈 때에도, 우리는 앞서 나가 가르치는 것이 아니라 사물의 특성을 경험할 수 있는 환경을 만드는

데 그친다. 이런 방식으로 우리는 만 1세 이하의 아기도 어떤 물건이 단단한지, 말랑말랑한지, 거친지, 매끄러운지, 무거운지, 가벼운지, 직접 탐구하고 실험할 수 있도록 한다. 예컨대, 아기들은 어떤 물건을 다른 물건 속에 집어넣을 수 있는지 여러 번의 시도를 통해 알게 된다. 좀 더 자라 탑을 쌓을 때에도 아기는 이와 같이 여러 번의 시도를 통해 탑 쌓기를 시작한다. 인형을 가지고 놀 때에도, 보육교사를 자세히 관찰하고 모방함으로써 점점 익숙하게 인형의 입에 음식을 넣는다. 아이들은 이런 모든 놀이 행위를 스스로 습득하며, 우리는 시범을 보이거나 가르쳐 주지 않는다.

우리는 어떤 발달 단계도 선행하지 않는다. 식사나 괄약근 조절에 관해서도 우리는 아이의 능력을 믿는다. 아이가 얼마만큼의 양을 먹어야 하는지도 우리가 결정하지 않으며, 언제 아이가 배불러 하는지를 감지하려 노력한다. 또한 아이가 요청하기 전까지는 유아용 변기에 앉히지 않으며, 아이가 변기에 앉혀 달라고 말할 때까지 기다린다.

우리는 의식적으로 아이의 자신감과 자부심을 강화시키려고 노력한다. 따라서 얼마만큼의 음식을 먹을지를 아이가 결정하도록 하는 것에 그치지 않고, 잠자는 시간 외의 시간 동안 놀이를 할지, 그냥 편하게 쉴지를 결정하는 것도 아이에게 맡긴다. 이 외에도 우리는 아이에게 다양한 선택권을 준다. 예컨대 빨간색 바지를 입을지, 파란색 바지를 입을지 선택할 수 있도록 한다. 또 어떤 물건을 손에 들고 잘지, 기저귀나 작은 보자기 또는 인형을 들고 잘지 등도 선택하도록 한다. 산책을 할 때에도 아이의 관심을 존중하여, 어떤 방향으로 산책을 갈 것인지 아이가 결정하도록 한다.

우리가 아이를 대할 때는 아이가 자신의 인격이 존중 받는다고 느끼도록 한다. 우리는 아이에게 단 한 번도, "심술궂다, 멍청하다, 서투르다." 하고 말하지 않는다. 아이는 절대로 자신에 대해 나쁜 감정이나 창피한 감정을 가져서는 안 된다. 보육교사는 아이에 대해 판단하거나 비난하지 않는다. 다른 아이가 가지고 있던 장난감을 빼앗았다고 해서, 아이가 들고 있던 장난감을 우리가 빼앗지도 않는다. 그 대신 한 아이의 마음에 상처를 주지 않으면서 다른 아이를 보호하기 위해, 갈등을 겪고 있는 아이들의 곁에서 함께한다. 이렇게 함으로써 보육교사는 빼앗은 아이가 자발적으로 장난감을 돌려줄 준비가 될 때까지 빼앗긴 아이가 기다릴 수 있도록 돕는다.

로치에서 아이들은 모든 일이 실질적인 원인과 결과에 따라 돌아가는 환경에서 지낸다. 아이가 탁자에 부딪히더라도 탁자가 나쁘다며 탓하지 않으며, 이와 비슷한 다른 경우에도 항상 원인과 결과를 분명히 짚고 넘어간다. 아기는 처음부터 진지하게 대해야 할 존재이기에 보육교사들은 아기에게 말할 때에도 특별히 어린아이의 말투로 말하지 않고, 평상시처럼 자연스럽게 말한다. 또한 아기 자신 또는 주변과 관련된 일에 대해 항상 미리 알려 주고, 지금 일어나고 있는 일에 대해서도 말로써 알려 준다. 예컨대 보육교사는 아기가 지금 무엇을 마시고 있으며 무엇을 먹고 있는지 말해 주고, 이제 한 모금만 마시면, 또는 한 숟가락만 먹으면 식사가 끝난다고 말한다. 또 이제 자신이 방 밖으로 나갈 거라고 말해 주고, 무엇을 하러 가는지, 얼마 동안 밖에 있을 것인지, 오늘은 왜 마당에서 놀 수 없는지, 왜 산책 나가지 않는지 말한다.

나는 글의 초반에 우리 보육원의 분위기가 특별하다고 말했다. 하지만 이곳의 분위기에는 교육학의 기본 요소를 잘 알고 있는 사람이 놀랄 만한 것은 하나도 없다. 그보다는 특이하고 다소 낯설게 들릴 내용이 있다는 것은 인정한다. 그것은 바로 보육교사들에게 **'절대로'**와 **'항상'**이라는 꼬리표가 붙은 사항들을 반드시 지켜 달라고 요구한다는 것이다. 예컨대 한 그룹을 담당하는 네 명의 보육교사 중 어느 한 사람이 이 글의 초반에 언급했던 아이들의 식사 차례를 바꾸려 하면 혼자서는 **절대로** 바꿀 수 없으며, **항상** 다른 세 명의 보육교사, 보육팀장, 소아과 의사의 동의를 구해야 한다. 예를 들어 이른둥이가 잠을 자는 바람에 우유 먹는 시간을 계속 놓친다면, 이는 정해진 식사 차례를 바꿀 수 있는 합당한 근거가 될 것이다.

아무리 좋은 엄마, 아빠라도 아이에 대해 인내심을 잃어버릴 때가 있다. 하지만 그런 부모들은 자신의 아이와 함께 살면서 돌보며, 따라서 그들은 아이에게 범한 실수를 만회할 기회가 많다. 반면에 상대적으로 짧은 기간 동안 아이를 돌보는 보육교사에게는 자신의 실수를 보상할 기회가 많지 않다. 기관에서 아이들을 돌보는 일에 종사하는 우리로서는 이런 절대적인 요구 없이는 앞에서 언급한 교육적인 구상을 실천할 수 없다. 보육교사가 개인적인 감정대로 행동한다면, 조금만 화가 나도 욕을 하거나 소리를 치고 아이에게 손찌검을 하게 될 수 있기 때문이다. 또한 보육교사가 모성적 감정으로 지나친 애정을 쏟아붓는다면, 이는 아이의 내면에 충족시킬 수 없는 기대감을 일깨우게 되고, 결과적으로 아이에게 실망감이나 불안감을 초래할 수도 있다.

우리가 이 교육적 실천이 의미 있다고 보는 것은 다음과 같은 경험을 했기 때문이다.

• 이 환경은 아이들이 편안하고 안정적으로 느끼게 되는 최선의 조

건을 제공한다.

- 이 방식으로 아이들을 대하면, 아기가 어른의 직접적인 개입에 의존하지 않고 적극적이며 독립적이며 자주적인 아이로 성장하는 데 도움이 된다.
- 보육교사가 앞에서 언급한 대로 행동하여 형성되는 교사와 아이 사이의 개인적인 관계는 아이가 후에 입양 부모 등 다른 사람들과의 새로운 관계를 심각한 동요 없이 받아들이는 데 도움이 된다.

요약하면, 우리가 이렇게 아이들을 대하는 교육 방식이 아이들에게 원만한 대인관계의 토대를 심어준다는 사실을 경험하고 있다는 것이다.

언어 습득에 관하여

_엠미 피클러Emmi Pikler[1]

언어 발달은 아이의 지능 발달과 같은 속도로 진행되지는 않는다. 생후 12개월이나 18개월 정도의 이른 시기에 말을 시작하는 아이도 있고, 생후 32~36개월에야 비로소 말을 시작하는 아이도 있다. 언어 발달은 다른 분야의 발달과는 거의 무관하게 이루어진다. 언어 능력은 아이마다 각기 다르게 습득되며, 아이의 다른 능력과 반드시 연관되어 있지 않다고 보아야 한다.

아기는 생후 6~8주라는 비교적 이른 시기에 옹알이를 시작한다. 대부분의 아기는 "회-회" 하는 소리를 가장 먼저 낸다. 아기는 이 소리를 며칠에 걸쳐 연습한다. 그러다 나중에는 마치 체계적으로 음성학 연습이라도 하듯이 구강 내 여러 자리에서 소리를 만들어 본다. 목구멍소리, 혓소리, 입술소리를 반복적으로 내면서 계속 새로운 소

1 《평화로운 아기들, 만족스러운 엄마들》 82~86쪽을 유테 슈트룹이 요약 및 수정, 보완해서 실었다.

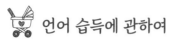

리를 만들어 낸다. 아기는 날마다 몇 시간이고 이런 소리를 내며 놀 수 있다. 이미 자신이 알고 있는 여러 소리를 소중한 진주처럼 하나씩, 하나씩 갈무리한다.

시간이 좀 더 지나면 아기는 때로는 조용히, 때로는 시끄럽게, 거의 쉴 새 없이 '수다를 떤다'. 놀이를 할 때도 옹알옹알, 종알종알거리며 '혼잣말'을 한다. 얼마 지나면 아기는 각각의 소리를 반복하는 데 그치지 않고 "다-다", "바-가", "괴-가-라"와 같은 음절 전체를 말한다. 자신의 손을 향해 그리고 자신을 둘러싼 모든 것을 향해 이야기하고, 사이사이 신이 나서 환성을 지르거나 깔깔거리며 웃는다.

아기들은 짧은 소리들을 조합하여 '단어'를 만들고, 나중에는 같은 방식으로 '단어'들을 조합하여 '문장'을 만든다. 때로는 알아듣기 힘든 소리를 중얼거리며 '독백'을 하기도 한다. 흥미롭게도 이런 '옹알이' 속에는 아기의 주변 사람들이 사용하는 언어의 특징이 많이 포함되어 있다. 하지만 사실 이것은 아직 언어가 아니며 생각을 표현하는 것도 아니다. 아기는 단지 어른들이 사용하는 언어의 소리와 강세, 선율을 모방하려고 노력할 뿐이다. 간혹 이런 모방은 실제 언어로 착각할 만큼 비슷하여 듣는 사람을 놀라게 한다. 이런 '독백'을 멀리서 들으면 아이가 내용이 있는 말을 막힘없이 한다는 느낌을 받는다. 그만

큼 아이는 주변 어른들에게서 들은 대로 수다를 떨거나 무언가를 설명하는 듯한 어조를 모방하는 것이다.[2]

단지 말의 소리만 모방하는 단계에 있을 때조차 아이는 이미 어른들이 말하는 것 중 많은 부분을 이해한다. 어른들이 탁자에 대해 이야기하면, 아이는 탁자를 쳐다본다. 음식에 대해 이야기하면, 아이는 자신이 먹을 것이 어디에 있는지 찾아보며, 금지하는 말도 알아듣는다. 하지만 무언가를 하고 싶지 않을 때 아이는 어른이 자신에게 하는 말을 마치 알아듣지 못하는 듯 행동하기도 한다.

이로부터 시간이 좀 더 흐르면 아이는 시험 삼아 의미 있는 단어를 만들어 보고, 자신이 알고 있는 사람이나 물건 또는 행위를 단어로 나타내려고 시도한다.

그런 시도는 처음에는 아이에게 어려운 일이어서, 표현하려는 단어는 자칫 음 하나 또는 음절 하나에 그치고 만다. "마" 또는 "빠"라는 소리로 엄마나 아빠를, "으"라는 소리로 음식을 표현한다. 무언가가 마음에 들지 않으면, 고개를 돌리며 "시, 시, 시"를 반복하여 싫다는

2 때로는 아이의 모방이 너무나 생생하여, 실제로 어른들이 속기도 한다. 예를 들어 방문객이 한 살 반 내지 두 살짜리 아이를 내려다보며 "안녕?", "이름이 뭐니" 등의 질문을 한다. 그러면 아이는 내용을 담은 손짓까지 하면서 분명한 강세와 설명하는 듯한 어조가 실린 말로 대답한다. 아이의 대답에 당황한 방문객은 아무 말도 이해하지 못한다. 아이의 대답 자체가 방문객의 기대와는 달리 아무런 의미가 없는 말이므로, 이해하지 못하는 것이 당연하다. 이미 언급했듯이, 아이는 단지 어른들이 하는 말의 소리, 강세, 선율을 모방할 따름이다.

표시를 한다. 아이의 중얼거리는 말에는 제대로 발음하게 된 단어가 더해져 어휘가 확장된다. 아이는 이런 단어들을 사용하여 놀기도 하며, 되풀이해서 말하고, 발음이 잘 되면 기뻐한다.

모든 아이가 쉽게 언어를 배우는 것은 아니다. 많은 아이들이 쉽게 단어를 꾸며내고 어려서부터 말을 시작한다. 하지만 그런 아이들만큼 영리하지만 언어와 관련된 소질이 적어 말을 늦게 시작하는 아이들도 있다. 이런 아이는 중얼거리는 듯이 말하는 단계가 상대적으로 길어서, 오랫동안 손가락과 몸짓으로 의사소통을 한다.

언제 말을 시작하는지는 아이의 성숙 정도에만 달려 있지 않다. 아이는 어른들로부터 언어를 습득한다. 말을 알아듣고 말을 시작하기 위해서는 어른들이 말하는 것을 들어야 한다. 아이는 어른들이 말하는 것을 들을 기회가 많은 것이 보통이다. 하지만 단순히 어른들의 말을 듣는 것으로는 충분하지 않다. 다시 말해서, 단순히 아이의 앞에서 어른들이 말하는 것으로는 충분하지가 않다. 어른들이 아이와 함께 이야기해야, 아이가 그 말의 의미에 귀를 기울인다.

갓 태어난 아기라도 함께 이야기를 해야 한다. 아기에게 의미 없는 소리나 귀여운 의성어를 던지지 말고, 내용이 있는 이야기를 해야 한다! 우리는 젖먹이를 앞에 두고 마치 생각하는 바를 소리 내듯 아기와 함께 무엇을 하려 하는지, 아기에게 원하는 것이 무엇인지, 다음에는 무엇을 할 차례인지 이야기한다. 아기와 함께 있을 때, 아침에 아기를 받을 때, 아기를 씻길 때, 우유를 먹일 준비를 할 때, 바깥으로 데리고 나갈 때, 우리가 무엇을 하려는지 아기에게 이야기한다. 물론 처음에는 아기가 우리의 말을 제대로 이해하지 못하겠지만, 이런 식으로 아기에게 이야기를 하면, 아기는 이미 그때부터 우리의 말에 기꺼이 귀 기울일 것이다. 아기는 우리의 입이 어떻게 움직이는지, 우리가 어떻게 소리를 내는지 관찰할 것이다. 좀 더 자라서 같은 소리와 같은 단어를 항상 같은 물건과 같은 동작, 같은 일과 연관 지어 들으면, 아기는 자신이 눈으로 보고 몸으로 체험하는 것을 자신이 듣는 소리와 연결한다. 그러면 아기는 우리가 말하는 것을 제대로 이해하기 시작한다.

하지만 아기가 단어를 스스로 만들어내는 단계에 이르는 데는 뭔가 다른 것이 더 필요하다. 그것은 바로 아기가 말하는 데 흥미를 가지는 것이다. 아기와 주변과의 관계가 좋을수록, 엄마나 아빠가 일찍부터 아기의 소리에 반응하고 좀 더 자란 후에는 아기가 내는 첫 음절을 잘 알아들을수록, 자신이 원하는 것에 사람들이 주의를 기울인다는 것을 아기가 자주 느낄수록, 아기는 말하는 것이 즐겁고 재미

있고 흥미로워지며, 말을 하려는 의욕도 커진다. 예컨대 아기가 "리"라는 소리를 낼 때마다 어른들이 "리젤 인형"을 가져다 주거나, "시"(싫어)라는 소리를 내면서 거부할 때 어른들이 규칙과 가능성의 범위 내에서 아기의 의사를 받아들일 때, 아이는 말에 대한 흥미를 느끼게 된다.

아기는 어른들로부터 말을 배운다. 따라서 어른들은 아기에게 어떤 방식으로 말하고, 어떤 단어를 선택하며, 어떤 억양으로 말할지 유의해야 한다.

우리는 아기를 대할 때 애초에 의미 없는 단어를 사용하거나 일부러 천천히, 또는 발음을 과장되게 또박또박 말하지 않는다. 그런 방식으로 말하면 아기의 언어 습득이 어려워질 뿐이기 때문이다.

신생아를 비롯한 아기에게 말할 때 우리는 어른에게 하듯이 분명하게 말을 한다. 다시 말해서, 항상 문법적으로 올바르게, 간략하게, 자연스럽게, 편안하게, 친절하게 말한다. "파울은 철벅철벅 하러 가요." 하고 말하지 않고, "파울, 이리 오렴. 이제 목욕하러 가자!"라고 말한다. "아기가 우유 먹어."라고 말하지 않고, "그래, 율리 아기야, 이제 우유를 가져다 줄게."라고 말한다. 이처럼 우리는 아기에게 말할 때

유아적인 표현을 쓰지 않는다. 왜냐하면, 우리가 아기에게 말을 배우는 것이 아니라, 아기가 우리에게 말을 배우기 때문이다.

아기가 아직 우리가 말하는 것을 모두 다 알아듣지는 못한다거나 한 마디도 알아듣지 못한다는 느낌이 들더라도, 우리는 말을 못하는 사람같이 행동하지 않는다. 우리는 아기가 우리의 말을 이해할 거라고 믿고, 그저 자연스럽게 아기와 이야기한다.

우리는 아기의 잘못된 말을 따라 하지도 않으며, 교정해 주지도 않는다. 또한 아기가 무슨 말을 했고 어떻게 말했는지를 반복하는 방법으로 주의를 주지도 않는다. 이는 전혀 필요 없는 일이다. 우리는 언어를 습득하는 속도를 앞당기려고 시도하지도 않는다. 끊임없이 재촉하고, 교정하고, 반복하도록 시키고, 가르치려 들면, 언어 이외의 다른 모든 부분에서 조바심을 내고 재촉할 때와 마찬가지로 아기를 성가시게 할 뿐이다. 이런 태도는 아기가 천천히 단계적으로, 그리고 끈기 있고 재미있게 말을 배우는 것을 방해하며, 아기에게 지루하고 어려운 과제를 지워 줄 뿐이다.

따라서 우리는 항상 아이의 말을 최대한 제대로 이해하려고 주의를 기울이며, 우리 자신도 편안하고, 분명하고, 바르고, 자연스럽게 말하려고 애쓴다. 친절하고 자연스러운 태도를 유지하는 것도 같은 맥락이다. 다소 속도의 차이가 있겠지만, 아기는 분명 우리가 말하는 방식을 이어받아 익힐 것이다.

아기는 우리에게 "말을 건다"

_일로나 산도르Ilona Sándor

로치에서 보육교사로 일하는 우리는 아기들을 돌보면서 아기가 처음으로 소리를 내려고 시도하는 순간부터 반응을 보인다. 아기가 소리를 내면, 우리는 대답을 하고 소리 내는 것을 기뻐하는 아기와 함께 기뻐함으로써 아기를 격려한다. 아기가 말을 배우면서 느끼는 기쁨은 어른들에게서 반향을 일으킨다. 우리의 경험에 따르면, 아기가 언어를 습득하는 데는 단순히 주위 사람들이 말하는 것을 듣는 것만으로는 부족하다. 말을 배우려면, 누가 자신에게 직접 말을 걸어 주는 체험을 되풀이하는 것이 반드시 필요하다.

우리는 옷을 입히거나 음식을 먹이는 등 아기를 돌보는 행위에 앞서 아기에게 곧 어떤 일이 일어날지, 우리가 무엇을 하려고 하는지, 아기에게 기대하는 것이 무엇인지 말해 준다. 이때 우리는 아기에게

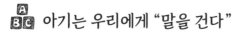

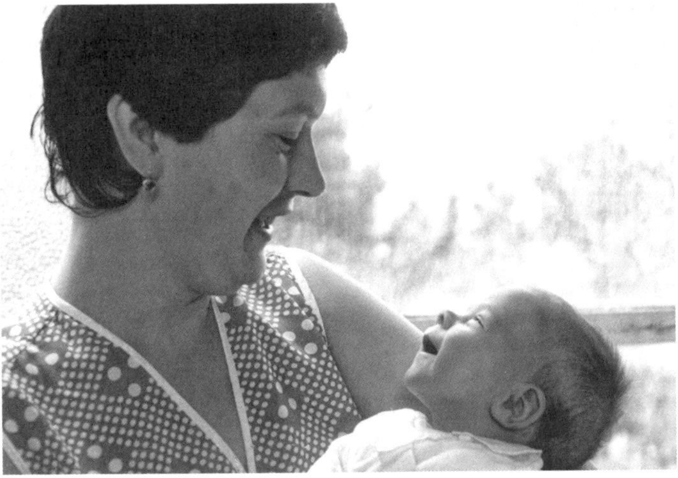

반응할 시간을 주며, 아기가 어떤 방식으로 반응하는지 주의를 기울인다. 아기마다 반응하는 모습이 다르다. 무의식적으로 몸을 가볍게 움직이는 아기도 있고, 어떤 몸짓을 하거나 미소를 짓거나 깔깔거리는 아이도 있다. 우리는 아기가 반응을 보이면 그것에 대해 말을 함으로써 아기의 반응과 우리의 말이 계속적으로 번갈아 일어나도록 한다.

우리는 어떤 행위를 할 때마다 항상 그 행위를 묘사하는 말을 함께 하며, 따라서 행위와 반응이 반복적으로 이루어진다. 이런 '양자 대화'에서 아기는 매우 개인적인 관계를 발전시켜 나간다. 아기가 '수다

떨기'의 상대로 가장 좋아하는 사람은 자신에게 친숙한 사람이기 때문이다. 그래서 아기는 자신이 알고 사랑하는 사람과 가장 많이 이야기한다.

아기가 소리를 냄으로써 우리와의 접촉을 시작하는 것은, 다시 말해서 아기가 우리에게 "말을 거는 것"은, 아기가 소리 내기를 배우는 과정 중 작지만 중요한 부분이다. 아기의 "소리 내어 말걸기"는 무엇을 뜻할까? 아기가 담당 보육교사의 주의를 끌려고 특정한 소리 또는 연속적인 소리를 몇 차례 반복하는 것을 두고, 우리는 아기가 "보육교사를 부른다" 또는 "보육교사에게 말을 건다"고 말한다. 예컨대 아기가 자신의 침대나 놀이 울타리 안에 있을 때 보육교사가 다른 아기에게 먹을 것을 주면, 아기는 말을 걸어 온다.

이곳에서 사는 아기들은 대부분 생후 4개월에서 6개월 사이에 다양한 '말 거는 소리'를 내기 시작한다. 그 음절들은 아직 언어적 의미를 지니고 있지 않지만, 이미 타인과 접촉하는 수단이 된다.

우리는 왜 아기가 부르거나 말을 걸어오는 것을 중요하게 여길까? 아기는 배가 고프면 울음을 터뜨려 어른들의 주의를 끈다. 우리는 젖먹이 시기의 아기들, 말을 시작한 만 1세 무렵의 아기들이 점점 덜 울게 되기를 바란다. 그리고 만 1세에서 2세 사이의 어린아이들이 처음에는 단어를 통해, 나중에는 문장을 사용하여 자신이 바라는 바를 표현하기를 기대한다.[3] 그렇게 되려면, 아기들 자신이 굳이 울지 않고 다른 행동을 해도 어른들이 자신에게 주의를 기울인다는 것을 처음부터 느낄 수 있어야 한다.

처음부터 우리가 아기가 부르는 소리와 말을 거는 소리를 의도를 가진 소리로 인식하고 응답한다면, 아기는 소리나 단어를 통해 어른들의 관심을 끌 수 있다는 것에 익숙해진다. 아기는 상대방이 자신을 인지하고, 자신의 표현, 자신이 원하는 바가 어떤 결과로 이어진다는 것을 감지한다.

자신이 돌보는 아기들이 말을 걸거나 부르면, 당연히 보육교사는 이들과 좋은 관계를 쌓는 데 성공했다는 느낌을 갖는다. 내가 담당하던 그룹의 아기들이 나에게 처음 말을 걸어왔을 때, 나는 마치 자녀에게 처음으로 "엄마!" 소리를 들은 어머니와 같은 느낌이었다. 왜냐하면 아기가 말을 걸고 부르는 것은 애착 형성과 결속감의 증거이며, 아기가 어른을 좋아한다는 것을 드러내기 때문이다. 우리는 로치에서 하루 종일 아이들을 돌보는 일을 하고 있지만, 일반 가정과 비교하면, 각 아기에게 집중하는 시간은 그다지 많지 않다. 따라서 다른 아기들

3 일반적으로 사람들은 만 1세가 지나면 아이들이 말을 시작하기를 기대하지만, 만 2세가 지나고 나서야 말하기 시작하는 아이들도 있다. —발행인의 주석

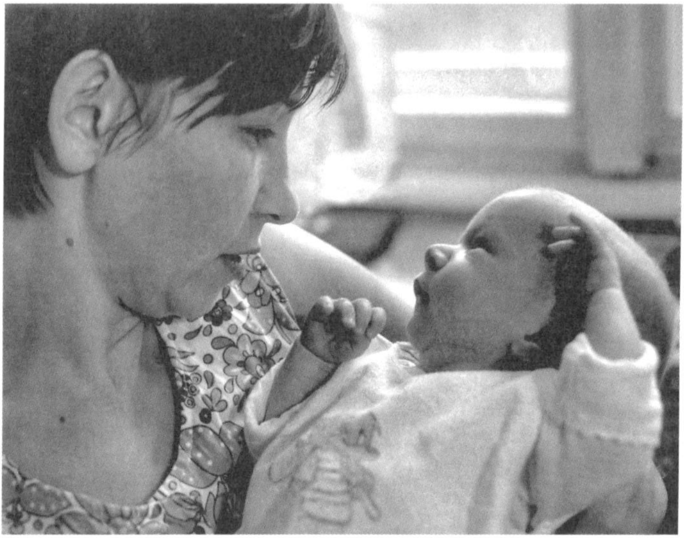

을 돌보지 않을 때에도 우리를 향해 말을 걸면, 아기와 우리의 접촉은 계속 이어진다.

내가 담당하는 그룹에서는 세 명의 보육교사가 아홉 명의 아기들을 번갈아 가면서 돌본다.[4] 이들은 모두 로치에 올 때부터 우리 그룹에서 키운 아기들이다. 우리 보육교사들은 각각 세 명의 아기를 담당하여 이들이 잘 자라도록 특별한 방식으로 돌본다.[5] 특별한 방식이란, 각 보육교사가 자신이 담당하는 아기들의 발달에 특별히 관심을 기울이며, 그 아기들의 발달에 관해 일지를 작성하는 것이다. 보육교사

4 한 그룹에 여덟 명의 아기들이 있다.

5 지금은 보육교사 한 명이 아기 두 명을 담당한다.

는 날마다 기록한 사항을 바탕으로 한 달에 한 번 각 담당 아기에 대해 상세한 보고서를 작성한다.

다음에 소개하는 것은 내가 담당하고 있는 세 아기들이 생후 2개월에서 3개월 사이에 보육교사들에게 어떤 반응을 보였는지, 그 이후에는 어떤 변화를 보였는지 기록한 글이다.

에스테르ESZTER

생후 2개월이 된 에스테르는 우리 보육교사들이 이야기를 하면 입술을 움직이면서 미소를 짓는다. 보육교사가 돌보는 동안 처음으로 작게 "회-헤"와 비슷한 소리를 낸다. 생후 4개월이 되자 우리에게 처음으로 말을 걸어 온다. 우리가 에스테르와 가까운 곳에서 다른 아이 옆에 서 있으면, 환성을 지르듯 "회-헤" 소리를 내며 시선을 끌고, 우리가 쳐다보면, 우리를 보고 미소를 짓는다.

보리카BORIKA

보리카는 생후 3개월이라는 매우 빠른 시기에 침대에 누워 보육교사들에게 말을 걸어 온다. 한 달 뒤에는 거리가 상당히 떨어져 있는 놀이 울타리에서 보육교사들을 부른다. 보리카는 우리가 일하는 모습을 흥미롭게 지켜본다. 우리가 곁을 지나가면 "헤-헤" 소리를 내며 뒤쪽에서 우리를 부르고는 미소를 짓는다. 우리가 대답을 하면, 아기는 끊임없이 종알종알 소리를 낸다.

마르고MARGO

다른 두 아기보다 우리 보육교사들에게 말을 걸어오는 시기가 늦다. 생후 2개월이 되었을 때, 사람들이 마르고에게 이야기를 하면 그저 미소만 짓는다. 나직이 "외-외-회"와 비슷한 소리를 내며 아주 늦게 옹알이를 시작한다. 놀이 울타리의 격자 막대기를 쳐다보면서 처음으로 소리를 낸다. 생후 4개월이 되자 주로 다른 아기들을 향해 옹알이를 한다. 마르고가 처음으로 말을 건 상대는 다른 아이들이다. 생후 5개월이 되자 비로소 침대나 놀이 울타리에 누워 우리를 부른다.

아기들은 생후 6개월 무렵에 상황에 따라 여러 가지 소리를 내며 우리에게 말을 걸어 온다. 도움을 청하거나 기쁨을 표현하거나 놀이에 가까운 "대화"를 시작한다.

에스테르

에스테르는 벌써 넓은 놀이 울타리[6]에서 시간을 보낸다. 그곳에서

---

6 울타리란 생후 2개월 이상 된 아기들이 깨어 있는 시간 동안 나무 바닥 위에 누워서 자유롭게 움직일 수 있도록 만들어 놓은 분리된 넓은 놀이 공간이다. 그 안에서 아기들은 발달 과정에 맞게 마련되어 있는 물건들을 탐색하며 가지고 논다. 놀이 울타리 안에 있는 동안 아기들은 빠른 속도로 움직이거나 기어 다니며, 걸어 다닐 수 있는 아이들의 방해를 받지 않고 편안하게 놀이에 집중할 수 있다. 바깥과 구분된 이 공간에 놓여 있는 물건들은 모두 아기들이 손으로 잡고 입에 넣어도 위험하지 않은 것들이기 때문에, 놀이 울타리는 아이들이 금지되는 것이 없이 마음껏 놀이에 집중할 수 있는 공간이다.

는 몸을 더 많이 움직일 수 있지만, 또 그만큼 더 빨리 지친다. 에스테르는 놀이 울타리에서 놀다가 지치면 "메-메" 소리를 낸다. 아침에 잠에서 깨어나면 탄성을 지르며 기대에 가득 찬 표정으로 우리에게 말을 건다. 에스테르는 환한 얼굴로 몸을 움직이며 놀이 울타리 안에 넣어 주기를 기다린다. 생후 10개월이 되자 예전보다 다양한 소리를 낸다. 우리에게 말을 거는 소리도 예전보다 다양하다. "메"라는 음절 외에 "에-메-퇴"라는 음절도 사용한다. 또한 이 시기에 에스테르는 즐거운 표정으로 "퇴" 소리를 냄으로써 자신의 담당 보육교사인 나를 다른 보육교사들보다 더 자주 부른다. 부르는 소리에 내가 쳐다보면, 깔깔거리며 나와 놀이를 시작한다.

보리카

보리카는 예민한 여자아이이다. 생후 8개월이 된 보리카는 낯선 사람을 무서워한다. 누군가가 방에 들어오면 놀다가 멈추고, "매-매"라고 우는 소리를 내며 나에게 온다. 이럴 때마다 보리카는 자신의 침대로 옮겨지기를 원한다. 그곳에서 마음을 진정시키고 나서 낯선 사람을 지켜보고 싶은 것이다. 보리카는 기분이 좋으면 "태-태" 소리를 내어 우리의 시선을 끈다.

마르고

마르고는 우리에게 말을 걸 때마다 "되-되" 소리를 낸다. 우리는 목소리만으로도 마르고가 불만이 있는지, 피곤해 하는지, 불편한 자세에서 나오도록 도와달라고 하는지, 아니면 만족스럽고 기분이 좋은지 판단할 수 있다.

생후 10개월에서 17개월 사이가 되면 아이들은 우리에게 말을 걸거나 부를 때 사용하던 첫 소리 대신 몇 가지 단어를 사용한다.

에스테르

만 한 살인 에스테르는 내가 아침에 방에 들어갈 때마다 "이타!" 하고 내 이름("이차Ica"라는 헝가리 이름)을 부르며, 내가 다른 아이들에게 인사를 마치고 자신을 쳐다볼 때까지 상기된 채 기다린다.

보리카

보리카는 식사 시간이 되면 "아타-아댜!"(헝가리어로 "아걀agyál")라는 소리를 내며 "나한테 줘!"라고 말한다.

마르고

마르고는 오랫동안 나를 "토티!" 하고 부른다. 시간이 지나면서 마르고는 이 '단어'를 카티Kati라는 이름을 가진 다른 아이와 결부시켜 그 아이를 토티라고 부른다.

이 예들을 보면, 갓난아이와 영아들의 언어 발달이 아이들 사이의 관계와 보육교사들과의 관계를 통해 어떻게 전개되는지 확실하게 알 수 있다. 따라서 아이가 도움을 청하면서 어른들을 바라보고 말을 걸거나 기쁜 목소리로 부르면, 어른들은 가능한 한 항상 반응을 보이며 친절하고 애정 어린 태도로 아이를 대해야 한다.

레아가 나에게 이야기하려는 것

_프라우케 플리겐Frauke Vliegen

일로나 산도르가 쓴 〈아기는 우리에게 “말을 건다”〉를 읽은 후, 나는 생후 6개월이 된 딸아이 레아Lea를 대할 때 예전보다 귀를 기울이게 되었다. 그랬더니 바로 그날부터 레아가 내는 소리가 예전과는 다르게 들렸다. 그때까지 나는 레아가 특정한 형태로 내는 “외-외” 소리를 불만을 느끼기 시작할 때 내는 소리로 해석했다. 그래서 레아가 이 소리를 낼 때마다 나는 ‘신경을 쓰지 않으면, 레아가 다시 놀기 시작하겠지.’라는 마음으로 아무런 반응도 보이지 않았다. 이제 나는 레아가 내는 “외-외” 소리를 잠깐이라도 나의 관심을 필요로 하는 것으로 해석하고 레아와 이야기를 하게 되었다. 레아는 내가 자신과 이야기를 하는 것을 좋아한다. 레아와 이야기하는 시간은 우리 둘 모두에게 아름다운 순간이다. 레아는 이야기를 나눈 뒤 계속 놀기도 하고, 내가 레아에게서 눈길을 돌리면 수다를 멈추고 울음을 터뜨리기도 한다. 그러면 레아는 거의 언제나 배가 고프거나 졸린 상태이다. 우리가 나누는 짤막한 대화 덕분에 레아는 만족스럽게 지내는 듯 보인다. 레아가 나를 부르고 또 나를 보고 환하게 웃어 주면, 나도 당연히 기분이 좋아진다.

지금까지 나는 레아가 잠에서 깨어난 후 어느 시점에 놀이 울타리 속에 넣어 주어야 할지 확신이 없었다. 어떤 때는 레아가 침대에서 짜증을 내는 소리를 듣고서야 놀이 울타리에 넣어 주었고, 또 어떤 때에는 의사 표시를 하기도 전에 놀이 울타리에 넣어 주었다. 하지만 일로나 산도르의 글을 읽고 난 다음에는, 레아가 스스로 자신의 의사를 표현할 거라는 생각이 들었다. 이런 생각을 가지고 가만히 살펴보니, 실제로 레아는 소리를 지르기 시작하기 전에 여러 차례나 짧고 커다란 소리를 내어 나의 관심을 끌려는 시도를 했다.

아기와의 의사소통을 상세하게 설명해 놓은 글을 읽고 나니, 레아가 내는 소리들이 확실히 여러 가지로 구분되어 들렸다. 그때까지 정확하게 해석하지 못했던 표현들도 분명하게 해석할 수 있게 되었다. 또한 어떤 것이 레아를 위해 바람직한 것인지를 늘 아는 사람이 꼭 *나*여야 하는 것은 아니라는 사실에, 그리고 레아가 원하는 것은 *레아* 자신이 나에게 알려 준다는 사실에 마음이 한층 가벼워졌다.

로치에서 보육교사가 아이에게 아이 자신의 모습을 전달하는 방식

_에바 칼로Éva Kálló, 율리아나 바모스Juliana Vamos[7]

로치 보육교사들은 아기들의 자기주도적 발달에 대한 신뢰 등을 강조하는 엠미 피클러의 생각을 받아들여 일상생활에서 매순간 행동과 말을 통해 실천하고 있다. 보육교사들의 이런 모습을 잘 나타내주는 사례를 소개하고자 한다. 이들에게 아기는 비록 아직 어리긴 하지만 적극적이고, 능력 있고, 독립적이며, 사랑할 만하다는 감정을 불러일으키는 독자적인 존재이다.

"아이를 충분히 배려하는"[8] 가정에서는 아기를 돌보거나 함께 노는 순간이 엄마와 아기 사이에 소통의 기회가 된다. 엄마는 말을 통해 아기에게 자신의 관심과 사랑을 표현한다. 엄마는 아기의 생각을 공감하려고 노력하며, 그래서 아기의 옹알이와 즉흥적인 움직임은

7 É. Kálló, , Le Carnet Psy, 2001, Nr. 65, pp. 31~32, 우테 슈트룹Ute Strub 번역

8 D. W. Winnicott, "Vom Spiel zur Kreativitat"(놀이에서 창의력으로), Klett-Cotta, 2015 (paperback), p. 128ff

엄마에게 특별한 의미를 갖는다. 영국의 소아과의사이자 심리분석가 도널드 위니콧Donald W. Winnicott에 의하면, 부모의 말은 아기에게 거울의 기능을 한다. 아기는 부모의 말을 통해 자신의 모습을 보며, 이를 통해 자신이 어떤 사람인지 확인한다. 이런 과정을 통해 아기의 발달은 결정적인 동력을 얻는다.

이제 로치의 보육교사가 4분이라는 짧은 시간 동안 아기에게 어떻게 아기 자신의 모습을 볼 수 있도록 해 주는지 살펴보자.

보육교사 마르티Marti는 침대에 누워 있는 생후 4개월 반이 된 금발의 사내아이 요초Joco를 데리러 방으로 들어온다. 요초는 잠에서 깨어나 작은 수건을 가지고 평화롭게 놀고 있다. 요초는 마르티를 보자마자 놀던 것을 멈추고 미소를 짓는다. 마르티가 요초의 이불을 걷어내려 몸을 숙이자, 요초는 팔다리를 버둥거리더니 환한 얼굴로 소리 내어 웃는다. 요초는 "*회-회-회-히*" 소리를 내며 마르티에게 인사한다. 마르티는 밝은 목소리로 대답한다. "*요초, 우리가 뭘 하러 갈 것 같아? 이제 목욕을 하러 갈 거야!*" 마르티는 요초를 목욕시키는 일이 즐겁다는 얼굴을 한다.

"*들고 있는 수건 좀 놔 줄래? 지금은 필요 없잖아.*" 마르티가 요초를 향해 몸을 더 숙이면서 부탁한다. 마르티는 잠시 기다리다가, 요초가 신이 나서 몸을 버둥거리느라 손가락을 펴는 순간 요초의 손에서 수건을 살짝 빼낸다. 그리고 수건을 요초 옆에 둔다. 마르티는 수건을 쳐다보는 요초를 조심스럽게 요초를 안심시키느라 말한다. "*수건은 여기 옆쪽에 놔둘게. 목욕이 끝나고 돌아오면 여기에 수건이 있을 거야.*"

마르티는 기저귀를 갈아 주는 탁자에 요초를 눕히고 잠옷 단추를 풀고 옷을 벗긴다. 요초는 마르티를 향해 또다시 환하게 웃으며 무슨 소리를 내려는 듯 입을 연다. "*너, 나한테 하고 싶은 얘기가 있구나. 어제도 나한테 이야기를 해 주었지.*" 요초가 마르티를 뚫어지게 쳐다보는 동안 마르티는 미소를 지으며 말한다. "*우리가 안 보는 동안 일어난 일이 너무 많아서 하고 싶은 이야기가 아주 많을 거야. 그렇지? 분명히 넌 나한테 재미있는 이야기를 해 줄 수 있어.*" "흠, 흠." 요초가 신이 나서 옹알옹알 소리를 낸다. "흠, 흠." 하고, 마르티는 요초에게서 눈을 떼지 않고 요초가 내는 소리를 따라 해 본다.

잠시 후 마르티가 요초의 손을 소매에서 빼려 하는데, 요초가 무의식적으로 소매를 꽉 쥐고 있다. 마르티가 말한다. "*이런, 네가 소매를 꽉 잡고 있구나. 그러면 옷을 벗길 수가 없는데.*" 요초는 무언가를 묻는 듯한 눈으로 마르티를 쳐다보면서도 손은 여전히 소매에 걸려 있다. 마르티는 이번에는 소리 내며 웃으며 말한다. *"너 지금 나한테 장난치는구나? 이런, 장난꾸러기 녀석!"*

마르티가 요초의 즉흥적인 감탄사나 반응에 대꾸를 하면, 요초는 마르티의 말이라는 거울을 통해 자신의 모습을 볼 수 있다. 마르티의 내면에 살아 있어 요초에게 비추어지는 요초의 모습은 매우 사실적이다. 이런 방식으로 마르티는 요초가 자신과 자신의 주변을 의식하도록 도와준다. 마르티는 *"목욕이 끝나고 돌아오면 여기에 수건이 있을 거야!"*라는 말을 통해 요초가 상황을 파악하는 데 필요한 정보를 준다.

이런 말에는 엄마의 과도한 감정이나 먼 미래를 향한 소망과 상상이 담겨 있지는 않지만, 그렇다고 해서 마르티의 주관적 감정이 배제되어 있지도 않다. 마르티는 자신의 목소리와 부드럽고 관심 어린 몸짓, 대답과 제안 등을 통해 요초와 보내는 지금 이 순간이 즐겁다는 것을 표현한다. 또한 요초가 우연히 손가락을 펴는 순간을 기다렸다가 손에서 수건을 빼는 행동에서 볼 수 있듯이, 자신이 요초의 반응을 기대하고 있다는 것을 알려 준다. 마르티는 이런 기다림을 통해 요초의 반응을 감지하고, 그 반응에 주의를 기울이게 된다. 두 사람의 즐거움을 비추는 이런 거울을 보며, 요초는 자신이 보육교사에게 소중한 존재이며 보육교사의 관심을 불러일으키고 유지할 수 있는 능력이 있다고 느낀다. 어른이 실제로 함께 있어 주고, 기뻐하며 미소를 짓고, 따뜻하고 즐거운 대화를 나누고, 아이를 기다려 주면, 아이에게는 자신이 사랑받을 가치가 있는 존재라고 느낄 수 있는 분위기가 조성된다. 이것이 아이에게는 자존감의 토대가 된다.

보육교사가 아이가 있는 현재와 이 장소라는 상황에 머무르는 가운데 자신의 생각을 아이에게 심어 주지 않으려는 조심스러운 태도를 취하는 것을 두고, 사람들은 보육교사와 아이가 미래를 함께하지 못하기 때문이라고 추측하기도 한다. 이는 분명 보육교사의 태도에 어느 정도 영향을 미치는 요인이다. 하지만 다른 관점에서도 생각해 봐야 한다. 로치의 보육교사들처럼 아이가 하는 표현을 거울에 비추듯 보여 주는 것은 특별한 일이다. 그것은 "네가 나한테 이야기를 해 줄 수 있어."라는 말에서 알 수 있듯이, 보육교사가 잠시 후 아이가 스스로 의사표시를 하게 될 것으로 여긴다는 점이다. 또한 대답하는 데 필요한 시간과 여유를 아이에게 준다. 하지만 무엇보다도 특별한 것은 보육교사가 바라는 대로 시키지 않고 아이 자신이 앞으로 직접 표현하도록 둔다는 점이다.

엠미 피클러에게 비친 아기들의 모습은 로치의 보육교사들에게도 영향을 미친다. 요초가 들고 있던 수건을 손에서 꺼내기 위해 우연히 손가락을 펴는 순간을 보육교사가 기다린다는 것은, 아이가 얼마 후면 스스로 수건을 손에게 놓게 될 거라고, 즉, 어른에게 협조하게 될 거라고 여긴다는 뜻이다. 소매를 쥐고 있더라도, 생후 4개월이 된 요초는 아직 보육교사에게 장난을 칠 수 있는 단계가 아니다. 그럼에도 불구하고 보육교사가 "너, 나한테 장난치는구나!"라고 말하는 것은 보육교사가 아이의 얼마 후 모습을 염두에 둔다는 것이다. 다시 말하면, 한편으로는 옷 벗기는 것을 지연시켜 보육교사와 함께하는 시간을 연장해 보려고, 다른 한편으로는 일상의 진행에 영향을 미칠 수 있는 자신의 능력과 의지를 시험해 보려고 보육교사의 요청에 즉각적으로 반응하지 않는 아이, 지금보다는 성장한 아이의 모습을 염두에 둔 것이다. 마르티는 이미 요초를 보육 행위에 자발적이며 적극적으로 참여하는 유머 있는 파트너로 간주하고 있다.

아이에게 건네는 말을 보면, 이 보육교사는 아이들이 발달하는 세세한 단계를 알고 있을 뿐아니라, 엠미 피클러의 인간상을 체득하여 이를 실제로 실천하는 능력을 갖춘 것이 분명해 보인다. 보육교사의 말은 엄마의 말과는 성격이 다르지만, 아이에게 자신의 모습을 비추어 준다. 이는 아이가 자신감을 키워 나가는 것을 돕고, 이를 통해 아이는 스스로 적극적으로 발전해 나갈 힘을 계속 얻는다.

로치의 보육교사들은 엠미 피클러의 인간상에 영향을 받아 아기들이 이 세상에서 유일한 개별성과 존엄성을 갖춘 존재라고 여긴다. 보육교사들은 일상적인 행동을 통해 아이들에게 자신이 사랑받을 만한 존재라는 것을 알려 주며, 긍정적이며 진정한 자아상을 전달한다. 가까운 미래의 자기 모습이기도 한 이런 자아상은 아이들로 하여금 자기 자신과, 그리고 나중에는 세상과 조화를 이루며 살 수 있도록 돕는다.

아기와 대화하기

_엘케-마리아 리슈케Elke-Maria Rischke, 우테 슈트룹Ute Strub

많은 부모뿐 아니라 전문가들도 갓 태어난 아기나 태어난 지 몇 달 되지 않은 아기와 이야기하기를 어려워한다. 그래서 아기들의 식사 장면을 담은 두 가지 영상을 소개하려 한다. 첫 번째는 생후 4개월 된 아기의 식사 장면, 두 번째는 생후 7개월 된 아기의 식사 장면이다. 아기와 대화하는 데 가장 중요한 요소, 예컨대 친밀한 분위기, 보육교사의 목소리에서 느껴지는 자연스러운 온화함, 아이를 대하는 신선한 순수함, 아이에 대한 애정 어린 관심 등은 비디오로는 보고 들을 수 있지만 글을 통해서는 전달할 수 없는 점이 유감스럽다.

말을 이렇게 글로 옮겨 놓으면 별다른 의미가 없어 보이지만, 말이 오간 그 순간에는 중요한 의미를 담고 있다. 그 말에는 보육교사가 아기와 아기의 움직임을 주의 깊게 관찰하는 과정에서 감지한 것, 아기

와 함께하려는 것 등이 녹아 있기 때문이다. 말을 건네는 상대가 아무리 어려도, 보육교사는 무언가를 요청할 때 예의를 갖추며, 맛있게 식사하라고 인사를 건네며, 협조를 해 주면 기뻐하며 고맙다고 말한다. 보육교사는 이 모든 것을 당연하게 여긴다. 이렇게 공감하고 배려하는 관심 어린 태도로 아기를 대하기 때문에, 아기는 모든 감각을 동원하여 보육교사의 말에 귀를 기울인다.

본질적인 것은 말이 아니라 그 말에 담긴 분위기이다. 예컨대 보육교사가 아기를 어떻게 생각하는지, 아기의 표현을 진지하고 기쁜 마음으로 듣고 반응하는지, 아기가 그 순간에 중요하게 여기는 것에 관심을 갖고 있는지 등이 본질적인 요소이다. 보육교사는 흔히들 아기의 이해력이 한정되어 있다고 생각하여 쓰는 유아적인 말을 사용하지 않는다. 보육교사의 목소리는 부드럽고 자연스러우며, 말의 내용은 그때의 상황에 적절하다. 보육교사의 말을 듣는 아이는 자신이 존중 받고 있다고, 소중한 존재로 인정받고 있다고 느낀다. 아기와의 대화는 유쾌하며 유머까지 담겨 있다.

아기에게 먹고 마실 것을 줄 때

- 동영상에 등장하는 대화

* 생후 4개월이 된 가보르Gabor가 보육교사 유트카Jutka의 무릎에 앉아서 사과 퓌레를 먹는다.

가보르 : (유트카를 바라본다. 숟가락이 입에 닿자 입을 연다. 주먹을 쥔 손을 입가에 대고 있다)

유트카 : 가보르, 이제 사과즙을 먹자. 맛있게 먹어! 손에 사과 퓌레가 조금 떨어져 있구나. 내가 닦아 줄게. 한 숟갈 더 줄까? 맛있니? 먹는 모습을 보니 맛이 있나 보네. 여기 한 숟갈 더 줄게.

가보르 : (엄지손가락을 빤다)

유트카 : 엄지손가락을 빨려고 하는 거야? 난 너한테 먹을 걸 줄 참인데. 입에서 손가락 좀 빼렴. 그래야 숟갈이 들어갈 수 있지, 응? 숟갈과 손가락을 한꺼번에 입에 넣을 수는 없잖아. 이제 얼마 안 남았어. 한 숟갈, 자, 또 한 숟갈…. 이제 한 번 더 아, 해 보렴. 자 마지막 숟갈이야. (그릇에 담긴 사과 퓌레를 싹싹 긁는다)

이제 한 숟가락 남았어. 깨끗이 다 먹었네. 사과 퓌레를 다 먹었구나. 잘 했어!

가보르 : (엄지손가락을 입에 넣는다)

유트카 : 이런, 또다시 엄지손가락을 빠네. 이제 엄지손가락 좀 입에서 꺼내렴. 손 씻겨 줄게. 그래도 되겠니?

가보르 : (엄지손가락을 입에서 꺼낸다)

유트카 : 손가락을 빼서 고마워, 가보르야!

* 보육교사 유트카는 베란다에 앉아 생후 7개월이 된 가보르에게 우유를 먹인다.

유트카 : (침대에 앉아 있는 가보르에게 턱받이를 두른다)

가보르야, 너, 기분이 좋아 보이는구나! (유트카는 가보르를

안아 올리며 다른 아이에게 말한다)

크리스티Kriszti, 가보르 다음에는 네 차례야. (유트카는 의자에 앉아 가보르를 무릎에 앉힌다)

금방 우유 줄게. 우선 우리 둘 다 편안하게 앉자. 이제 우유를 컵에 담아 줄게. (유트카는 가보르의 턱받이를 바로잡는다)

배가 고파도 잠깐만 참아!

가보르 : (우유를 마신다)

유트카 : 천천히 마시자! 그렇게 한꺼번에 마시면 옆으로 흘려.

가보르 : (왼손으로 컵을 만진다)

유트카 : 우유를 좀 더 줄게. 자, 컵에 따를게. 우유병 뚜껑을 닫아야겠다. 바람이 불어서 먼지나 검불이 들어가면 안 되니까. 여기에는 검불이 아주 많구나. (유트카는 우유가 담긴 컵을 유트카의 입에 댄다)

자, 여기 있어. 너 이제 턱받이까지 붙잡고 있구나. (가보르에게 먹인다)

천천히, 그러면 옆으로 많이 흐르지 않는단다. 조금만 마시면 컵이 비겠네. 그러면 다시 우유를 부어 줄게. 괜찮지?

가보르 : (콜록거린다)

유트카 : 어, 어, 곧 괜찮아질 거야. 왜 갑자기 콜록거렸을까? 이제 다시 웃는구나. 내가 안아 줄까? 그러면 기분이 좋아질 거야. 내가

안아 줄게, 괜찮지?

가보르 : (트림을 한다)

유트카 : 다행이다. 아주 빨리 괜찮아졌네. (둘은 즐겁게 이야기를 나눈다)

가보르 : (유트카의 입을 여러 번 만진다)

유트카 : 이건 내 입이야.

가보르 : (고개를 돌린다)

유트카 : 좋아. 실컷 만지렴.

가보르 : (다시 유트카의 얼굴을 만진다)

유트카 : 또 내 얼굴을 만지네. 네 손 좀 닦아 줄게. 이제 턱받이는 벗자. 턱받이를 꼭 붙잡고 있구나. 그것 좀 놔줄래? (유트카는 두 손을 가보르 앞에 펼쳐 턱받이를 달라는 몸짓을 한다)

가보르야, 그만 놓자. 턱받이를 빨아야겠어. 모니카가 빨아줄 거야. 이제 다른 손으로 턱받이를 잡고 있구나. 턱받이는 가져갈게. (유트카는 가보르가 잡고 있는 턱받이를 빼낸다)

이제 기저귀장으로 널 데려갈 거야. 거기서 기저귀를 갈아 줄게.

옷을 갈아입힐 때

__안나 터르도시Anna Tardos, 우테 슈트룹Ute Strub

생후 18개월이 된 얀치Jancsi는 아직 말을 못한다. 하지만 보육교사 에리카Erika와 얀치는 끊임없이 대화를 한다. 비디오 영상 속에서 환한 얼굴로 깔깔거리는 얀치의 모습을 보면, 아기가 보육교사와 함께 있는 것을 얼마나 좋아하는지 알 수 있다. 보육교사는 옷을 갈아입히는 탁자 위에 서 있는 얀치를 향해 몸을 숙인다. 얀치는 필요할 때마다 왼손으로 욕조를 붙잡으며 몸을 지탱한다. 에리카는 때때로 아이 앞에 나지막한 의자를 놓아 올라서게 하면서 얀치가 협조할 기회를 준다. 보육교사는 지금 두 사람이 무엇을 하고 있는지, 앞으로 무엇을 할 예정인지 이야기하면서 아이를 자신의 행동에 개입시킨다. "이것 보렴, 여기에 셔츠가 있구나. 먼저 머리부터 넣자, 응? 여기, 머리부터. 이번에는 손. 여기에 쏙 넣어. 그래, 그렇게. 그 속으로 넣어. 좋아. 이제 다른 쪽 손을 넣고. 자, 내가 도와줄게, 응?"

에리카의 말은 간단하지만 다음과 같은 중요한 메시지를 전달한다. '난 너와 함께 있단다. 난 우리 둘이 지금 뭘 하는지 잘 알고 있어. 네 손, 네 셔츠도 어떻게 될지 말야. 널 어떻게 도와야 하는지도 잘 알아.' 얀치에게 말을 할 때 에리카는 주저하지 않고 자연스럽다. 아이에게 뭔가를 할 때 그것을 반드시 말로 표현하는 에리카의 습관은 메시지를 잘 전달해 줄 뿐만 아니라, 에리카 자신이 아이에게 집중하도록 돕는다. 이런 요소는 이어지는 장면에서 에리카가 하는 말에서도 드러난다. "이런, 이런, 네 손가락이 셔츠에 걸렸구나. 자, 이제 단추를 채울게."

로치를 찾아오는 방문객들과 세미나 지도자들은 우리에게 보육교사와 아이들 간의 관계가 어떻게 이토록 안정적일 수 있는지 묻는다. 이에 대한 대답으로는 로치의 보육교사들 모두가 처음부터 아이에게 개별적으로 말을 걸고 1인칭 형태로 자신의 생각을 말한다는 점을 들 수 있다. 그렇지 않다면 이곳에서도 곧 많은 대형 병원과 양로원처럼 형식적이며 무례한 어투의 말이 끼어들 것이다. 예컨대 회진하는 의사가, "자, 오늘 상태는 어떠셔?"라고 하거나, 간호사가 "자, 할아버지, 이제 목욕이나 한번 해 봅시다!"라고 하듯, 보육교사들도 아이들에게 함부로 말을 하게 될 것이다.

얀치가 선반을 가리키면서 선반에 무엇이 들어 있는지 궁금해 하자, 에리카는 어떤 바지가 누구의 것이라는 식으로 세세히 말한다. 이때 에리카는 얀치와 같은 그룹에서 함께 지내는 아이들의 이름을 일일이 언급한다. 이처럼 이곳의 보육교사들은 한 아이와 함께 있는 동안 같은 그룹의 다른 아이가 우는 경우에도 함께 있는 아이에게, "토마스가 배가 고파서 우는 거야." 하고 구체적으로 이야기해 준다.

가정에서도 여러 자녀 중 한 아이와 함께 있을 때 다른 자녀들에 관해 이야기해 주는 것이 중요하다.

잠시 후 에리카는 손수건을 사용하면서 얀치에게 말한다. "아, 콧물이 나네! 너도 좀 전에 나처럼 콧물을 닦았지, 그렇지 않니? 너도 콧물을 닦았어." 이런 말로 에리카는 자기 자신에 대해 이야기하면서, 일상적인 일이 아이와 어른에게 비슷하게 일어난다는 것을 알린다. 이런 식으로 에리카는 자신을 주의 깊게 쳐다보는 얀치에게 대답을 함으로써, 독백하는 것이 아니라 아직 말을 하지 못하는 아이와 함께 대화를 나누는 것이다.

에리카는 얀치의 단추를 채우면서 자연스럽게 숫자를 센다. 그렇지만 아이에게 숫자를 가르치려는 것은 아니다. 에리카는 얀치가 아직은 숫자 세기의 의미를 전혀 이해할 수 없다는 것을 잘 알고 있다.

아이가 어른들이 자신에게 건네는 말 중에서 상황과 관련되었다고 생각되는 것을 골라내는 것은 자연스러운 과정이다. 어른들이 간단하게 말을 해도, 그 말의 내용은 항상 복잡하며, 아이의 즉각적인 이해 범위를 넘어선다. 하지만 몇 개월이나 몇 년이 지나면, 아이는 자신이 그때까지는 알아듣지 못한 것들에 관심을 가질 것이며, 이를 통해 아이는 발달해 갈 것이다. 이는 아이에게 도형과 색채, 숫자를 가르치려고 마음을 먹은 어른이 아이에게 이를 가르칠 시기를 마음대로 결정하는 것과는 다른 일이다.

에리카는 얀치에게 두 종류의 바지 중 하나를 선택하게 한다. 얀치가 파란색 바지와 하늘색 바지를 동시에 두드리며 둘 다 원한다고 하다가 마지막으로는 하늘색 바지를 고르는 장난을 보며, 에리카는 즐거워한다. 바지를 입힐 때 에리카는 말과 몸짓으로 얀치에게 바지 입는 법을 알려 준다. "다리를 저쪽에 넣어!… 여기 바지 아래쪽을 잡아당기면, 바지가 벗겨진단다. 여기 허리 부분을 잡아 봐." 양말을 신을 때에도 에리카는 이와 비슷하게 행동한다. 이번에도 에리카는 얀치가 양말 신는 과정을 이해하도록 하는 동시에, 얀치 혼자서 제대로 하지 못하면 즉시 도와주겠다는 표현을 한다. "내가 신겨 주면 좋겠니? 그렇게 할까?"

에리카가 로비Robi쪽으로 몸을 돌리자, 얀치는 양말과 실내화를 신으려다 말고 에리카가 그 아이와 무슨 말을 하는지 귀를 기울인다.

이런 장면을 처음 보는 사람은 이렇게 양말과 실내화를 신기는 데 너무나 오랜 시간, 즉 적어도 10분 이상이 걸린다고 느낀다. 그리고 실제로는 5분이 걸렸다는 말을 듣고 깜짝 놀란다. 같은 시간 동안 그림책을 본다면 그렇게 길게 느껴지지는 않을 것이다. 하지만 아이를 돌보는 일을 할 때 우리는 아이의 관심사에 시간을 할애하는 것에 익숙하지 않다.

바로 이렇게 아이의 관심을 배려하기 때문에, 보육교사와 아이가 함께할 때 평화롭고 유쾌하고 즐거운 분위기가 만들어져 웃고 기분 좋은 시간을 보낸다. 이는 에리카가 돌보기를 이어가는 중에도 마찬가지이다. 심지어 얀치가 에리카에게 빗을 주지 않고 바닥에 던져도, 에리카는 아무 말도 하지 않고 몸을 굽혀 빗을 줍는다. 아이가 떼를 쓰는 일로 야단법석을 떨지 않는 것이다.

– **동영상에 등장하는 대화**

에리카 : (옷 갈아입히는 탁자 위에 서 있는 얀치를 향해 몸을 굽힌다) 이제 속옷 차례야. 이것 봐. 여기에 속옷이 있네.

얀치 : (손을 속옷 속에 쏙 집어넣는다)

에리카 : 우선 머리부터 넣자, 응? 여기에 머리. 이제 손. 여기에 집어넣어. 그래, 잘 했어.

얀치 : (소리 내어 웃는다)

에리카 : 그래, 거기에 넣자. 좋아… 이번에는 다른 쪽 손. 자, 내가 도와줄게. 괜찮지?

얀치 : (소리 내어 웃는다)

에리카 : 속옷이 더 커야겠구나. (속옷이 몸에 꽉 낀다)

얀치 : 엠-네. (아이들의 바지가 놓여 있는 선반을 가리킨다)
아.

에리카 : (돌아다본다) 저기에 뭐가 있는데 그러니? 아, 로비의 바지가 있구나. 요지Jozsi, 미쿠Micu, 얀치의 바지도 있고, 저 위쪽에는 아기의 바지도 있네.

얀치 : (계속 선반을 가리킨다) 아.

에리카 : 아기.

얀치 : 에.

에리카 : 아기, 미키.

얀치 : 에.

에리카 : 미쿠.

얀치 : 에테.

에리카 : 요지.

얀치 : 예.

에리카 : 손수건이 하나 더 필요해. (에리카가 콧물을 닦는다) 아, 콧물이 나네! 자, 콧물을 닦았어. 너도 좀 전에 나처럼 콧물을 닦았지, 그렇지 않니? 너도 콧물을 닦았지. 저기에 콧물 묻은 손수건이 많이 있어. 셔츠에 달려 있는 단추를 잠가 줄게. 이제 하나만 더 잠그면 된다.

얀치 : 에이. (아마도 헝가리어로 "하나"를 가리키는 "에지egy"를 발음하는 듯하다)

에리카 : (머리를 얀치의 머리 가까이에 대고 단추를 세기 시작한다) 하나, 둘, 셋, 넷, 다섯.

얀치 : 에이.

에리카 : (긴 바지를 꺼낸다) 자, 바지가 둘이야. 아, 어떤 걸 골라야 할지 모르겠다고? 하늘색 바지를 입을래? 이건 하늘색이고, 다건 파란색이야. 하늘색, 파란색. 자, 어떤 것을 입고 싶니?

얀치 : (한 손으로 하늘색 바지를 가리키고 동시에 다른 손으로 파란색

바지를 가리킨다. 그러더니 양손으로 하늘색 바지만 가리킨다)

에리카 : (소리 내어 웃는다) 너, 나한테 장난치는구나? 그걸 입을 거야? 그래. 네가 한 번 입어 봐. 여기 앉아서. 내가 도와줄게. 그렇게 할래?

얀치 : (선 채로 발을 높이 올리고는 다시 자리에 앉는다)

에리카 : 이 상태로 옷을 입혀 달라고? 네가 한 번 입어 봐. 발을 집어넣어 봐. 그렇게 어렵진 않아.

얀치 : (손을 바짓가랑이 속에 집어넣는다)

에리카 : 다리를 집어넣자! 그래, 그래. 내가 도와줄게. 그렇게 쉽진 않으니까. 다리를 이쪽에 집어넣어 봐. 잠깐만, 내가 도와줄게. 이제 다른 쪽 다리도 여기에 집어넣고. (에리카는 얀치가 바짓가랑이를 아래쪽으로 잡아당기지 않고 허리 부분을 치켜 올릴 수 있도록 바지의 허리 부분을 보여 준다)

좀 더 위로 치켜 올려 봐. 편안하니? 여기를 잡아당기면 바지가 벗겨진단다. 여기 허리 부분을 잡아 봐. 내가 도와줄게. 괜찮지? 자, …이번에는 일어서 있어야겠다.

얀치 : (소리 내어 웃는다)

에리카 : 일어서 있어야 해. 자, 일어서자, 응?

얀치 : (자리에서 일어난다)

에리카 : (어깨에 단추가 달린 바지를 입힌다) 내가 도와줄게. 지금, 좋아.

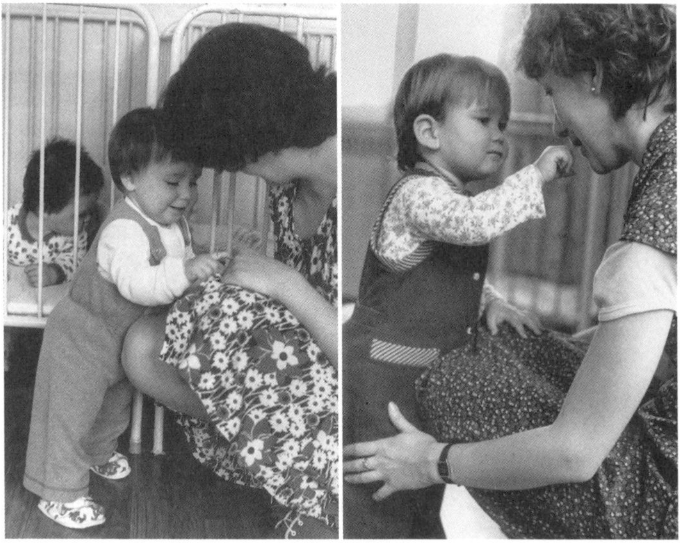

얀치 : 에.

에리카 : 다 됐다. 이제 바지는 다 입었고, 어깨에 달린 단추를 채울게.

얀치 : (소리 내어 웃는다)

에리카 : 어깨에 달린 단추를 채울게. 괜찮지?

얀치 : (탁자에 앉는다)

에리카 : 네가 앉았으니 나도 앉아서 양말을 신겨야겠다. 너 혼자서 양말을 신어도 좋고. 양말 입구를 넓게 벌려야 돼. 양쪽으로 잡아 당겨. 그래, 이것 봐, 그래. 그건 다른 쪽이야. 다른 쪽 발에 신어야지, 그렇지?

얀치 : (양말 두 짝을 손에 든다)

에리카 : 그래, 두 개. 그중 하나를 나한테 줄래? 하나는 나한테 주고 다른하나를 신어 봐. 좋아, 잠시 기다릴게. 양말 입구를 양쪽으로 잡아당겨야지. 그리고 발을 집어넣어, 알겠니? 이제 발을 집어넣어 봐. (아이의 양말을 발 위로 잡아당기기 시작한다)

네가 계속해 볼래? 아니, 아니, 여기를 당겨야지… 여기를 잡아당겨. 여기 끝 부분을 잡아당기면 양말이 다시 벗겨지니까. 기다려, 내가 도와줄게. 그렇게 쉽지는 않지. 여러 번 연습해야 해. 내가 신겨 주는 게 좋겠어? (아이에게 양말을 신긴다)

얀치 : (다른 쪽 양말을 신기려고 해본다)

에리카 : 발가락이 안 들어갔네.

얀치 : (양말을 가리킨다)

에리카 : …자동차랑 트럭이 그려져 있구나. …아까 보여준 것처럼 여기 위쪽을 잡아당겨야 해.

얀치 : 에.

에리카 : 여기 위쪽을 잡아당겨야지.

얀치 : 에.

에리카 : 에라니, 너 지금 에이 힘들어, 하고 말하려는 거구나. 그래도 여기 위쪽까지 잘 잡아당겼어. 거기에 발을 집어넣어. 다른 쪽 양말은 나한테 줄래? 먼저 신은 건 다시 벗으면 안 돼. 그

래!…(에리카는 두 번째 양말도 신기고 난 후, 같은 방에 있는 다른 아이와 이야기를 한다)

그래, 로비, 너도 한번 해볼 수 있어, 너도 할 수 있어! (에리카는 얀치에게 실내화를 건네주고 다시 얀치에게 집중을 한다)

실내화를 신어 볼래? …이쪽 발에다가, …다른 쪽 신발. 여기에는 이쪽 발, 오른발을 넣고, 저기에는 왼발을 넣는 거야. 이제 한번 신어 보렴! (다른 아이들을 돌아본다)

미쿠, 침대에 가서 쉬어도 돼. 로비, 너도 고단하면 침대에 가렴! 네 양말이 저기 있네. 넌 이제 어떻게 양말을 신는지 알잖아. 한번 혼자서 신어 보렴! (아마도 로비가 벗어서 울타리 밖으로 던져 놓은 양말을 다시 건네주는 듯하다. 다시 얀치와 이야기하면서 실내화 신는 것을 도와준다)

그렇지.

얀치 : 에.

에리카 : 끝났다고? 아직 아니지. 실내화를 잡고 발을 넣으면 좀 더 쉬울거야. 내 말 들어 봐, 이제 내가 신겨 줄게. …이쪽 발에, 알겠니? 그래, 여기에 집어넣어. 끈을 묶어 줄게. 풀어지지 않도록 끈을 두 번 겹쳐서 묶자. 신발끈이 좀 짧구나.

얀치 : 에-에. (실내화가 신긴 발을 가리킨다)

에리카 : 우리가 같이 힘을 합쳐서 신었지, 네가 도와줬잖아.

얀치 : 에-에.

에리카 : 실내화.

얀치 : 에-에.

에리카 : 다른 쪽 실내화를 다시 줄래?

얀치 : (실내화에 그려져 있는 그림을 가리킨다)

에리카 : 북극곰이 그려져 있구나. 북극곰.

얀치 : 에-에.

에리카 : 이것 좀 봐, 북극곰이 물고기를 잡네. 여기는 눈사람이 있고⋯ 눈사람. ⋯겨울이 되면 눈사람이 있지⋯.

얀치 : 외.

에리카 : 북극곰도 있네.

얀치 : 에잇.

에리카 : 눈사람.

얀치 : 엣.

에리카 : 눈사람.

얀치 : 에베.

에리카 : 북극곰이 물고기를 잡고 있네⋯.

얀치 : 에테.

에리카 : ⋯얼음덩이 위에서. 이제 실내화 신을까? 내가 신겨 주고 싶은데.

얀치 : 외. (방에서 우는 소리가 들린다)

에리카 : 로비, 좀 옆으로 가. 너희들 너무 붙어 있다.

얀치 : 외.

에리카 : (다시 얀치를 쳐다본다) 이리 줘, 내가 신겨 줄게.

얀치 : 외.

에리카 : 외.

얀치 : (카메라를 가리킨다)

에리카 : 이렌이 지금 찍고 있지. 자. (실내화를 양쪽 모두 신겼다. 로비가 울타리 문을 흔든다. 에리카는 뒤쪽으로 몸을 굽혀 문을 잠그려 한다)

내 말 좀 들어 봐. 어, 문을 잠글 수가 없네. 아저씨들이 고쳐 주셔야겠다.

얀치 : (잠기지 않는 빗장을 가리킨다) 외-외.

에리카 : 저기, 저걸 아래쪽으로 넣어야 되는데.

(다시 로비를 향해) 그렇게 문을 흔들면 고장 난다!

(다시 얀치를 향해) 이제 네 머리를 빗겨 줄게. 저기에 빗이 있구나. 다른 쪽도 빗자, 그렇게 할래? (로비가 다시 울타리 문을 붙잡고 흔든다)

문 좀 그만 흔들어. 네가 흔드니까 문이 다시 열렸잖아. 네가 상당히 힘이 센 아이라는 건 알지만, 힘을 이렇게 쓰면 안 되지.

(다시 얀치를 향해 말한다) 로비가 문을 흔들어서 문이 열렸어. 이제 우리, 일어나서 머리를 빗자. 빗을 이리 주렴. 나한테 줘. 그래. 이제 다시 한 번 네 머리를 빗겨야겠어. 빗을 나한테 줘. 빗은 입속에 넣지 말고! 이런, 빗을 던져 버리네. (에리카는 아무 말도 하지 않고 빗을 주운 다음, 계속 친절한 표정을 지으며 얀치의 머리를 빗긴다)

좀 있다가 거울을 보자.

로비 : (에리카를 향해 소리를 낸다) 외-외.

에리카 : 왜 그래, 로비? (다시 얀치를 향해) 우리는 가서 거울을 보자. 이리 와, 가자! 이제 일어나자, 응?

(로비에게) 로비!

(얀치를 팔에 안는다) 너, 고단하니? 빗을 제자리에 두자. 네가 갖다 둘래? 네가 갖다 둘 수 있어. 어디에 놔둬야 하는지 알려 줄게. 저기에 놔두면 돼. 그래, 좋아. 네가 빗을 제자리에 두었어. 이제 거울을 보면 되겠다. 저기 네가 있지, 이것 봐, 얼마나 이쁘니!

목욕을 하고 나서

_안나 터르도시Anna Tardos, 우테 슈트룹Ute Strub

♥ 목욕을 마친 에디트Edit는 몸을 닦고 기저귀를 채울 때 사용하는 평평한 쿠션 위에 올라가 있다. 에디트 뒤에는 발판이 놓여 있고, 보육교사 사라Sara는 에디트 앞에 있는 발판 위에 앉아 있다. 만 두 살 반이 된 에너지 넘치는 에디트는 '뭐든지 싫다고 말하는 나이'다. 비디오 화면을 보지 않고 글만 읽을 경우에는 에디트가 계속 엄한 지시를 받는다는 생각이 들 수도 있다. 하지만 보육교사는 내내 친절한 태도를 유지하며, 에디트가 아프게 할 때조차 침착하게 행동한다.

에디트와 함께 있는 동안 사라는 아이에게 협상할 수 있는 여지를 준다. 에디트는 자신이 하려고 하는 것과 하기 싫어하는 것, 참여하고 싶은 것과 참여하기 싫은 것을 분명히 표현한다. 싫다는 말을 할 줄 아는 아이인 것이다.

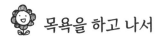

협상은 매우 차분하게 이루어진다. 아이는 차가운 바닥에 선 채, 기저귀를 채울 때 사용하는 쿠션으로 올라가기를 거부한다. 보육교사는 처음에는 아이에게 요청을 하다가, 그 다음에는 “난 너한테 기저귀를 채워 주고 싶은데.”라고 말한다. 에디트가 자신은 기저귀가 필요 없다고 말하자, 보육교사는 밤에 기저귀를 안 차고 어떻게 하려는지 묻는다. 우리는 밤에 기저귀를 차지 않겠다는 아이의 바람을 왜 진지하게 받아들이지 않느냐고 보육교사를 비난할 수 없다. 보육교사가, “너 정말로 기저귀 없이 자고 싶니?” 하고 물어볼 수는 있다. 하지만 아마도 아직 에디트가 밤마다 기저귀에 소변을 보기 때문에 보육교사가 그렇게 말한 거라고 짐작된다. 그래서 보육교사는 다시 한 번, “이제 기저귀 채울게!”라고 말한다. 에디트가 다시 한 번 거부하자, 보육교사는 아이의 겨드랑이 아래로 양팔을 잡고, 부드럽지만 단호하게 아이를 들어 쿠션 위에 올린다.

만일 보육교사가 아이를 쿠션 위에 올려 놓기 전에 로치의 보육교사들이 일반적으로 그러듯이 아이에게, “네가 쿠션으로 올라갈래? 아니면 내가 너를 올려 줄까?”라고 물었더라면 에디트가 어떻게 반응했을까, 하고 생각해 볼 수도 있다. 이렇게 아이에게 선택권을 주면, 아이가 거부하는 태도를 포기하고 다시 협조적인 태도로 돌아오기가 쉽다.

보육교사가 에디트를 들어 쿠션 위에 올려 놓자, 에디트는 다소 긴장하는 표정을 지으며 소리 내어 웃는다. 에디트는 이런 방식에 익숙하지 않기 때문에 아마도 자신이 충분히 배려를 받지 못했다고 느꼈을 것이다. 우리는 에디트의 표정에서 이를 추측해 볼 수 있다. 에디트가 크림을 발라 달라고 했을 때, 보육교사는 이미 크림을 발라 주었다고 말한다. 이때 또 한 번 사건이 일어난다. 에디트가 사라의 귀에 달려 있는 귀걸이를 거칠게 잡아당기는 돌발적인 행동을 한 것이다. 에디트는 이제 보육교사와 더 이상 협상하지 않으며, 행동을 통해 순간적인 반항심을 표현한다. 이때 보육교사는 차분하게 말한다. "그렇게 잡아당기지 마. 아프단 말이야. 그건 내 귀걸이야. 너도 어른이 되면 귀걸이를 하게 될 거야." 이로써 보육교사는 어린 에디트에게 자신의 미래의 모습을 그려 준다.

보육교사의 이런 말은 에디트의 자기정체성을 강화하고 에디트의 성장에 대한 보육교사의 믿음을 에디트에게 전하는 역할을 한다. 보육교사가 이런 말을 해서인지, 아니면 귀를 잡아당기는 일을 당하고서도 상냥한 태도를 잃지 않아서인지 확실치는 않지만, 에디트는 보육교사의 말이 끝나자마자 보육교사의 머리카락을 부드럽게 쓰다듬고, 다시 한 번 보육교사의 귀를 향해 손을 뻗친다. 하지만 이번에는 부드럽고 조심스럽게 만진다. 바로 전에 좋지 않은 경험을 하고서도,

보육교사는 에디트가 손을 뻗자 주저하지 않고 귀를 갖다 댄다. 이 순간 보육교사의 행동은 아이의 선량함을 절대적으로 신뢰하고 있음을 보여 준다.

– 동영상에 등장하는 대화

에디트 : (쿠션에서 내려간다)

사라 : 이리 오렴, 여기 쿠션 위에 있어.

에디트 : 싫어, 쿠션 위에 있기 싫어.

사라 : 바닥에 서 있으면 춥잖아. 이리 와.

에디트 : 싫어.

사라 : 그렇게 하자.

에디트 : 싫어.

사라 : 너한테 기저귀를 채워 주고 싶은데.

에디트 : 필요 없어.

사라 : (그렇지 않을 것이라는 미소를 짓는다) 이런, 기저귀를 안 차고 어떻게 하려고, 밤에는 어떡하려고? 이제 기저귀 채울 거야.

에디트 : 싫어.

사라 : 기저귀 차야 하니까 이리 와. (보육교사는 아이의 겨드랑이 아래쪽으로 양팔을 잡고 부드럽지만 단호하게 아이를 들어 올려 쿠션 위에 올려 놓는다. 아이는 다소 긴장된 표정으로 소리 내어 웃

고는 쿠션 위에 앉는다)

발을 이 안으로 넣어. 이제 일어나자. 기저귀를 채울 거야.

에디트 : (일어나서 엉덩이를 가리키며) 나 크림 바를 거야.

사라 : 크림은 벌써 발라 줬어. 잊어 버렸니? 조금 전에 네가 구석으로 숨었을 때, 크림 발라 줬어.

에디트 : (사라의 귀걸이를 잡고 거칠게 잡아당긴다)

사라 : 그렇게 잡아당기지 마. 아프단 말이야. (침착한 표정으로 말한다) 그건 내 귀걸이야. 너도 어른이 되면 귀걸이를 하게 될 거야.

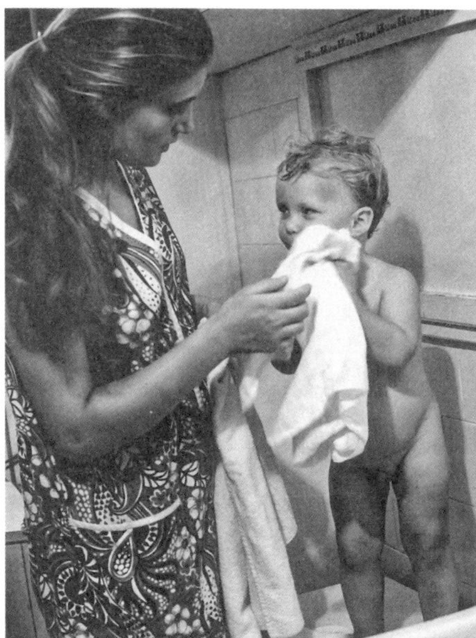

에디트 : (보육교사의 머리카락을 잠깐 부드럽게 쓰다듬고, 다시 한 번 보육교사의 귀를 향해 손을 뻗친다. 하지만 이번에는 부드럽고 조심스럽게 만진다)

사라 : 그래. 내 귀.

에디트 : 귀.

사라 : 내 귀걸이.

에디트 : 귀걸이, 다른 쪽에도 하나 있어.

사라 : (에디트가 다른 쪽 귀도 만질 수 있도록 고개를 돌려 준다)

에디트 : (사라의 귀를 다시 한 번 조심스럽게 만진다)

사라 : 그래, 다른 쪽에도 하나 있지.

함께한 기억

_안나 터르도시Anna Tardos

비디오 화면 속에는 만 세 살 된 졸탄Zoltán이 점심을 먹고 나서 침대 위에 앉아 있다. 졸탄은 자신을 돌보는 보육교사 에바Éva와 함께 낮잠 잘 준비를 한다. 이렇게 주어진 몇 분의 시간 동안 두 사람은 자연스럽게 이야기를 나눈다.

이야기는 친밀한 분위기 속에서 진행된다. 두 사람은 개인적으로 매우 친해 보인다. 이미 말을 잘 하는 졸탄은 낮잠 잘 준비를 하는 동안 에바와 이야기하는 것을 매우 좋아한다. 에바가 졸탄 맞은편에 앉아 있어서, 두 사람은 계속 상대방의 눈빛을 보며 이야기할 수 있다. 두 사람은 졸탄이 무엇을 하며 지냈는지 이야기를 나눈다. 에바와 이야기를 나누는 이 시간은 졸탄이 자신에게 있었던 일을 마음 속에서 소화하는 시간이기도 하다.

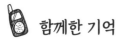

처음에 두 사람은 양말, 장난감 시계, 단추 등 그다지 중요하지 않은 것에 대해 이야기한다. 그러다가 갑자기 졸탄이 "에바, 아기, 아기."라고 말한다. 이 말에는 어떤 대답을 해야 할까? "넌 이제 더 이상 아기가 아니야."라고 해야 할까? 아니면 "나도 아기가 아니야."라고 대답해야 할까? 에바는 그렇게 대답하지 않는다. 에바는 이 두세 단어를 통해 아기가 물으려는 것 또는 요청하려는 것이 "난 내가 아기였을 때 이야기를 하고 싶어."라는 메시지임을 간파한다. 그리고 에바의 짐작은 들어맞았다. 에바는 졸탄에게 대답한다. "그래, 아주 오래전에는 너도 아기였지." 졸탄이 에바의 이야기를 잇는다. "응, 리타가 나를 돌봐 주었어." 그리고 아주 중요한 것을 묻는다. 졸탄은 자신이 진심으로 원하는 것을 표현하는 것이다. "에바도 나를 돌봐 주었어?"

두 사람이 무엇에 대해 이야기하는지 이해하려면 졸탄에 관해 알아야 한다. 어렸을 때 졸탄은 리타가 담당 보육교사로 있던 그룹에서 지냈다. 그 그룹의 아이들이 네 명으로 줄어들자, 아이들 수가 적은 다른 그룹과 하나로 합치게 되었다. 졸탄은 리타와 함께 새로운 그룹으로 왔고, 이 새 그룹에는 에바가 보육교사로 일하고 있었다.

얼마 후 리타가 로치 보육원을 떠나면서 에바가 졸탄의 담당 보육교사가 되었다. 이런 배경을 알고 있으면, 다음과 같은 졸탄의 질문을 이해할 수 있게 된다. "카티Kati가 아기였을 때에는 에바가 돌봐 주었어?" 에바가 처음부터 자신을 돌본 게 아니라는 대답을 듣는다면 졸탄이 편치 않으리라는 것을 에바가 알았는지 우리는 모른다. 에바의 대답은 자연스럽고, 진지하고, 정직하다. 진실을 듣는 것이 아이에게는 힘이 들겠지만, 에바는 진실을 말한다. 그리고 말을 이어가며, 졸탄이 묻지 않은 것을, 즉, 에바가 졸탄을 돌보기 시작했을 때 졸탄이 이미 아주 잘 걸었고, 식탁에서 혼자서도 잘 먹었다는 이야기를 한다. 이 이야기에 졸탄은 방긋 웃는다. 왜 그럴까? 에바의 말에는 졸탄에게 중요한 메시지가 담겨 있었기 때문이다. '내가 너를 처음부터 돌보지는 않았지만, 나는 너를 아주 잘 기억하고 있단다. 네가 우리 그룹에 처음 왔을 때 어땠는지, 무엇을 할 수 있었는지, 다 기억하고 있단다.' 에바는 매우 간단해 보이는 대답을 통해 자신이 졸탄에 대해 얼마나 깊이 공감하고 이해하고 있는지 표현한다. 에바는 이렇게 아이가 잠옷 입는 것을 돕고 낮잠 잘 준비를 해 주는 일상적인 상황을 매우 의미 있게 만들어 간다.

어쩌면 이후에 계속 이어지는 둘의 대화가 앞의 대화보다 더 중요할 수도 있다. 졸탄은 갑자기 앵무새에 대해 이야기하기 시작한다. 앵무새 이야기라면, 졸탄이 유치원에 들어가기 전, 지금으로부터 약 6

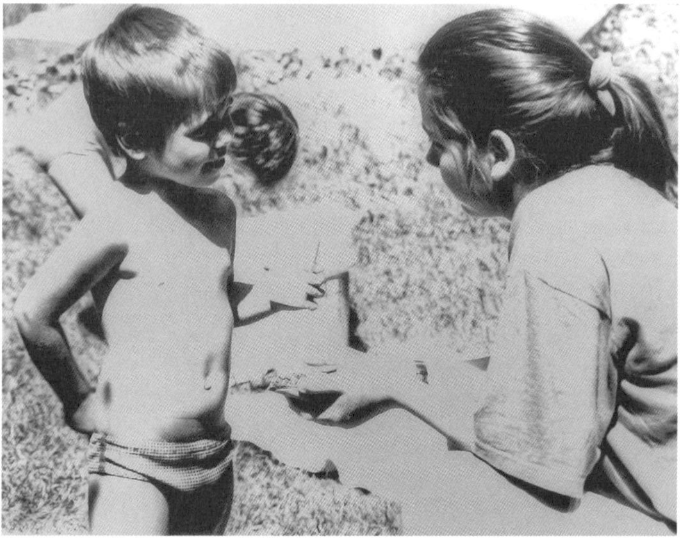

개월 전에 두 사람이 나눈 적이 있다. 지금 졸탄은 에바에게 '그때 우리가 나누었던 이야기를 아직 기억하고 있어?'라고 간접적으로 묻고 있다. 둘은 앵무새 이야기를 하지만, 실상 이 대화는 깊은 의미를 가지고 있다. 졸탄은 말로는 표현하지 않은 물음, 즉 '내가 당신한테 정말로 중요한가요?'라는 물음에 대한 대답을 들으려 한다. 에바는 단순히 지금 이 순간 동안만 세심하게 주의를 기울이며 졸탄과 함께 있는 것이 아니다. 그녀는 둘이 함께했던 지난 시간의 일들, 졸탄이 누구와 함께 산책을 갔는지, 에바에게 어떤 이야기를 해 주었는지도 기억하고 있다. 에바의 대답에서 졸탄은 자신이 에바에게 정말로 중요한 사람이라는 것을 확인하고는 안도의 한숨을 내쉬며, "그랬어. 하아."라고 대답한다.

졸탄이 에바의 얼굴을 부드럽게 쓰다듬는 것으로 두 사람의 대화는 끝난다.

- 동영상에 등장하는 대화

졸탄 : 에바, 아기, 아기.

에바 : 그래, 아주 오래전에 너도 아기였어.

졸탄 : 응, 리타가 나를 돌봐 주었어.

에바 : 그래, 그랬지. 리타도 너를 돌봤지.

졸탄 : 에바도 나를 돌봐 주었어?

에바 : 아니, 네가 아기였을 때는 내가 돌봐 주지 않았어.

졸탄 : 그러면 카티가 아기였을 때에는 에바가 돌봐 주었어?

에바 : 응, 카티가 어렸을 때에는 내가 돌봐 주었어.

졸탄 : 응.

에바 : 넌 내가 돌보지 않았어. 네가 그때는 다른 그룹에 있었거든.

졸탄 : 난 아니야?

에바 : 내가 널 처음 돌봤을 때, 넌 벌써 잘 걸어 다녔어. 신나게 뛰어다닐 수도 있었어.

졸탄 : 우와, 정말?

에바 : 혼자서 먹을 줄도 알았고.

졸탄 : 어디에서?

에바 : 혼자서 식탁에 앉아서 음식을 잘 먹었어! 정말이야, 아주 잘 먹었어!

졸탄 : (방긋 웃으며) 그랬구나. (갑자기 에바의 옷을 가리킨다) 앵무새들이야.

에바 : 응?

졸탄 : 난 오래전에 마리카 나지Marika Nagy랑 앵무새 봤어.

에바 : 산책을 가서 봤지?

졸탄 : 그런데 앵무새가 쪼아 댔어.

에바 : 쪼아 댔어? 도대체 뭘 쪼아 댔니?

졸탄 : 쪼아 댔어.

에바 : 주둥이로 곡식알을 쪼아 댔니? 앵무새들이 주둥이로 곡식알을 쪼아 댔어?

졸탄 : 응, 쪼아 댔어. 그리고, 그리고 다른 하얀색 작은 거에, 노란색도 있었어.

에바 : 또 어떤 색 앵무새가 있었어?

졸탄 : 빨간색도 있었어.

에바 : 거기에 앵무새가 몇 마리 있었어?

졸탄 : 많이.

에바 : 많이?

졸탄 : 응, 앵무새들이 쪼아 댔어.

그래, 나 기억하고 있어. 너희들 졸리Zoli하고 마리카와 함께 자주 앵무새를 보러 었지. 너희들이 유치원에 가기 전에 산책하러 갈 때마다 앵무새 보러 갔었어.

졸탄 : 그랬어. 하아.

모니카가 예방주사 맞던 날

_카탈린 튀제시Katalin Tüzes

모니카는 만 세 살이며, 태어나자마자 내가 보육원 부원장으로 있는 로치에 들어왔다. 모니카는 총명하고 명랑한 여자아이이다. 기회가 있을 때마다 자기 의견을 말하고, 모든 것에 대해 질문하고, 모든 것에 관심을 갖고 있다.

이곳에서는 만 세 살이 된 아이들에게 예방접종을 한다. 예방주사를 맞기 하루 전날, 나는 모니카에게 다음 날 디프테리아, 백일해, 파상풍 예방주사를 맞게 될 거라고 말했다. "기분이 좀 나쁘고 아플 거야." 나는 모니카에게 말했다. "빈체Vincze 박사님이 보육원장실에서 주사를 놓아 주실 거야. 네가 병에 걸리지 않도록 보호하는 주사야. 그래서 이 주사를 보호주사라고 부르기도 하지. 아이들이 세 살이 되면 이 주사를 맞게 되어 있단다."

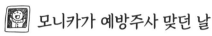

다음 날 아침 내가 모니카 그룹이 있는 방으로 들어갔을 때, 모니카는 나를 보자마자 이렇게 말했다. "아직은 주사 안 맞는 거죠?" "그래, 아직은 아니야." 내가 말했다. "조금 후에 빈체 박사님이 오시면 맞을 거야."

예방접종에 필요한 준비를 마치고, 나는 모니카를 방에서 데리고 나왔다. 모니카의 보육교사도 함께 왔다. 모니카는 좋아하는 하얀색 곰 인형을 꼭 껴안고 있었다. 걸어가는 내내 모니카는 같은 말을 몇 번이고 반복했다. "난 주사를 맞아. 난 주사를 맞아, 무릎에 앉아서. 많이 아프지는 않아." "그래도 아프긴 아플 거야." 보육교사와 내가 거의 동시에 말했다.

보육원장실에서 모니카는 보육교사의 무릎에 앉아서 빈체 박사가 주사약을 주사기 안에 넣는 것을 주의 깊게 지켜보았다. "난 안 울어." 모니카가 말했다. "아프면 울어도 돼." 의사 선생님과 내가 동시에 말했다. "조금 아플 거야. 그러고 나면 다시 돌아가도 돼." 모니카는 스스로에게 용기를 주려는 듯 이렇게 말했다. 그리고 의사 선생님이 자신의 다리에 주사를 놓을 부분을 찾아 소독하고 주사 놓는 것에서 눈길을 떼지 않았다. 모니카는 몸은 움직이지 않았지만 얼굴을 돌리고는 울음을 터뜨렸다. 모니카는 울면서 말했다. "난 울어도 돼, 아파, 아주 많이 아파." 모니카는 너무나도 슬프게 울면서 보육교사의 어깨에 기댔다. 보육교사는 모니카의 머리를 아주 부드럽게 쓰다듬으면서 위로했다. 잠시 후 모니카가 진정하자, 나는 과자를 하나 건네주었다.[9] 우리는 함께 모니카의 그룹이 사용하는 방으로 갔다. 방에 도착한 모니카는 다시 한 번 확인하듯 말했다. "나 예방주사 맞았어."

로치에서는 아이들이 의사의 진찰을 받거나 예방주사를 맞게 되면 미리 아이에게 말을 해서 마음의 준비를 하도록 한다. 진찰을 받거나 예방주사를 맞을 때 아플 수 있다는 것도 미리 말해 둔다. 우리는 아이에게 닥칠 일에 대해서 정직하게 이야기하는 것이 더 낫다고 생각한다. 이렇게 미리 알려 주면, 아이는 겁을 먹고 울기도 한다. 하지만 두려움과 충격이 오래 남지는 않는다. 예기치 않게 갑자기 불쾌한 일을 당하는 것보다는 훨씬 빨리 진정하는 것이다.

모니카의 경우에는 매달 검진을 받았던 의사 선생님이 예방주사를 놓은 덕분에 좀 더 참기가 쉬웠던 것 같다. 아이는 이 의사가 자신이 아플 때 도와주는 사람이라는 경험을 이미 한 상태였다. 여러 명의 아이들이 같이 예방주사를 맞는 경우에는 다른 아이들이 주사를 맞을 때 곁에 있게 하면 진행 상황을 좀 더 쉽게 이해한다. 의사 선생님이 아이들이 보는 앞에서 주사약을 주사기에 넣는 것도 아이들이 상황을 쉽게 이해하는 데 도움이 된다.

---

9 과자는 위로하는 차원에서 주는 것으로, "용감하게 있으면 과자를 줄게."라고 예고하고 주는 보상이 아니다.

우리는 아무런 예고도 없이 예방접종을 하는 것이 아이들의 믿음을 깨는 행위라고 생각한다. 이런 경우 아이들은 왜, 무슨 일이 자신에게 일어나는지 이해하기가 힘들다. 따라서 우리는 주사를 맞으면 분명히 아플 거라고 미리 이야기한다. 또한 아주 조금만 아플 거라는 거짓말도 하지 않는다. 우리는 아이들이 용감하고 씩씩하게 행동할 거라고 기대하지도 않는다. 아이가 우는 것은 자신의 고통과 두려움을 나타내는 자연스럽고 적절한 표현 방식이다. 우리는 아이가 불쾌한 일로 인한 충격을 가능한 한 조금만 받고 어른들에 대한 믿음을 간직하게 되기를 기대한다. 우리가 할 수 있는 범위 내에서 이렇게 함으로써, 우리에게 맡겨진 아이들이 예상치 못한 아픔을 겪을 수 있다는 무의식적인 불안감을 항상 안고 살지 않도록 지켜 주려 한다.

우리는 만 한 살 이하의 아기들에게 예방접종을 할 때에도 같은 방법으로 준비시킨다. 예방접종을 위해 잠자고 있는 아이를 깨우거나 아이의 일상적인 리듬을 깨는 일도 없다. 내가 보육원장실에서 예방접종에 필요한 모든 준비를 해 두면, 보육교사가 아기를 안고 웃는 얼굴이 아니라 진지한 얼굴로 말한다. 친절하지만 단호한 목소리로 설명하는 것이다. "이제 의사 선생님이 너한테 바늘로 콕 찌를 텐데, 좀 아플 거야." 주사를 놓을 때 의사 선생님도 똑같이 말한다. "이제 좀 아플 거야."

의사 선생님은 주사를 놓기 전에 알코올을 적신 솜으로 아기의 허벅지를 세게 문지른다. 이로 인해 아기는 주사를 맞기 전부터 울기 시작하지만, 아무런 예고 없이 갑작스러운 아픔을 경험하지는 않는다. 예방접종이 끝나면 보육교사는 끈기 있고 애정 어린 말로 아기를 달래려 애쓴다. 그러고 나서 미리 준비해 둔 음식을 아기에게 준다. 이렇게 먹을 것을 주어 아기의 마음을 편하게 하고 달래어 주사로 인한 불쾌감을 상쇄시킨다. 이렇게 하면 아기가 익숙한 일상의 리듬 안으로 돌아가기가 쉬워진다. 일반적으로 보육교사가 앞에서 언급한 어조와 방식으로 아기를 대하면, 아기는 자신에게 무언가 불쾌한 일이 닥칠 것임을 감지한다. 대개 아기들은 예방접종이 끝나면 상당히 빨리 울음을 그치며, 그 후에도 의사들을 두려워하지 않는다.

나는 예방접종이 모니카에게 어떤 흔적을 남겼는지 궁금했다. 며칠 후 모니카는 매달 하는 정기검진을 받았다. 모니카는 우리를 보자마자 "주사 맞는 거 아니지?" 하고 물었다. 의사 선생님은 "아니야, 오늘은 그냥 검사만 받는 거야"라는 말로 모니카를 안심시켰다. 모니카는 "나한테 망치 좀 주세요!"라고 요청했다. 의사 선생님은 모니카에게 망치를 건네주었다. 모니카는 신이 나서 신경 반사 망치를 받아 들었다. 우리는 모니카를 검진하기 위해 모니카의 그룹이 사용하는 욕실로 들어갔다.

"나한테 뭘 할 거예요?"

"검진을 할 거야."

"끝나면 다시 방으로 가요?"

"그래, 끝나면 다시 네 방으로 가지."

검진이 이루어지는 동안 모니카는 의사의 모든 요청을 따랐다. 긴장했던 얼굴도 서서히 편안해졌다.

모니카는 우리가 설득할 필요도 없이 검진에 협조했다. 예방접종으로 인해 의사 선생님을 대하는 태도가 변하지도 않았고, 의사 선생님과의 관계도 전과 다름없었다. 물론 모니카는 이번에는 예방주사를 맞는 것이 아니라는 것을 몇 번이나 확인 받으려 했다. 모니카가 의사 선생님에게 망치를 달라고 했던 것도, 몇 번이나 질문을 했던 것도 바로 이 때문이었다. 그 후 모니카는 더 이상 예방접종에 대해 이야기하지 않았다. 그렇기에 우리는 이로부터 2주 후 모니카가 다른 아이에게 "있잖아, 카티카, 예방주사는 아주 아파." 하고 말하는 것을 듣고 무척 놀랐다. 모니카는 우리가 하는 말이 믿을 만하다는 것을 체험했다. 이런 체험은 모니카가 주변의 어른들을 믿고 자신이 겪은 일을 내면적으로 소화하는 데 도움이 되었다.

날 두고 가 버려서 울었어

_마리아 보복Mária Bobok

♥ 오후에 로치로 가는 동안 나는 그날도 평상시와 다름없으리라 생각했다. 하지만 로치에 도착하니, 미키Miki가 사고를 당해 병원에 있다는 소식이 기다리고 있었다. 미키는 만 두 살 반이며, 나는 그의 담당 보육교사이다.[10] 나는 그 자리에서 미키를 찾아가고 싶었지만, 다른 아이들을 돌보아야 하기에 그럴 수 없었다. 그날 오후는 무척 길었고 나에게는 힘든 시간이었다. 미키의 빈자리가 느껴졌다. 미키의 침대는 비어 있었다. 미키가 노는 모습이 보고 싶었다. 다른 아이들도 미키를 그리워했다. 크리스타Kriszta는 미키가 보이지 않자 먹을 것도 제대로 먹지 않았다. 크리스타가 계속 미키에 대해 물었지만, 나 또한 별다르게 아는 것이 없었다.

다음 날 오전, 동료 보육교사 로지Rozsi가 어떻게 사고가 일어났는지 이야기해 주었다. 미키는 8월 20일[11] 저녁에 발판 위에 올라가 있

10 로치에서 '담당 보육교사'는 그룹 아이들 가운데 둘을 맡아 매달 성장보고서를 작성한다

11 헝가리 건국기념일

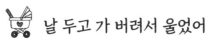

다가 넘어져 바닥에 머리를 부딪쳤다. 미키는 의식을 잃었고, 몇 분 후 의식을 되찾았지만 구토를 했다.

의사 선생님이 미키를 진단했고, 자세한 검사를 받으러 병원에 가야 한다고 판단했다. 바로 그 시간에 인근에서는 불꽃놀이가 진행되고 있었다. 도로가 차단되어 있었고 교통이 혼잡했기 때문에 구급차를 불렀다. 로지는 그 시간에 미키의 그룹에 있었다. 로지는 미키에게 옷을 입혀 병원에 갈 준비를 시켰다. 로지는 미키에게 이렇게 설명했다. "구급차가 너를 병원에 데려다 줄 거야. 나도 너와 함께 갈 거야. 하지만 나는 얼마 있다가 다시 돌아와야 해. 그리고 너는 며칠 동안 병원에서 지내게 될 거야." 병원에서 미키가 말했다. "로지는 다시 가고, 난 여기 있고, 의사 선생님은 여기 있고."

미키는 자신이 검진을 받고 하루 종일 침대에 누워 있어야 한다는 것을 알고 있었다. 우리가 자신을 날마다 찾아가리라는 것도 알고 있었다. 로지가 병원을 나올 때 미키는 너무나도 슬프게 울었다. 자신이 아는 어른이 한 명도 없이 완전히 낯선 환경에 남겨졌기 때문이다.

나는 미키의 상태가 어떤지 몰랐고, 그래서 로지가 다음날 오전에 미키를 만나러 병원으로 갔다. 로지는 미키에게 장난감 구급차를 가져다 주었다. 미키는 장난감 구급차를 로지에게 보여 주면서, 환자들이 어느 쪽 문으로 들어가는지, 운전사가 어디에 앉아 있는지 설명했다. 로지는 미키가 점심식사를 하도록 도와주고는 다시 병원을 떠나야 했다. 미키와 작별인사를 할 때, 로지는 한 밤만 자면 마리아가 병원으로 찾아올 것이라고 알려 주었다.

이튿날 나는 초조한 마음으로 병원으로 갔다. 미키는 검사를 받는 중이라서 입원실에 없었다. 나는 휴게실에 앉아 있었다. 한참 후에 미키가 입원실 쪽으로 왔다. 처음에 나는 미키를 거의 알아보지 못했다. 미키의 머리에는 붕대가 감겨 있었다. 미키는 나를 쳐다보고는 그냥 지나갔다. 그러더니 다시 뒤를 돌아보고서야 나를 알아보았다. 미키가 뛰어와 내 무릎 위에 앉더니 내 목을 꼭 껴안았다. 우리는 둘 다 한참 동안 울먹거리면서 아무 말도 하지 못했다. 미키가 먼저 입을 열어, "마티암!"(Mátyam, "나의 마티아")이라고 말했다. 아이들은 나를 마티아Matya라고 부른다.

그 단 한 마디에 미키의 기쁨과 아픔이 모두 담겨 있었다.

나와 함께 입원실로 들어간 미키는 자신이 가지고 온 장난감들을 보여 주었다. 미기 소유인 장난감 원숭이를 가장 먼저 보여 주었다.

내가 가지고 간 도화지와 색연필을 꺼내자, 미키는 곧바로 그림을 그리기 시작했다. 미키는 페르쾨Ferkö와 크리스타, 그리고 나에게 선물할 그림을 그렸다.

내가 곁에 있는 동안 미키는 침대 위에서 조용히 놀았다. 이야기를 나누는 동안 미키는 몇 번이나 무릎 위에 앉게 해 달라고 부탁했다. 점심식사가 나오자 처음으로 슬픈 기색을 보였다. 미키는 나에게 가지 말라는 말도, 자신을 데려가 달라는 말도 하지 않았다. 그저 내 이름만 계속 불렀다. 미키는 내가 돌아가리라는 것, 그리고 자신은 병원에서 자야 한다는 것을 알고 있었다. 미키는 밥을 먹다 말고 울기 시작했다. 나는 미키와 잠시 이야기를 하다가 강아지에 관한 시를 들려주었다. 그리고 로치에서 우리가 헤어질 때마다 부르는 노래를 불렀다. 그러고 나서 나는 오후에 페르쾨와 다른 아이들에게 먹을 것을 주어야 하기 때문에 가 봐야 한다고 말했다. 하지만 내일 다시 오겠다고 약속했다.

미키는 내가 일어나자 몹시 울었다. 길에서도 울음소리가 들릴 정도로 심하게 울었다. 그렇게 헤어지는 것은 우리 둘 모두에게 힘든 일이었다. 다음 날 미키가 소리 내어 웃으며 말했다. "약속한 데로 왔어…." 미키가 계속 말했다. "날 두고 가 버려서 울었어." 오늘도 점심을 먹고 나면 가겠지만 내일 다시 올 것이라고 미키와 약속했다. "약속." 미키가 다시 말했다. 미키는 처음에는 그림을 그리고, 그런 다음에는 내 가방을 구경하다가 신문에 눈길을 주었다. 나는 미키에게 아이들이 어떻게 지내는지 말해 주었다. 미키는 환한 얼굴로 귀를 기울였다. 그리고 우리는 한층 긴장이 풀어진 상태로 편안하게 이야기를 나누었다. 미키는 내가 날마다 자신을 찾아오리라는 것을 알고 있었다.

의사들은 미키가 일주일 동안 병원에서 지내야 할 거라고 말했다. 나는 날마다 미키를 찾아갔고, 미키는 늘 나를 기다리고 있었다. 그리고 내가 언제쯤 돌아갈지도 알고 있었다. 하지만 그럼에도 불구하고 심하게 울었다. 내가 가려고 일어설 때마다 슬퍼했다. 며칠이라는 시간이 무척 천천히 지나갔다. 나에게도 그 시간은 무척 길게 느껴졌다.

나는 매일 오전 시간을 미키와 함께 보냈다. 나는 미키를 안심시키기 위해 편안하고 즐겁게 지내려고 노력했다. 오후가 되면 나는 내가 돌보는 그룹의 다른 아이들이 편안하게 느낄 수 있도록 기분 좋게 일해야 했다.

월요일 밤 나는 미키를 병원에서 데려오는 꿈을 꾸었다. 다음 날 아침, 로지에게 꿈 얘기를 했다. 혹시 몰라서 나는 미키가 퇴원할 때 입고 올 옷을 챙겼다. 꿈이 맞지 않으면 다시 옷을 가져오면 그만이었다. 그날도 나는 나흘 동안 해왔듯이 의사 선생님을 만나기 전에 미키와 먼저 이야기를 나누었다. 의사 선생님에게 퇴원 여부를 물어보지도 않은 상태였기 때문에, 미키를 데리고 갈 준비를 해 왔다는 말은 하지 않았다. 잠시 후 의사 선생님은 나에게 다음 날이면 미키가 퇴원해도 되니 입고 갈 옷을 챙겨 오라고 말했다. 내가 이미 필요한 옷가지를 챙겨 왔다고 말하자, 의사 선생님은 퇴원을 위한 소견서를 작성하고는 오늘 아이를 데려가도 좋다고 말했다. 로치로 돌아가게 된 미키는 행복한 얼굴로 내 곁을 잠시도 떠나지 않았다. 계단을 내려갈 때 미키는 매우 조심스러웠고, 인도에서 걸어갈 때도 불안했다. 미키는 나에게 손을 잡아 달라고 했다.

로치에 도착하자, 미키는 나와 크리스타에게 자신과 손을 잡자고 했다. 그렇게 한 손으로 내 손을, 다른 손으로는 크리스타의 손을 잡고, 마당에 산책을 하러 나가고 싶어 했다.

미키는 사고를 당한 후 오랫동안 예전보다 예민하게 행동했다. 전보다 자주 울고, 작은 일에도 토라졌다. 미키는 내가 자신에게만 집중할 수 있던 때를 그리워했다. 사고 이후 미키는 가볍게 넘어지기만 해도 심하게 놀라, "나 머리 부딪쳤어."라고 말하며 울었다. 예컨대 손을 씻으러 세면대 앞에 놓여 있는 발판에 올라갈 때면, "떨어질 것 같아."라고 말해서 우리의 시선을 끌었다. 발판에 올라가야 할 때는 누군가가 뒤에 서 있길 원했다.

미키는 다른 아이들에게 구급차를 가리키면서, 환자들이 어느 쪽 문으로 타는지 설명해 주었다. 미키는 자주 인형을 가지고 병원놀이를 했다. "인형이 아파, 의사 선생님이 어디가 아픈지 살펴봐." 미키가 말했다. 병원놀이를 하나가 곁에 있는 나를 쳐다보더니, 기억이 난

듯 이렇게 말했다.

"날 두고 가 버려서 울었어."

- 발행인 주석

《병원에서의 엄마와 아이》의 저자이자 소아심리학자인 게르트 비어만 Gerd Biermann 교수가 1965년 무렵부터 입원해 있는 환아의 부모들이 항상 병실에 출입할 수 있도록 조치한 이후부터, 독일에서는 이런 규정이 일반화되어 시행되고 있다.

피클러 보육원에서는 아이가 입원하면 담당 보육교사가 적어도 낮 시간 동안에는 병원에서 아이와 함께 지내도록 하고 있다. 하지만 오늘날 많은 아이들이 부모의 이혼으로 인해 한 부모 또는 부모 모두와 갑작스럽게 헤어지는 아픔을 경험하며, 많은 경우 익숙한 환경을 떠날 수밖에 없는 상황에 처한다. 우리가 이 글을 이 책에 싣는 이유가 바로 그 때문이다.

우리 딸 리자와 나를 되돌아보며

_크리스티네 오르드눙Christine Ordnung

1999년 11월

나의 딸 리자Lisa는 곧 생후 5개월이 된다. 리자는 평온한 아이이다. 기저귀를 가는 동안 우리는 함께하는 시간을 한껏 즐긴다. 여기에는 말이 중요한 역할을 한다. 나는 리자에게 말과 몸짓으로, 이제 무슨 일을 하려는지, 지금 무슨 일을 하고 있는지 알려 준다. 이렇게 하다 보면 내가 얼마나 그 순간 리자에게 집중하고 있는지, 또는 얼마나 딴 생각을 하는지 알 수 있다. 리자에게 이야기를 하면 딴 생각을 하는 순간이 적어진다. 나는 매 순간 리자에게 완전히 집중하지는 않는다. 하지만 리자에게 계속 말을 건네다 보면, 내가 산만해질 때마다 정신이 번쩍 들곤 한다.

내가 리자에게 건네는 말의 내용은 우리가 곧 하게 될 일이나 지금

하고 있는 일을 구체적으로 묘사하는 것이다. 그런 구체적인 말을 통해 나는 리자와 연결된다. 나는 리자도 이야기에 참여하길 바라며, 리자가 나의 말이나 몸짓에 반응을 할지, 한다면 어떻게 반응할지가 궁금하다. 이런 관심을 갖고 있기에, 나는 상황을 매번 한층 정확히 인지한다. 나는 리자가 어떻게 행동하는지 관찰하며, 이를 통해 동시에 나 자신은 어떤지 알게 된다. 나는 얼마나 오랫동안 인내심을 가지고 기다릴 수 있는가? 언제, 어떤 이유로 인해 인내심을 잃어버리는가? 나는 딴 생각을 하는가? 나의 태도는 쾌활하며 안정되어 있는가? 내가 겪는 리자는 어떤 아이인가? 그리고 이를 무슨 말로 리자에게 전달할 것인가? 나는 말을 통해 리자에게 메시지를 전할 수 있는가? 내 말이 어색하거나 형식적으로 들리지는 않을까?

나는 리자가 협조하기를 요구하는 편인가, 아니면 아무런 기대 없이 단지 협조를 구하는 편인가?

나는 이 모든 질문을 생생하게 의식하고 있으며, 이는 나와 리자의 관계 구축에 도움이 된다. 하지만 이 질문은 내가 나 자신과 주위사람에게 지나치게 엄정한 태도를 취하지 않을 때에만 긍정적인 영향을 미친다. 완벽해지려고 애쓰지만 않으면, 나는 리자와 함께 지내는 시간이 매우 행복하다. 리자가 아무런 도움 없이 소매 안으로 손을 집어넣는 것을 볼 때마다 마음이 무척 기쁘다.

나는 때때로 우테 슈트룹의 세미나에서 우리가 했던 실험을 떠올린다. 우리는 바닥에 눈을 감고 누운 파트너의 팔을 들어 머리 위쪽에 내려놓는 동작을 반복하는 실험을 했다. 이때 처음에는 아무런 예고도 하지 않고 파트너의 팔을 들어 머리 위쪽에 내려놓았으며, 그 다음에는 팔을 들었다가 내려놓을 것임을 미리 알릴 뿐 아니라, 그 동작을 하는 동안에도 상황설명을 했다. 파트너가 아무런 예고 없이 내 팔을 들어 머리 위쪽에 내려놓았을 때, 나는 그것이 내 팔이 아닌 것 같은 느낌이 들었다. 내 몸의 일부이지만, 죽은 듯 아무 감각이 없었다. 그 순간 나는 벌어지고 있는 일에 참여하지 않았고, 아무런 영향력도 미치지 못했다. 그 일은 나에게 단지 성가신 체험에 불과했다. 반면, 내 팔을 가지고 무엇을 할 것인지 미리 들었을 때에는 이에 대해 준비할 수가 있었다. 첫 번째 경우에 비해 내 마음이 훨씬 편했고 팔과 어깨 근육이 분명하게 느껴졌다. 나는 그 순간 행해지는 일에 마음속으로 참여하고 있었으며, 마음만 먹으면 협조할 수도, 그렇게 안 할 수도 있었다.

이런 경험을 했음에도 불구하고, 나는 때때로 리자에게 나의 행동을 예고하는 것을 잊어버리고 지나치게 서두른다. 내가 무엇을 할 것인지 리자에게 예고를 하면, 나의 움직임은 저절로 느려지며, 리자는 내가 하려는 행동에 참여할 기회를 얻게 된다. 이런 과정을 통해 아이와 어른이 서로의 리듬에 맞추어 간다. 내가 하는 말이 리자에게 전달되었는지 여부는 내가 얼마나 그 상황에 집중하고 단호한 태도를 취하는지, 그리고 내가 리자에게 어떤 반응을 기대하고 있는지에 달려 있다.

한 가지 사례

낮에 흔히 그렇듯 리자와 함께 있다가 부엌에 가려 할 때, 나는 리자에게 잠깐 방에서 나갔다가 곧 돌아오겠다고 말한다. 어느 경우에 나는 리자가 내 말을 이해했다고 생각해도 될까?

나는 리자가 울지 않기를 바라기 때문에, 리자가 아무 불평 없이 나를 나가도록 놔두면 리자가 내 말을 이해했다고 여긴다. 리자가 울면, 나는 리자가 적어도 내 말의 뒷부분을 이해하지 못했다고 생각한다. 나는 이렇게 결론을 내리는 것이 얼마나 우스운 일인지 잘 알고 있다. 하지만 나도 모르게 자꾸만 이런 식으로 생각하게 된다. 나는 방에서 나갈 때 리자가 우는 것이 견디기 힘들다. 그래서 비난이 살짝 담긴 어조로 내가 곧 돌아온다는 말을 반복하곤 한다. 나는 왜 방에서 나갈 때 아이가 슬퍼하도록 놔두지 못 하는 것일까? 내가 나가든 말든 리자가 전혀 상관하지 않는다면, 내 마음이 편할까? 분명 그렇지는 않다. 따라서 리자에게 무언가를 예고할 때는, 내가 예고하는 행동으로 인해 유발되는 모든 감정 또한 수용해야 한다.

또 다른 사례

자동차 문을 잠그지 않았다는 것이 갑자기 생각났다. 우리 동네는 자동차 분실 사건이 자주 일어나기 때문에, 당장 자동차 문을 잠그고 와야 한다. 그래서 리자에게 말한다. "리자! 잠깐 나갔다 올게. 자동차 문을 잠가야 해." 이건 반드시 해야 할 일이다. 리자가 울든 말든 타협의 여지가 없다. 이번에는 리자에게 확고하고 단호하게 말했다. 볼일을 마치고 돌아오자, 리자가 평화롭게 놀다가 나를 보고 미소를 지었다. 나의 예상은 빗나갔지만, 나는 당연히 기뻤다.

리자와 함께 지내면서 나는 되풀이해서 상기해야 할 사실들이 있다는 생각을 한다. 아기는 내가 그때까지 생각했던 것보다 더 많은 것을 이해한다는 것, 그리고 내가 리자의 이해력을 더 많이 신뢰할수록, 리자는 내 말에 더 귀를 기울이는 것처럼 보인다는 것이다. 리자가 내 말을 이해한다는 확신이 들면, 나는 리자를, 그리고 나의 말을 진지하게 여기게 된다. 그러면 내가 전하는 메시지는 리자에게 더욱 분명하게 전달된다.

2000년 2월

오늘 점심 때, 우테 슈트룹이 내가 생후 8개월 된 리자에게 기저귀를 갈아 주는 모습을 지켜보았다. 우테가 지켜보고 있다는 사실만으로도 나의 동작은 평상시보다 느려졌다. 우리는 이에 대해 별다른 말을 나누지 않았지만 나는 몇 가지 사실을 스스로 인식하게 되었다.

리자에게 바지와 내복을 입힐 때 유난히 나의 동작이 매우 빠르다는 것을 알게 되었다. 이와 달리 셔츠나 풀오버, 재킷을 입힐 때는 나 자신과 딸아이에게 많은 시간을 할애한다. 그 결과, 리자는 스스로 소매 밖으로 손을 꺼낼 수 있으며, 풀오버를 머리 위에 뒤집어씌워 입힐 때도 가만히 있다.

이와는 달리, 나는 리자에게 바짓가랑이에 스스로 발을 넣어 볼 기회를 주지 않는다. 특히 요즘 들어 리자가 계속 몸을 뒤집는 경향이 있고, 또 옷을 입는 것에 특별히 관심이 없다는 생각이 들어서 그런 모양이다. 요즘도 내가 하는 행동을 리자에게 말로 설명해 주기는 하지만, 나의 행동을 예고하는 것은 이전처럼 자주 하지 않는다. 그리고 리자가 준비가 될 때까지 기다려 주거나 반응을 보일 때까지 기다려 주지도 않는다.

리자가 옷을 입기 싫다고 떼를 쓰기 전에 얼른 옷을 입혀 버리려고 하는 경향이 있다는 생각이 든다. 바지를 갈아입힐 때 리자가 어느 정도까지 협조할 수 있거나 협조하려 할지, 한두 번의 기회를 주어 살펴보는 것도 바람직할 것 같다. 생각해 보면, 리자의 기저귀를 갈아줄 때 나 자신 말고는 빨리 끝내라고 재촉하는 사람도 없다. 그러니 리자와 함께하는 시간 자체를 다시 한 번 즐겨보는 것도 좋겠다는 생각이 든다. 리자는 내가 기저귀를 갈아줄 때마다 재미있어하니, 그 시간을 즐기는 데는 아무런 문제가 없을 것 같다.

리자에 대한 나의 신뢰가 부족하다는 생각이 들자, 다른 상황에 대해서도 곰곰이 생각해 보게 되었다. 요즘 나는 미리 아무런 말도 하지 않고 리자를 번쩍 안아 들거나 뭔가 다른 일을 해 준다. 행동을 시작한 뒤에야 무엇을 하고 있는지 리자에게 말하는 것이다. 내가 이렇게 행동하는 데는 다음과 같은 이유가 있다.

- 리자에게 미리 말해 주는 것을 잊어버렸다.
- 마음이 급하거나 인내심이 없어서, 리자에게 시간을 주고 반응을 보일 때까지 기다리는 것이 싫다.
- 리자에게 거부당하고 싶지 않다. 다시 말하면, '리자가 내 말을 듣지 않을까 봐' 겁이 난다.

• 리자가 반응할 능력이 있다는 생각이 전혀 들지 않는다.

앞의 두 가지 상황은 일상적으로 일어난다. 지나치게 빈번하게 일어나지만 않는다면, 이 두 상황은 인간적인 일라고 이해할 수 있다. 모든 아이들은 부모가 잘못을 해도 너그럽게 용서한다. 세 번째와 네 번째 상황 또한 인간적인 일이라고 이해할 수 있지만, 첫 번째와 두 번째 이유보다는 심각하다. 세 번째와 네 번째 이유는 나의 자존감이 부족한 탓이고, 내가 아이의 능력을 의심한다는 것을 시사한다.

이 대목에서 로치 보육교사가 갖추어야 할 자질에 대한 안나 터르도시의 이야기가 생각난다. 보육교사들은 아이들에게 인정받으려 하지 않으며, 아이들의 능력을 믿는다. 한편으로는 내 아이가 얼마나 만족하느냐 또는 만족하지 않느냐에 따라 나의 가치를 가늠하는 동시에 다른 한편으로는 아이의 능력을 의심한다면, 나 자신이 어머니로서의 나의 삶을 상당히 힘들게 만드는 셈이다.

지금 이 상황에서 벗어나기 위한 중요한 조건은 나 자신을 좀 더 너그럽게 대하는 것이다. 나의 능력에 대해 한탄하는 대신, 이제부터는 나 자신을 좀 더 신뢰하고, 무엇보다도 내 아이의 능력을 좀 더 신뢰함으로써 상황에 접근해갈 수 있을 것이다.

2000년 4월

생후 10개월이 채 안 되었지만, 리자는 키가 크고 힘이 셌다. 리자는 먹는 것을 좋아했고 먹는 양도 많았다. 어느 날 문득 리자에게 먹을 것을 주는 일이 예전보다 힘들다는 생각이 들었다. 남편이나 내 무릎에 앉아서 주는 것을 먹던 아기가 언젠가부터 고개를 돌리거나 아래로 몸을 숙이기 시작했다. 반짝거리는 냄비나 창가의 잎사귀들이 바람에 흔들리는 모습을 쳐다보는 것이 음식을 먹는 것보다 더 흥미로워진 바람에 리자의 행동이 산만해졌다고 생각했다. 나는 냄비를 다른 곳으로 치우고, 음식을 먹일 때 내가 앉는 위치도 바꾸었다. 그러자 리자는 숟가락을 움켜쥐었다. 그래서 리자에게 빈 숟가락을 하나 쥐여 주었더니, 다른 손으로 음식을 얹어놓은 숟가락을 움켜쥐었다. 결국 나는 리자에게 양손에 한 개씩 두 개의 숟가락을 쥐여 주었다. 상황은 점점 심각해졌다. 리자는 내 무릎 위에 앉아서 숟가락 두 개로 과일 퓌레를 휘젓거나 허공에 휘둘러 댔고, 나는 다른 숟가락을 리자의 입에 넣으려고 안간힘을 썼다. 나는 지치고 실망했고, 리자도 그런 모양이었다. 이토록 애를 썼지만 리자는 예전보다 먹는 양이 줄었다. 나는 리자가 음식을 충분히 섭취하지 않는 것 같아 걱정이 되었다. 저녁을 충분히 먹지 않을 때에는 특히 걱정스러웠다.

그러던 중 인나 너르도시의 세미나에 참가하여 우리의 상황과 관련

된 동영상을 보았다. 화면 속의 아이는 유아용 식탁에 앉아 있다. 아이가 뒤로 몸을 젖히자, 세미나 참가자들은 아이의 행동을 보고 이제 아이가 식사를 끝냈다는 것을 알아차렸다. 그때 나는 리자도 나에게 자주, 분명하게, '이제 그만!'이라고 말했다는 것을 깨달았다. 문제는 리자가 보낸 신호를 내가 잘못 해석한 것뿐이었다. 내 생각에 너무 사로잡혀 있어서 리자의 신호를 받아들이지 못한 것이었다.

세미나에 다녀온 후, 나와 남편은 즉시 행동을 고쳤다. 예전과 다른 눈으로 바라보니, 리자는 숟가락을 쥐고 있는 우리의 손을 잡아 자기 쪽으로 당기거나 자기 쪽으로 오지 못하도록 막음으로써 자신이 원하는 것을 사랑스럽게 표현하고 있었다. 이제 생후 16개월이 된 리자는 먹을 것을 주면 기쁜 얼굴로 맛있게 먹는다. 그리고 거의 혼자서 먹을 수 있다.

조안에게 배운 것 – 어느 엄마의 관찰[12]

_소냐 클리아스Sonia Kliass

♥ 히로나Girona, 2001년 12월 28일

우리가 병원에서 지내다가 퇴원했을 때, 조안Joan은 생후 5일 된 아기였어요. 집에 도착한 우리는 모두 무척 지쳐 있었지요. 나는 침대에 누워 있고, 친정 어머니가 조안을 안아 주셨어요. 나는 조안과 이야기를 했어요. 태어난 날부터 지금까지 있었던 '이야기'를 모두 들려줬습니다. 조안은 눈을 뜨고 내 이야기에 귀를 기울였어요. 이제 집에 왔고, 병원에서 지내던 어려운 시간은 다 지났으니 긴장을 풀어도 된다고 말했어요. 그런데 내가 '긴장을 푼다'는 단어를 말하자, 놀랍게도 조안이 꼭 쥐고 있던 주먹을 스르르 풀었습니다.

생후 2주일 되던 날, 조안은 피를 약간 토했어요. 나는 걱정이 되어 조안을 즉시 병원으로 데려갔습니다. 의사 선생님은 내 유두에서 나

12 우테 슈트룹에게 보낸 편지

온 피라고 말했어요. 집으로 돌아온 후, 조안에게 설명해 주었어요. "엄마가 걱정했는데, 심각한 일은 아니었어. 엄마 가슴에서 나온 피여서 괜찮대."

그러고 나서 조안에게 말했어요. "이제 점심 먹을 시간이야. 우린 모두 배고파. 엄마 생각에 넌 지금 고단할 것 같은데. 오늘 아침에 잠을 자지 않았잖아. 지금 눈을 감고 잠을 좀 자면 좋을 것 같아." 내가 이렇게 말하자 조안은 눈을 감고 잠이 들었습니다. 곁에서 우리를 지켜보고 있던 친정 어머니가 깜짝 놀라셨어요. 어머니는 나중에 내 남편 조셉Josep에게 마치 조안이 내 말을 이해하는 것 같았다고 말

씀하셨습니다.

조안이 생후 2개월 반이 되었을 때, 나는 장을 보러 갔어요. 다녀오는 동안, 친구 도라Dora가 30분 가량 조안 곁에 있어 주기로 했습니다. 도라는 우리가 조안과 어떻게 이야기를 나누는지 이미 알고 있었어요. 밖으로 나가기 전에 조안에게 평상시와 다름없이 말했어요. "엄마가 삼십 분 정도 나갔다 올게. 그동안 도라가 네 곁에 있어줄 거야." 집으로 돌아온 나에게 도라가 신기한 듯이 말했습니다. 조안이 울기 시작했는데, "엄마는 장보러 가셨어. 금방 돌아오실 거야. 그동안 내가 네 곁에 있어 줄게."라고 말했더니, 울음을 그치고 금방 잠이 들었다는 것이었습니다.

이제 생후 3개월이 된 조안이 자신의 경험을 '체화'할 수 있다는 생각이 듭니다. 조안은 주변을 둘러보며 끊임없이 무언가를 관찰해요. 그러다가 특별한 일이 일어나면 동작을 멈추고 나를 쳐다보지요. 마치 무슨 일인지 설명해 달라는 듯이 말입니다. 그러면 나는 무슨 일이 일어났는지 설명해 줍니다. 설명을 듣고 나면, 조안은 만족한 듯한 표정으로 중단했던 일을 계속하지요.

참으로 놀라운 일이에요. 조안이 이런 행동을 보이는 것은 자극과 변화에 많이 노출되어 있지 않았기 때문인 것 같습니다. 이 시점까지 조안이 가지고 논 것은 자신의 손과 순면으로 된 작은 보자기가 전부였답니다.

2002년 1월 10일

이제 조안은 생후 3개월 반이 되었습니다. 배가 고프거나 잠이 올 때만 제외하면, 조안은 거의 울지 않아요. 조안이 배고프면 모유를 먹이고, 고단하면 침대에 눕혀요. 대부분의 경우, 조안이 울 때까지 기다리지 않고 그 전에 침대에 눕힙니다. 놀이 울타리에서 놀다가 칭얼대기 시작하거나 잠이 들려고 하면, 아이가 거기에서 울다가 잠이 들도록 놔둔답니다. 그러면 조안은 금세, 또는 몇 분 동안 울다가 그칩니다. 간혹 아이가 다른 이유 때문에 울면, 우리는 이유를 알아내려 노력합니다. 그리고 가능하면 문제를 해결하려 하지요. 이유는 모르겠지만, 몇 분 동안 몹시 커다란 소리를 내며 울다가 스스로 울음을 그칠 때도 있습니다. 우리는 울음을 그치게 할 목적으로 아이의 시선을 다른 곳으로 돌리려 하지 않습니다. "울지 마."라는 말도 하지 않습니다.

아이가 우는 이유가 확실할 때 우리는 이렇게 말합니다. "너, 지금 화가 나 있구나. 네가 목욕이 끝나고 옷 입는 게 싫어한다는 걸 안단다.” 또는, “지금 네가 기분이 나쁘다는 건 알겠는데, 왜 그런지는 모르겠어. 어쩌면 그냥 졸려서 그럴 수도 있겠다. 편안하게 쉴 수 있도록 침대에 데려다줄게.”

조안은 아직 옷을 갈아입힐 때 협조하지는 않지만, 각 과정을 주의 깊게 지켜보면서, 내가 자신의 옷을 갈아입히도록 놔둡니다. 조안에게 발을 내밀라고 하면 내밀 것만 같은 생각이 드는 때도 있지만, 확신할 수는 없어요. 조안을 목욕시킬 때는, 내가 하려고 하는 행동을 모두 알려 줍니다. 예컨대, “조안, 이제 손을 씻길 거야.”라고 말하고 시간을 조금 주면, 조안은 나를 쳐다보고는 기다립니다. 이때 내가 자신의 손을 만지면, 조안은 마치 “그래, 바로 그거야.”라고 말하듯 미소를 지어요.

2002년 1월 25일

이제 조안은 생후 4개월이 되었습니다. 내가 산책하는 동안 남편이 조안 곁에 있었어요. 조안이 울기 시작하자, 남편이 조안에게 “엄마가 아직은 돌아오지 않았지만, 곧 돌아올 거라고, 배가 고프면 조금만 기다리면 된다”고 말했습니다. 그러자 조안은 안심이 되어 잠들었어요.

나는 조안이 우리가 말하는 것을 이해한다고 생각해요. 프랑수아즈

돌토Françoise Dolto의 말처럼, 아기가 단어 하나하나를 이해하지는 못해도 우리가 말을 통해 전하는 메시지는 정확히 이해한다고 확신합니다. 무척 신비로운 일이에요.

2002년 2월 2일

어제는 친구 클라라Clara의 집을 방문했어요. 클라라도 생후 4개월이 된 아들이 있답니다. 클라라가 차를 준비하는 동안, 나는 클라라의 아들 엔리케Enrique와 단둘이 거실에 있었어요. 나는 엔리케를 쳐다보며 그가 내는 소리에 귀를 기울이고, 고개를 끄덕여 주고, 나의 언어를 사용해서 옹알이에 반응했습니다. 잠시 후 우리는 아주 재미있게 '수다'를 떨었습니다. 차를 내온 친구는 아들이 얼마나 말이 많은지, 얼마나 다양하게 자신을 표현하는지를 보고 매우 놀랐어요. "이 아이가 이렇게 다양한 소리를 내는 건 처음 봤어." 친구가 놀란 얼굴로 말했습니다. "아이가 네 말을 제대로 귀 기울여 듣네. 난 항상 아이가 내 말을 못 알아듣는다고 생각했거든. 그래서 아이하고 이야기를 거의 하지 않았나 봐."

2002년 2월 13일

낯선 사람과 함께 있게 되면 나는 항상 그 사람을 조안에게 소개를 합니다. 어제 우리는 동종요법 의사를 찾아갔어요. 조안은 의사 선생님을 매우 진지한 얼굴로 쳐다보고 나서 나를 쳐다보았습니다. 나는 몇 번이나 "조안, 한나Hanna 선생님이셔."라고 말했어요. 하지만 의사 선생님이 자신의 몸을 만지자, 조안은 울음을 터뜨습니다. 쳐다보는 것까지는 괜찮아도, 몸을 만지는 것은 싫었던 모양이에요. 조안은 낯선 사람들이 가까이 오는 걸 좋아하지 않습니다. 하지만 자신이 잘 아는 사람, 예를 들어 외할머니나 내 친구 도라가 쓰다듬거나 안아 주면, 좋아하며 가만히 있습니다.

한나 선생님은 조안에게, "네 몸을 잠깐 만져 볼게."라는 말을 하지 않았어요. 선생님은 미리 예고를 하지 않아서, 아니면 낯선 사람이라서 조안이 울음을 터뜨린 건지, 그 이유는 모르겠어요. 하지만 나 또한 조안에게 이런 낯선 상황에 대해 미리 알려 주어 적응할 수 있도록 준비시켜야 한다는 것을 잊어버리고 있었습니다.

얼마 전, 빨래가 마르지 않아서 조안에게 입힐 여벌옷이 부족한 적이 있었어요. 때마침 우리 집에 계시던 친정 어머니가 조안에게, "이제 옷을 더럽히면 안 돼."라고 말씀하셨습니다. 나는 어머니에게, 물론 농담으로 그러신 건 알지만, 조안은 농담을 이해하지 못한다고 말씀드렸어요. 우리는 조안에게 절대로 그런 반어법이 담긴 말을 하지 않습니다. 그렇다고 해서 내가 조안에게 항상 진지한 말만 하는 것은 아니에요. 우리는 미소도 짓고, 소리 내어 웃기도 하고, 재미있는 이야기를 하기도 한답니다. 하지만 진심이 담기지 않은 말은 절대로 아이에게 하지 않아요.

2002년 4월 3일

내가 조안에게 하는 말을 조안이 어떻게 이해하는지, 그 방식에 대해 이야기해 볼까 합니다. 조안이 지금보다 더 어렸을 때는 우리 사이의 의사소통이 지금보다 더 직접적이었다는 기분이 들어요. 다시 말해서, 예전의 조안은 내가 말하는 모든 것을 자신의 방식으로 이해할 능력을 갖고 있었어요. 예전에는 말만 있어도 충분히 이해했다는 말입니다. 길고 복잡한 내용까지 이해한다는 느낌이 들 정도로 내 말에 귀를 기울였거든요.

그런데 요즘에는 단순히 말에만 의존하는 것이 아니라, 주변에 대한 지각이 넓어지고 더 많은 정보에 관심을 기울입니다. 예컨대 목욕할 시간이라는 말을 하면, 조안은 목욕탕에서 나는 물소리에 귀를 기울이고, 내가 들고 있는 목욕 수건을 주의 깊게 바라봅니다. 밖에 나갔다 오겠다고 말하면, 내가 손목시계를 차고 외투를 입는 것을 눈여겨보고요. 이제 예전과는 달리 자신의 주변에서 일어나는 작은 변화에도 민감하게 주의를 기울입니다.

잠시 후에 일어날 사건을 예측할 수 있다는 것이 조안의 마음을 편안하게 해준다는 사실을 알게 되었습니다. 불을 끄기 전에 항상 예고를 하고, "하나, 둘, ….."을 셉니다. 그러면 조안은 미소를 지어요. 목욕이 끝나 욕조 밖으로 조안을 꺼낼 때에도 마찬가지입니다. "이제 물 밖으로 꺼내 줄게. 하나, 둘 ….."이라고 말하지요.

조안은 이미 경험했던 상황이나 말, 소리, 몸짓을 다시 접할 때마다 편안한 얼굴로 미소를 짓습니다. 조안이 재채기를 할 때마다, "감기 조심하세요!"라고 말해 줍니다. 그러면 조안은 미소를 지어요. 목욕을 위해 욕실로 안고 가려고 수건으로 몸을 감싸 줄 때도 항상 미소를

짓습니다. 같은 일이 반복될 때, 조안의 마음이 편안해진다는 것을 아주 여러 번 관찰했습니다.

2002년 4월 15일

이제 이해라는 주제로 내가 관찰한 것을 적어보고자 합니다. 줄곧 모유만 먹이다가, 얼마 전부터 과일 퓨레를 주기 시작했어요. 그런데 조안이 과일 퓨레를 먹으려 하지 않아서 중단했습니다. 이번 주에는 당근을 주었어요. 이틀 동안은 맛있게 먹더니, 사흘째가 되자 더 이상 먹으려 하지 않았습니다. 그 바람에 마음이 불안해지고 조바심이 났어요. 과일 퓨레를 주는 것은 조안이 나에게서 좀 더 독립적인 아이가 되기를 바라는 마음에서였습니다. 겉으로는 아무런 행동도 하지 않았지만, 마음속으로는 그런 생각을 갖고 있었어요. 어느날 조안이 컨디션이 좋지 않았습니다. 자꾸만 울어 대고, 저녁 내내 나를 곁에 붙잡아 두려고 했어요. 생각해 보니, 조안의 기분이 좋지 않았던 것은 이유식 때문에 내가 기분 상해 있었던 것과 관련이 있는 것 같았어요. 다음 날 아침 조안에게, "어제는 엄마 기분이 조금 좋지 않았는데, 이제 괜찮아졌어. 네가 다른 음식을 먹고 싶어 할 때까지 모유를 계속 줄 테니, 안심해."라고 이야기해 주었어요. 그러자 조안이 미소를 지으며 기분 좋게 놀기 시작했습니다.

(모유 수유를 중단하는 데는 꼬박 두 달이 걸렸습니다. 마지막에는 아침에만 모유를 주었어요. 그러다가 조안이 태어난 지 15개월 쯤 된 어느 날 아침에 조안에게 젖을 먹겠는지 물었습니다. 그러자 조안이 손을 뻗어 부엌을 가리켰어요. 그 다음날에도 부엌을 가리켰어요. 그 때부터 다시는 모유를 찾지 않았습니다.)

2002년 5월 28일

조안이 지금도 여전히 나에게 장난을 치느냐고 물으셨지요? 모유를 먹이다가 다른 쪽 가슴으로 옮기려 할 때는 항상 조안에게 미리 알려 줍니다. 그러면 조안은 입을 꼭 다문 채 익살맞은 표정으로 날 쳐다보고 나서야 생긋 웃으며 가슴에서 입을 뗍니다.

2002년 7월 10일

조안은 몇 주 전에 어려운 시기를 넘겼습니다. 생후 8개월이 되기 얼마 전, 조안이 이전보다 더 내가 자신의 곁에 있어 주기를 원했어요. 이런 현상은 열흘 동안 이어졌어요. 저녁이 되면, 혼자서 잠들기를 싫어했어요. 혼자 놔두면 소리를 지르고요. 그래서 얼마 동안 조안 곁에 머물렀습니다. 조안이 침대에 누워 있는 동안, 나는 조안의 방에서 책을 읽기도 하고, 간식을 먹기도 했어요. 그것만으로도 조안에게는 충분했습니다. 내가 가까이 있으면, 조안은 안심했어요. 하지만 나는 조안이 잠들기 전에 방에서 나오려고 여러 번 시도해 보았습니다. 그러면 조안은 때로는 조금 울고, 때로는 가만히 있기도 했지요.

이번 주에 남편이 출장을 떠났기 때문에, 닷새 동안 조안과 둘이서 지냈습니다. 그래서 다른 때보다 조안을 혼자 놔둘 때가 많았어요. 부엌에서 요리를 할 때가 그랬어요. 그럴 때는, "이제 엄마가 부엌으로 가는데, 부엌은 여기에서 아주 가깝고, 네가 내는 소리도 들을 수 있고, 금방 돌아올 거야."라고 말해 주었습니다. 조안이 소리를 지르면, 나는 부엌에서 대답했어요. 그렇게 하는 게 때로는 조안을 안심시켰고, 때로는 아무런 도움도 되지 않았습니다. 자기가 잘 아는 베이비시터나 아빠가 곁에 있어 줄 때에도 조안은 안심했습니다. 이 상황은 열흘 후 끝났습니다.

2002년 7월 24일

또다시 클라라와 엔리케를 방문했습니다. 엔리케도 이제 생후 10개월이 되었어요. 클라라는 놀이 울타리에서 조안이 노는 것을 본 뒤 엔리케에게도 놀이 울타리를 설치해 주었습니다. 우리는 엔리케가 놀고 있는 방에서 편안하게 대화를 나누었어요. 엔리케는 거의 내내 엎드려 있다가, 새로운 장난감이 필요해지면 옆으로 구르거나 기어서 장난감 쪽으로 갔어요. (엔리케는 조안보다 움직임 발달이 훨씬 빨랐어요.)

"희한하네, 어떻게 된 일이지?" 클라라가 말했어요. "어제 다른 친구가 놀러 와서 여기에 앉아 있었거든. 엔리케가 계속 나한테 무언가를 해 달라고 해서, 우린 제대로 이야기도 못했어. 그런데 오늘은 이렇게 잘 노네." 우리는 계속 이야기를 나누었습니다. 한참 후에 클라라가 말했어요. "이제 어떻게 된 건지 알겠어. 엔리케가 우리 관심을 끌려고 소리를 내면, 네가 금방 알아채고 엔리케를 쳐다봐 주거나 말로 대답을 해 주잖아. 그러면 자신을 쳐다봐 주길 바라는 엔리케의 바람이 충족되는 거지. 내가 보기에 엔리케는 네가 자기한테 관심을 가져주는 것만으로도 충분한가 봐. 그래서 다시 장난감을 가지고 놀고, 우리는 덕분에 편안하게 이야기를 나눌 수 있고. 따지고 보면 굉장히 간단하네."

이때 나는 갓난아이와 영아를 다룰 때 예의를 갖춰 배려해야 한다는 엠미 피클러의 말을 다시 한 번 실감했습니다. 우리가 친구와 이야기를 나누고 있는 공간에서 제3자인 어른이 무언가 다른 일을 하면서 가끔씩 우리의 대화에 한 마디씩 거든다고 가정해 보지요. 우리는 분명 그 사람에게도 관심을 기울일 것입니다. 하지만 같은 상황에서 우리는 곁에 있는 영아에게는 주의를 기울이지 않을 것이며, 어느 정도 자란 아이가 칭얼대면 비로소 눈길을 줄 겁니다. 그나마 짜증을 내면서 말입니다.

2002년 8월 11일

예전에 조안은 손에 쥐고 있는 것을 내가 달라고 요청하면 대부분 주었습니다. 하지만 생후 10개월이 된 지금은 그렇지 않아요. 내가 무언가를 달라고 하면, 잠시 생각하다가 나를 쳐다보고는 그 물건을 쳐다봅니다. 그리고 쥐고 있던 것을 다른 쪽 손으로 옮겨 놓습니다. 어떤 때는 나의 요청대로 물건을 건네주지만, 그렇지 않을 때도 있어요. 안나 터르도시는 "협조적인 아이들이라고 항상 우리가 생각하는 대로 반응하는 것은 아니다." 하고 말했습니다. 조안에게 마음을 정할 시간을 주는 덕분에, 나는 이 어린 사람이 자신이 하고자 하는 것을 결정하는 기쁨을 함께 누리게 됩니다. 그리고 그것이 나를 무척 행복하게 합니다.

2002년 11월 9일

조안은 이제 생후 13개월되어, 우리가 하는 말을 이해한다는 신호를 점점 분명하게 보내옵니다. 우리가 새로 산 신발에 대해 이야기하면, 조안은 새 신발을 가리켜요. 베이비시터가 온다고 말하면, 조안은 즐거운 표정으로 문을 가리킵니다. "머리 감겨 줄까?"라는 물음에 마음이 내키면, 머리를 물속에 담그지요. 남편이 "일하고 올게."라고 말하면, 조안은 아빠를 향해 손을 흔들어요. (손을 흔드는 것은 나와 남편이 하는 행동을 보고 배운 것이에요. 우리는 조안에게 한 번도 손을 흔드는 것을 가르친 적이 없고, "바이, 바이!"라는 손짓을 하라고 시킨 적도 없답니다.)

현재 조안은 '소유에 집착하는 시기'를 보내고 있습니다. 우리가 조안이 손에 들고 있는 것을 달라고 해도, 조안은 주지 않아요. 무척 과격하게 거부하지요. 이럴 때 그 물건이 중요한 것이 아닌 경우에는 그대로 놔둡니다. 하지만 때로는 가지고 있는 물건을 우리에게 건네주어야 하는 경우가 있어요. 목욕시키려는데 자신의 신발을 손에 들고 있는 경우가 그렇습니다. 한참을 기다려도 신발을 우리에게 건네주지 않아요. 그러면 조안에게 예고합니다. "신발을 계속 들고 있으면 물에 젖으니까, 너한테서 신발을 뺏을 수밖에 없어." 그러고 나서 신발을 손에서 빼앗아요. 그러면 조안은 너무나도 슬픈 표정을 지으며 화를 내고 소리를 지릅니다. 그런데 딱 2초 동안만요! 그러면, "네가 신발을 뺏겨서 아주, 아주 슬프다는 건 알지만, 그럴 수밖에 없었어." 하고 말해 줍니다. 지금 시기에는 이렇게 하는 것이 조안에게 꼭 필요하다는 생각이 들어요.[13]

요즘 우리는 조안의 행동에 자신의 의지가 담겨 있다는 것을 경험하는 중입니다. 조안은 가능한 모든 수단을 동원해 자신이 무엇을 원

13 조안은 몇 주 동안 계속 목욕할 때마다 신발을 손에 들고 모자를 쓰고 있으려 했어요. 나는 모자는 쓰고 있도록 놔두었지만, 신발은 빼앗아서 옆에 놔두었습니다. 이 무렵 조안은 방에서 놀거나 식사를 할 때에도 모자를 벗지 않으려고 했습니다. (사진 참조)

하는지, 무엇을 하고자 하는지 우리에게 보여 줍니다. 자기 손으로 원하는 물건을 가리키고, 우리의 팔을 잡고는 자신이 원하는 방향으로 힘껏 움직이기도 합니다. 우리가 조안에게 음식을 먹여줄 때는, 느닷없이 숟가락을 들고 있는 우리 손을 붙잡고 음식이 담겨 있는 접시 위로 옮겨 놓았다가, 다시 자기 쪽으로 옮겨 놓기도 하고요. 접시에 담겨 있는 음식을 한 숟가락 더 먹고 싶다는 표현을 그렇게 하는 입니다. 이럴 때 우리는 즐거운 마음으로 숟가락을 든 손을 조안이 움직이도록 놔둔답니다. 하지만 제대로 먹지는 않고 장난을 치기 시작하면, 더 이상 먹을 것을 주지 않아요. 아이가 식탁에서 장난을 치는 것은 배가 고프지 않다는 신호일 것이기 때문이지요.

2002년 12월 10일

생후 14개월이 된 조안은 우리의 말을 이해했다는 것을 분명하게 표현할 수 있습니다. "예"를 표현하고 싶으면 고개를 끄덕이고, "아니요"를 표현하고 싶으면 여러 가지 표정을 짓거든요. 그리고 우리가 자신의 말을 이해하지 못하는 경우에는 울음을 터뜨리거나 소리를 지릅니다. 내가 "조안, 엄마하고 산책 갈래?" 또는 "우리 지금 시장에 갈까?" 등 여러 가지를 물으면, 보통은 "예."라고 반응합니다. 하지만 항상 그런 것은 아니고, 가끔은 "아니요."라는 표시를 하기도 합니다.

물론 모든 일에서 조안의 의사를 묻는다는 말은 아니에요. 예를 들어, "점심 먹고 나서 방에 들어가서 잘래?" 하고 묻지는 않아요. 조안이 오후가 되면 피곤해져 휴식이 필요하다는 사실을 잘 알고 있기 때문이지요. 급하게 시장에 가야 할 때도 당연히 조안의 의사를 묻지 않습니다. 단, 이제 함께 시장에 갈 거라는 말은 미리 해 둡니다. 하지만 시장 가기 전에 조금 기다려야 하거나 다른 일을 하게 될 경우에는 조안의 의사를 물어요. 무언가를 물을 때는 "예." 또는 "아니요."라고 대답할 수 있는 형태로 묻습니다.

아이의 행동을 보더라도 우리의 말을 이해했다는 것을 알 수 있습니다. 예컨대 조안은 종이를 들고 있기를 좋아합니다. 식사가 끝날 때마다 조안은 항상 종이 냅킨을 갖고 싶어 해요. 내가 "입을 닦으려고 하니?"라고 물으면, 조안은 종이 냅킨으로 입을 닦습니다. 하지만 "코를 풀려고 하니?"라고 물으면, 조안은 코를 푸는 시늉만 하면서, 우리가 코를 풀 때 내는 소리를 입으로 흉내 냅니다. (조안은 코를 풀 때 나는 소리가 어떤지 알고 있지만, 실제로 소리를 내는 방법은 몰라요.) 아침에 잠에서 깨어났을 때, "조안, 창밖을 내다볼래?"라고 물으면, 창문을 가리킵니다.

2003년 7월 16일

우리 부부는 조안과 말을 할 때 두 가지 언어를 사용한답니다. 나는 나의 모국어(포르투갈어)를 사용하며, 남편 조셉은 자신의 모국어(카탈루냐어)를 사용하지요. 조안이 만 한 살 반 무렵 물건의 이름에 관심을 보이고 몇 가지 단어를 말하기 시작했을 때, 나는 조안에게 이에 대해 설명해줄 필요가 있다는 생각이 들었어요. 조안은 여러 가지 물건을 가리키면서 물건의 이름을 알고 싶어 했어요. 한 가지 물건을 두고 어느 때는 이런 이름으로, 또 어느 때는 다른 이름으로 부르는 것을 들어 오면서 혼란스러워진 조안이 자신이 듣는 것을 믿지 못하는 것 같다는 느낌을 받았습니다. 그래서 이렇게 말해 주었어요. "조안, 아빠와 엄마는 두 가지 언어를 사용한단다. 아빠는 카탈루냐어로 말하고, 엄마는 포르투갈어로 말해. 그래서 네가 한 가지 물건에 대해서 두 개의 단어를 듣는 거야. 엄마는 '볼라bola'라고 말하고, 아빠는 '필로타pilota'(공)라고 말해. 엄마는 '루스luz'라고 말하고, 아빠는 '일룸illum'(빛)이라고 말한단다. 그리고 엄마가 '페pe'라고 말할 때, 아빠는 '페우peu'(발)라고 말해." 조안은 내 말에 귀를 기울였어요. 표정을 보니, 내 설명이 만족스러운 듯했습니다. 나는 이에 대해 여러 번 조안에게 설명해 주었어요. 조안은 여러 가지 단어를 듣는 걸 좋아했어요. 그리고 몇 가지 단어는 자신의 방식대로 포르투갈어와 카탈루냐어를 섞어서 말했습니다. 예를 들어, '공'을 표현하려고 할 때는 '포파'라고 말했어요. '빛'은 '일룸'이라고 카탈루냐어로 말했고, '발'을 표현하려고 할 때는 '페'라고 포르투갈어를 사용했습니다.

현재 생후 22개월이 된 조안은 두 가지 언어를 구별할 수 있답니다. 예컨대 나에게는 '페'라고 말하고, 아빠를 비롯한 다른 사람들에게는 '페우'라고 말해요. 나에게는 '루스'라고 말하다가도, 아빠나 다른 사람들에게는 '일룸'이라고 말합니다. 그리고 나에게는 '볼라', 아빠나 다른 사람들에게는 '포파'라고 말합니다.

이를 계기로 나는 아이를 정확히 관찰하고 나서 아이에게 말로 표현해 주는 것이 얼마나 중요한지 다시 한 번 깨달았어요. 이렇게 관찰하고 표현해 주는 것이, 아이가 이 다양하고 복잡한 세상에 적응하는 데 도움이 된다는 것을 직접 체험했습니다.

✤ 저자들

모니카 알뤼Monika Ally : 물리치료사, 베를린 피클러 협회 창립자

마리아 보복Mária Bobok : 로치의 전직 보육교사

에바 칼로Éva Kálló : 피클러 연구소 소속 교육학자

소냐 클리아스Sonia Kliass : 심리학자, 스페인 지로나Girona

크리스티네 오르드눙Christine Ordnung : 율동학자, 독일 베를린

엠미 피클러Emmi Pikler : 소아과 의사, 로치 보육원 설립인 겸 원장

엘케-마리아 리슈케Elke-Mara Rischke : 발도르프 유치원 교사, 독일 예나Jena

일로나 산도르Illona Sándor : 로치의 전직 보육교사

우테 슈트룹Ute Strub : 물리치료사, 운동전문교육학자 겸 피클러 교육학자, 독일 베를린

안나 터르도시Anna Tardos : 아동심리학자, 1998년 이래 피클러 연구소 소장

카탈린 튀제시Katalin Tüzes : 로치의 전직 보육교사

율리아나 바모스Juliana Vamos : 심리분석가, 프랑스 파리

마리아 빈체Dr. Mária Vincze : 피클러 보육원 소속 소아과 의사 겸 부원장(1979~1988년)

프라우케 플리겐Frauke Vliegen : 심리치료사, 독일 함부르크

✿ 피클러 교육학 관련 도서

- 마그다 게르버(Magda Gerber), 앨리슨 존슨(Allison Johnson), 《삶을 향한 멋진 출발》. 아이와 처음 보내는 시간을 위한 지침서, 엠멘딩엔(Emmendingen): 아이와 함께 자라는 출판사, 2002년
- 마리아 빈체(Mária Vincze), 《모성애적 사랑, 전문가적 사랑》. 뮌헨: 차이틀러 출판사, 2002년
- 모리카 알뤼(Monika Ally), 《자신과 세상을 발견해 나가는 내 아기》. 엠미 피클러의 이론에 따라 아이의 발달을 주의 깊게 동행하기, 뮌헨: 쾨젤(Kösel) 출판사, 2011년
- 미리암 다비드(Myriam David), 주느비에브 아펠(Genevieve Appell), 《'로치'. 어머니가 없는 상황에서의 모성애적 보육》. 뮌헨: 차이틀러(P. Zeitler) 출판사, 1995년
- 에바 칼로(Éva Kálló), 《아이들에게 자신들의 개인적인 이야기를 어떻게 이야기해 주어야 하는가》. 뮌헨: 차이틀러 출판사, 1994년
- 엘프리데 헹스텐베르크(Elfriede Hengstenberg), 《아이들과 함께 보낸 경험에서 나온 이야기와 사진이 담겨 있는 출판물》. 발행인 우테 슈트룹(Ute Strub), 프라이부르크(Freiburg): 아르보르(Arbor) 출판사, 2005년
- 엠미 피클러(Emmi Pikler), 《평화로운 아기들, 만족스러운 엄마들》. 소아과 의사의 교육학적 조언이 담긴 출판물, 프라이부르크, 헤르더(Herder) 출판사, 2009년
- 엠미 피클러, 《나에게 시간을 주세요》. 자유롭게 걸어 다닐 때까지 아이가 보이는 독자적인 운동 발달에 관한 글, 뮌헨, 2009년(피클러 협회의 특별발행본).
- 엠미 피클러, 유디트 팔케, 안나 터르도시 등, 《서로 친숙해지기》. 영아 보육에 관한 생각과 경험이 담긴 출판물, 프라이부르크: 헤르더 출판사, 2009년
- 유디트 팔크(Judit Falk), 《영아, 영아의 부모, 소아과 의사》. 뮌헨: 차이틀러 출판사, 2000년

✿ 베를린 피클러 협회 총서

- 《다운증후군을 지니고 태어난 유아》(베를린 피클러 협회 심포지엄 논문집). 레나테 볼프(Renate Wolff), 모니카 알뤼(Monika Ally) 등의 논문이 실려 있는 출판물, 2001년
- 마르그레트 폰 알뵈르덴(Margret von Allwörden), 마리아 빈체(Mária Vincze), 《영아와 유아를 위한 환경 준비하기》. 가정과 보육기관 어린이집을 위한 핸드북, 베를린, 2009년
- 마리아 빈체(Mária Vincze), 《아이가 혼자서 식사하기까지의 여러 발전 단계》. 아니타 드리스의 논문이 게재되어 있는 출판물, 베를린, 2005년
- 마리안 라이스만(Marian Reisman), 《여러 유형의 관계》. 안나 터르도시의 설명과 사진이 실려 있는 출판물, 베를린, 1991.
- 모니카 알리(Monika Ally), 《내 아기의 첫 1년》. 이른둥이로 태어났거나 발달지체, 발달장애 등의 증상이 있는 아이를 둔 부모에게 육아 해법을 제시하는 출판물, 하이델베르크, 2002년
- 에바 칼로(Éva Kálló), 죄르지 벌로그(Gyorgy Balog), 《자유놀이의 시작》. 마리안 라이스만의 사진이 실려 있는 출판물, 발행인: 우테 슈트룹, 앙케 친저, 베를린, 2008년 제4쇄 인쇄
- 엠미 피클러(Emmi Pikler), 《나에게 시간을 주세요》. 자유롭게 걸어 다닐 때까지 아이가 보이는 독자적인 운동 발달에 관한 글, 뮌헨, 2009년(피클러 협회의 특별발행본)
- 우테 슈트룹(Ute Strub), 안나 터르도시(Anna Tardos) 발행, 《아기와 대화하기》. 베를린, 2006년
- 유디트 팔크(Judit Falk), 마리아 빈체(Mária Vincze), 《기저귀와 작별하기》. 괄약근 조절과 영아의 자의식 발달에 관한 글, 프랑스어 번역 및 머리말: 헤르베르트 그룬트헤버(Herbert von Grundhewer), 2010년
- 유디트 팔크(Judit Falk), 모니카 알뤼(Monika Ally), 《관찰하고 이해하고 동행하기. 피클러 이론에 의한 발달진단학》. 마리안 라이스만의 사진이 실려 있는 출판물, 2008년

* 베를린 피클러 협회의 출판물은 이메일(gudrun.zoellner@web.de)을 통해 직접 구입하거나 서점에서 구입하실 수 있습니다.

39와 너머의 세계

39와 너머의 세계

무소속 낀 세대 여성의 나이 듦에 대하여

박의나 에세이

프롤로그

내 나이는 슬랙일까 밴드일까

언젠가부터 새로운 모임에 갈 일 있으면 슬쩍 평균 나이를 가늠해보기 시작했다. 20대도 아닌, 이제는 30대 마저 아닌 내가 끼어도 되는 자리인가 싶어서. 그런 주제에 평균 연령이 높은 어느 모임에서 소통 채널로 (상대적으로 이용자 연령대가 낮은) 슬랙이 아닌 (상대적으로 이용자 연령대가 높은) 밴드를 쓴다는 사실을 듣고는 순간 놀라는 표정을 짓고 말았다. 아, 나이 듦에 대한 거부감을 이렇게 쉽게 티 내고 말다니. 사랑도, 감기도 아닌 주제에.

30대 후반에서 40대에 이르기까지의 나이는 참으로 애매하고 어정쩡하다. 청년도 아니고 노년도 아니다. 이제 더 이상 어리지 않은데 그렇다고 충분히 늙지도 않았다. 살던 대로 살기에는 남은 날이 너무 많은데, 새롭게 시작하기에는 슬슬 체력과 에너지가 달린다. 그뿐인가. 매달 끔찍했던 월경량이 줄어드는 게 오히려 걱정되고, 귀찮을 정도로 많았던 머리숱이 줄어드는 걸 느끼면서 공포에 휩싸인다. 넘쳐흐르던 것들이 아쉬워진다.

30 하고도 후반의 나이를 지나 40대에 도달하면서 이전과는 다른 세계로 진입하는 기분을 느끼곤 했다. 애매하고 어정쩡하다는 생각이 자주 들었다. 과거와 종결하고 미래 세계에 진입하기를 주저하고 있기 때문일까? 이도 저도 아닌 것 같은 중간계를 서성이면서, 청년 세계와 노년 세계의 굳게 닫힌 문을 바라보며 사실은 좀 당황했고 꽤 갈팡질팡했다. 사실 중간계 역시 어엿한 하나의 세계인데 말이다.

안절부절못하는 날과 충분하다고 자족하는 날, 이제는 늦었다 한탄하는 날과 아직은 괜찮다 긍정하는 날을 오가면서 이 책을 썼다. 역시 인생은 직진코스가 아니라 오르락내리락 1만 2천 봉으로 이루어져 있나 보다. 볼수록 아름다운지는 잘 모르겠지만.

원고를 끝내고 두 달여가 지난 후, 편집자에게 교정

원고를 받았다. 몇 달 전에 쓴 글을 다시 읽는 일은 창작자에게 무척이나 고통스럽고 민망하다. 허점과 아쉬운 점만 눈에 쏙쏙 들어온다. 다른 그림 찾기 고수가 된 기분이다. 지난날을 돌아보면 미숙하고 어리석던 점만 부풀어서 보이는 것과 비슷한 원리겠지?

그런데 민망한 기분을 견뎌내고 만난 가까운 과거의 나는, 적어도 한여름 무더위에 초절임 상태가 되어 이 글을 쓰고 있는 오늘의 나보다는 단단하고, 성실하고, 희망적인 사람이다. 우습게도 그런 과거의 나를 만나면서 힘을 얻었다. 딱 이런 마음가짐으로만 살자 싶었다. 나이 그게 뭐라고 싶어졌다. 세상에, 자기가 쓴 글에 위로받는 작가라니. 꽤 귀엽고 멋지지 않습니까.

1만 2천 봉 중 어디쯤을 헤매면서 써 내려간 이야기들이 나처럼 청춘의 숫자와 이별하고 새로운 숫자의 세계로 진입하는 이들, 미지의 늙음으로 진입하는 이들, 막연히 나이 드는 게 두려운 이들, 특히 무소속 낀 세대 여성들의 마음에도 위로와 공감으로 스밀 수 있다면 좋겠다. 지난 시절과 담담하게 헤어질 수 있는 용기 한 뭉치도 건네줄 수 있다면 더 바랄 게 없고.

우리 함께, 무럭무럭 잘 나이 들어 보자고요.

차례

흔들흔들 마흔 줄에 진입 중입니다

01

안녕 30, 안녕 40

구구구.

구구구.

한국인은 단군의 후예가 아닌 비둘기의 후예인가. 실은 알에서 태어난 게 박혁거세가 아닌 단군이었을까. 우리는 자꾸 구구구 운다. 십 년 주기로 구구구 구슬피 운다. 열아홉은 어른이 되어버렸다는 마음에 구구구 울고, 스물아홉은 청춘이 끝났다고 구구구 울고, 서른아홉은 이제 정말 중년이라며 구구구 운다. 마흔아홉, 쉰아홉에도 구구구 울려나. 더 구슬피 울려나.

인위적으로 만들어진 숫자 놀음이라는 걸 알면서도 9의 저주와 압박에서 자유롭기란 참 쉽지 않다. 우리는 너무나 사회적 동물이니까. 그나마 열아홉은 19금 웹소설을 당당하게 볼 수 있다는 기쁨이라도 있지. 스물아홉과 서른아홉은 '이제 청춘 끝' '이번에야말로 진짜 진짜 끝'이라는 마음에 집단 우울증을 사이좋게 나눠 겪는다. 다 함께 구구구 목 놓아 운다. 나도 별로 다르지 않았다.

20대 초반이었던가, 친구들과 스물아홉 살 여성들의 삶을 다룬 영화 〈싱글즈〉를 봤다. 엄정화 배우와 고인이 된 장진영 배우가 주연을 맡은 영화다. 설명하기도 전에 바로 떠올랐다면 당신은 아마도 나의 동년배.

서른을 코앞에 둔 영화 속 주인공들은 잘나가기는커녕 회사에서 좌천되지만 시원하게 사표도 내지 못하고, 연애는 마음처럼 되지 않는다. 일과 결혼에 성공하지 못한 스물아홉 살의 현실은 실패인 것처럼 그려졌다. 영화가 정말로 그렇게 묘사했는지, 그때의 내가 서른 살에 대한 환상과 공포의 색안경을 쓰고 있어서 그렇게 보았는지는 모르겠다. 영화가 스물아홉 살의 청춘을 부정적으로만 그렸을 리는 없으니 내 기억에 안 좋은 부분만 각인되었을 확률이 높다. 마치 90년대에 유년 시절을 보낸 비디오 키즈들이 "옛날 어린이들은 호환, 마마, 전쟁 등이 가장 무서운 재앙이었으나, 현대의 어린이들은 무분별한 불량, 불법 비디오를 시청함으로써 비행 청소년이 되는 무서운 결과를 초래하게 됩니다.”라는 경고 내레이션에서 뒷말을 몽땅 잊어버리고 호환, 마마만 무서운 존재로 강렬하게 기억했던 것처럼.

그러한 연유로 겁을 먹었다. 저게 정말 서른의 현실인가? 나의 스물아홉도 “이렇게 서른 살이 될 줄은 몰랐다”라는 한탄이면 어쩌지. 스무 살의 한탄은 괜찮지만 서른 살의 한탄은 초라하다. 그렇게 여겼다. 지금 생각해보면 〈싱글즈〉의 스물아홉 정도면 충분히 훌륭한데, 그땐 그걸 몰랐지. 20대 초반이 상상하는 30대란 극과 극, 흑백논리, 모 아니면 도의 세계였기 때문이다. 심지어 10대 때는 “서른 살이 되는 1월 1일에 죽을 거야!” 따위의 물색없는 다짐을 친구들과 했었다. 30은 그토록 막연하고도 무서운 숫자였다.

그렇게 막연한 두려움을 안고 대학을 졸업하고, 일을 배우고, 연애를 배우고, 실패를 배우고, 그걸 안주삼아 술을 퍼마시고, 나는 왜 이 모양인가 자책하고, 알게 뭐냐는 마음으로 헤헤 실실 웃고. 그러다가 정신을 차리니 스물아홉이었다.

스물아홉 한 해 동안 "좋은 시절 다 갔네" "꺾였네, 꺾였어" "이제 아줌마네" 따위의 말을 몇 번이나 들었던가. "밥 먹었냐" 수준은 아니어도 "잘 지내냐" 수준으로는 들은 게 분명하다. 결혼하지 않은 채 '3'을 달면 똥차가 되는 거라고 말하는 남자도 있었다. "너 나랑 동갑이잖아"라는 항변에 "남자랑 여자랑 같냐"라고 한 동기도 있었다. 많은 이들이 서른을 맞이하는 스물아홉 살 여자는 우울함과 자괴감에 시달려야 마땅하다고 여기는 듯 굴었다. 구구구 울어보라고 옆구리를 푹푹 찔렀다.

그 말에 휩쓸렸었나. 좋은 시절 다 갔다며 우울해했던가. 아니면 허둥지둥 보낸 20대가 끝나면 30대에는 좀 더 어른스럽고 여유로울 수 있으리라고 희망을 걸었던가. 기억이 희미하다. 무슨 마음이었든 인간세계의 수치는 카운팅된다. 얄짤없는 규칙이다. 그렇게 서른 살이 되었고, 서른한 살이 되었다.

이후로도 차곡차곡 30에 숫자 하나씩을 더해갔지만 당연히 세상은커녕 내가 뒤집히는 일조차 일어나지 않았다. 30대라고 인생이 끝장나지도 않았다. 나를 똥차로 여기는 사람이 있었는지는 모르겠으나, 최소한 내가 나를 그렇게 여기지는 않았다. 오히려 경제적으로, 심리적으로 조금은 더 안정된 어른이 되어갔다. 그렇게 한 해 한 해를 보내고 나니 어느새 또 9의 시간이다.

다행히 스물아홉 때와 달리 나이를 후려치는 이는 주변에 없었다. 20~30대를 거치면서 그런 사람들은 치워버렸기 때문이다. 가끔 바람에 쓸려오는 불순물 같은 소리를 만나기도 하지만 괜찮다. 후려치기가 목적인 소리와 기 싸움 하는 데 에너지를 낭비하지 않는 효율적인 어른이 되었으니까. 그렇다면 이제 나이 후려침 없는 청정 지대에서 새로운 나이를 기꺼이 맞이할 일만 남은 걸까?

그랬으면 참 좋았을 텐데. 30대를 떠나보내고 40대를 맞이하는 마음은 10년 전과는 완전히 또 달랐다. 대체로 나쁜 쪽으로. 그래서 또 결국 울었다. 구구구구구.

마음을 자꾸 응달로 잡아당기는 것은 역시 몸의 쇠락, 그러니까 말로만 듣던 '노화'와의 강렬한 첫 만남이다. 날 때부터 허약 체질에 잔병을 달고 사는 나였지만 인생 바이오 그래프에서 그나마 20~30대가 절정이었음을 깨닫는 중이다. 나만 그런 것은 아닌지 또래 친구들과 얘기하다 보면 죄다 어딘가 아프다, 몸이 예전 같지 않다는 하소연이 끊이질 않는다.

게다가 나이 들수록 시간에 가속도가 붙는다더니, 체감속도를 쫓아가기가 힘겨울 지경이다. 봄인가 싶었는데 겨울이고, 어제인가 싶은 일이 재작년이다. 30대 초반까지만 해도 환생만큼 막연하던 노년이 자연스럽게 내일모레 아침쯤으로 여겨지기 시작했다. 오늘 자고 일어났는데 내일 60살이 되어 있다고 해도 그런가 보다 할 것만 같다.

자연히 초조해질 때가 많다. 시간의 유한성이 서서히 손에 만져진다. 말하자면 서른아홉의 '구구구'에는 스물아홉의 '구구구'에는 없던 늙음에 대한 자각이라는 옵션이 추가되었다.

몇 년 전부터 나이와 나이 듦을 소재로 한 독립잡지 〈나이이즘〉을 만들고 있다. 그래서인지 마땅히 나이 듦 긍정론자일 거라고 여겨질 때가 있다. 내 앞에서 20대 시절을 찬양하다가 "나이이즘 편집장님 앞에서 이런 말 하면 안 되는데"라며 수습하거나 제발 답을 좀 달라는 눈빛으로 "나이 들면 좋은 점이 뭔지" 물을 때면 불교 잡지를 만드는 무신론자의 마음이 이런 걸까 싶다.

삼성에서 일하는 애플 덕후의 심정을 이해하게 된다.

그래서 이자벨 드 쿠르티브롱이 쓴 에세이집《내가 늙어버린 여름》에서 "노화하는 몸을 있는 그대로 받아들이지 못하고 있으며, 그런 자신에게 크게 실망 중"이라는 문장을 보았을 때 묘한 시원함을 느꼈다. 그래, 나이 듦을 꼭 긍정해야 해? 흰머리가 어떻게 달갑겠어. 늘어나는 주름과 처지는 피부에 어떻게 무심하냐고. 훅훅 떨어지는 체력과 예전 같지 않은 기억력은 또 어떻고.

지면을 빌려 고백합니다. 잘 모르겠습니다. 저도 젊음이 자주 부럽습니다. 늙는 거 너무 끔찍하고 싫을 때도 많습니다.

신체 에너지가 정점을 찍고 하락한다는 건, 어제까지 가능했던 일이 가능해지지 않는다는 의미다. 그런 일은 이제부터 상상할 수 없을 만큼 늘어나겠지, 나이와 함께. 그건 성숙이나 여유로 포장하기에는 꽤나 치명적인 단점이다.

물론 정신적인 면에서는 좀 더 성숙한 인간이 되었다고 감히 생각한다. 20대의 나는 대체로 내가 싫었고, 내가 나를 싫어한다는 걸 나에게조차 들키고 싶지 않아 열심히 가면을 썼다. 그런 스스로를 깨닫고 최선을 다해

혐오했다가-부정했다가-바꾸려 애쓰다가-자포자기했다가-받아들이는 질풍노도의 자아 찾기 5단계를 거치면서 배웠다. 좋든 싫든 나는 나를 데리고 살아야 하고, 바꿀 수 있는 것은 오로지 나를 대하는 나의 태도뿐이라는 사실을. 변화는 결국 그런 태도 위에서 물꼬를 튼다는 걸.

나이 듦을 대하는 태도도 결국 비슷하겠지. 신의 저주라고 여기든, 성숙의 과정이라고 반기든 늙는다는 사실은 결코 변하지 않는다. 이건 인위적인 숫자놀음의 영역이 아니다. 그렇다면 바꿀 수 있는 것은 오직 하나. 나이를 대하는 태도뿐이다.

붙잡을 수 없는 젊음에 집착하다가 광기에 휩싸이는 도리언 그레이가 되고 싶지는 않다. 술만 마시면 지나간 영광을 되새김질하면서 좋은 시절 다 지나갔다고 자조하거나, 어린 시절의 나를 후려치며 세상 이치를 다 깨친 어른인 양 굴고 싶지도 않다. 하나같이 별로다. 그저 조금 더 아픈 곳이 많아질 나를 잘 돌보고, 지금 할 수 있는 걸 즐기고, 기성세대로서의 책임도 생각하는 40대이고 싶다. 그러다가 무너지는 어떤 날에는 주저앉아 버리기도 하고, "10년만 젊어도 뭐든 하겠다."라는 헛소리도 부질없이 내뱉으면서.

그러니까 아쉬움이 남을지라도 30대는 이만 안녕. 그리고 40대, 안녕?

비무장지대와 베짱이

대형마트에서 장을 보다가 흥미로운 이야기를 엿들었다. 매대에서 물건을 정리하던 중년 직원 두 명이 동료 직원 뒷얘기를 하고 있었던 것이다. 역시 이런 얘기에는 본능적으로 귀가 열리지. 무심하고 시크하게 물건 고르는 손님인 척 귀를 쫑긋했다. 두 사람에게는 미워하는 공동의 적이 있는 모양이었다. 그에 대한 이런저런 불만을 늘어놓는가 싶더니 이윽고 한 사람이 명쾌하게 결론 내렸다.

"결혼을 못 해서 성격이 그렇게 된 거야!"

그러자 다른 직원이 즉각 반박했다.

"아니지, 성격이 그 모양이니까 결혼을 못 한 거지!"

그들의 말을 들은 나는 신선하고도 가성비 좋은 식재료를 골라야 하는 중차대한 미션을 코앞에 두고 느닷없는 고민에 빠졌다. 저들에게 결혼과 성격의 상관관계는 변동되지 않는 고정값이다. 그렇다면 결혼을 못 해서 성격이 나빠졌다는 판단과 성격이 나쁘기 때문에 지금껏 결혼을 못 했다는 판단 중에 어느 쪽이 나은 걸까? '카레맛 똥 VS 똥맛 카레'에 버금가는 극강의 밸런스 게임이다. 1인가구 맞춤형으로 소분된 식재료가 가득한 21세기 대형마트 한가운데서 구시대적 난제의 답을 고민했다. 그리고 결론 내렸다. 성격이 나빠서 결혼을 못 했다는 쪽이 낫군.

한국 사회에서 "성격이 그 모양이니까 결혼을 못 하지"의 그 모양이란 대체로 까다로움, 드셈, 눈 높음, 이기적임 등이다. 반듯한 사각의 틀에 집어넣으면 삐죽 튀어나오는. 나쁘지 않다. 괜찮은 속성이다. 만만해 보이는 것보다야 까다롭고 고집 있어 보이는 쪽이 낫지. 그래서 결혼을 못 한 것이라고 결론 지어지는 일은 역시 억울하지만.

그리고 궁금했다. 비혼을 비정상 상태로 규정하는 집단에서 하루를 보내야 하는 그의 안부가. 비혼이 많지 않을 나이대와 직업군을 고려했을 때 공감대를 형성할 동료 없이 홀로 고립되어 있지 않을까. 그의 성격이 정말로 나날이 이상해지고 있다면, 그건 결혼 유무보다는 결혼 유무로 사람을 판단하는 집단 때문일 것이다.

직장을 나와 프리랜서로 일하던 어느 날 지인은 말했다. "그래서 회사는 언제 다시 들어가려고?" 그 사람에게 프리랜서란 재취업을 준비하는 동안 갖는 임시직이었나 보다. 요즘은 일의 형태가 다양해지면서 프리랜서도 많아졌다. 하지만 프리랜서를 여전히 임시직이나 일용직, 심지어 반백수로 보는 시선은 여전하다. 프리랜서이자 기혼자인 동료는 주로 집에서 일을 하는데, 그러다 보니 가족들도 자신을 용돈벌이나 하는 사람으로 인식한다고 한다. 정신을 바짝 차리지 않으면 살림 역시 당연한 그의 차지가 될 것이다.

내 모친 역시 "밥은 먹고 사나"라며 생계를 걱정한 적이 있다. "밥도 사 먹고 반찬도 사 먹는다"라고 안심시켰으나 "밥이랑 반찬만 사 먹으면 되나, 집도 사야지"라는 공격이 돌아왔다. 아, 졌다. 치솟는 집값은 아무래도 따라잡기가 어렵다. 황새를 쫓아가려다가 가랑이가 찢어진 뱁새조차 되지 못하는 벌새 신세다. 결혼

증명서도, 재직증명서도 없는 비혼 프리랜서에게는 '영끌'할 대출 허가도 잘 나오지 않으니까.

인간 사회에는 생애주기별로 달성해야 할 퀘스트를 기록한 교과서가 있다. 교과목은 '인생설계개론'쯤 되려나. 교과서의 10대는 공부를 열심히 하고, 20대는 대학을 다니면서 취업 준비를 하고, 30대는 결혼을 해서 아이를 낳고, 40~50대는 사회적으로 정점에 오르고 집을 마련하거나 더 좋은 집과 차를 산다. 좀 더 구체적으로 서른아홉 즈음의 여성은 남성과 결혼해서 가정을 이루고 영유아, 혹은 초등학생쯤 되는 아이 두 명을 낳아 기르고 있다. 영혼까지 끌어서 낸 빚으로라도 번듯한 아파트 한 채를 장만한 후 4대보험이 나오는 회사를 다니면서 육아와 일을 모두 해내느라 바쁘다. 주관식은커녕 사지선다형도 없는 교과서다. 외우려고 애쓸 필요도 없다. 우리는 태어나기도 전에 "훌륭한 사람이 되라"는 엄마 아빠의 태교로 시작해 교장 선생님을 비롯한 수많은 어른의 훈화 말씀으로, 주변인들의 걱정을 빙자한 참견으로, 미디어가 숨겨둔 은근한 메시지로 인생설계개론을 평생 자동 학습하니까. 인생설계개론 말고 노동권이나 자동 학습 좀 시켜주지.

아무튼 교과서의 기준으로 나는 한참 벗어난 오답을 쓰고 있는 사람이다. 보기에도 없는 5번 항목을 만들고 있는 자다. 마흔 언저리 한국 여성이라면 응당 갖춰야 할 남성 배우자도 없고, 아이도 없고, 집도 없고, 차도 없고, 고용보험도 없다. 대출 심사에 유리한 증명서 대신 온갖 비(非)와 무(無)를 명함으로 달고서 스펙으로 무장한 세상 바깥의 비무장지대를 어슬렁거린다.

그래서인가? 가끔 '아직 그러고 사냐'라는 시선을 받을 때가 있다. 그들의 눈에 나는 미완의 사람이다. 이루지 못한 사람이다. 여전히 이러고 있는 사람이다. 사실관계는 맞는데, '아직 하지 않았다'는 판단은 틀렸다. 정확하지 않은 건 억울하다.

비혼주의자는 아니지만 그렇다고 결혼주의자도 아니며, 아이는 낳지 않는 쪽을 택했다. 최선을 다해 프리랜서 상태도 유지해볼 생각이다. 출근길 지하철은 너무 싫으니까. 그러니까 '아직' 하지 않은 게 아니라 그저 하지 않은 상태일 뿐이다. 미혼, 미정규직, 미자녀가 아니라 비혼, 비정규직, 무자녀다. 슬프지만 주택은 미주택이 맞다. 갖고 싶은데 아직 갖지 못한 것이다.

"비무장지대에는 돈 없고 인생을 비관하는 낙오자

들이 모여 산다며?"

"능력이 없어서 못 가졌으면서 정신 승리 하는 거지."

누군가는 이렇게 생각할지도 모르겠다. 하지만 비무장지대에는 없는 것이 많은 만큼 있는 것도 많다. 젖과 꿀이 흐르지는 않으나, 다른 것들이 흐른다. 이를테면, 자유? 사회가 기혼여성에게 요구하는 수많은 역할에서 비켜나 훨씬 가볍고 자유롭게 일상을 누릴 수 있다. 퇴근 후 집에 가면 신경 쓸 사람도 돌볼 사람도 없는 온전한 휴식 시간이다. 나 혼자 일하고 나 혼자 책임지는 1인 사업자이기에 더 자율적으로 일한다. 덜 버는 대신 적게 일하고 평일의 여유라는 사치를 부려볼 수도 있다.

고작 이 정도의 장점을 아이가 주는 행복이나 번듯한 명함에 견주다니 역시 철딱서니없다며 혀를 끌끌 차려나. 그러다 세상의 엄중함에 혼쭐이 날 거라고 예언하고 싶어질까. 하지만 내게는 퇴근 후 누구의 방해도 받지 않고 시원한 맥주 한 캔을 들이켜고, 떠나고 싶을 때 훌쩍 떠날 수 있는 자유가 너무 소중하다.

다행일까, 설상가상일까. 인간은 끼리끼리 논다고, 30대에 만난 인연은 대체로 같은 비무장지대에 있다.

주체적으로 비혼을 결심한 이들도 있고, 결혼은 했으나 아이 없는 삶을 선택한 부부들도 있고, 안정된 직장을 박차고 나와 불안정하지만 원하는 삶을 사는 사람도 있고, 요리 보고 조리 봐도 돈 벌기는 글러 먹은 일에 최선인 사람도 있고, 결혼은커녕 로맨틱한 관계에 거부감을 느끼는 비연애주의자도 있고, 동성과 로맨틱한 관계를 맺으며 살아가는 이도 있다. 나는 이상한 축에도 들지 못한다. 그래서 대체로 나는 나의 이상함은 인식조차 못한 채로 하루하루 잘 지낸다.

그러다 세상에는 교과서에 등장하는 삶만 있으며, 남들처럼 살지 않으면 낙오자라고 의심치 않는 사람을 만나면 화들짝 놀라고 마는 것이다. 아이고 이런, 세상은 여전히 이런 곳이었군요! 깜박하고 말았어요. 그들이 볼 때 비무장지대의 사람들은 언제 닥칠지 모르는 추위와 재난에 대비하지 않고 유유자적하는 베짱이로 보일지도 모르겠다. 그래서 예술가가 복지와 권리를 주장하면 '좋아하는 일을 선택했으면 그 정도는 감수해야 한다'고 말하는 걸까?

확실히 비무장지대는 위기에 더 취약하긴 하다. 첫째 돼지가 만든 짚풀집처럼 거센 바람이 불면 휭 날아가 버릴지도 모른다. 언젠가 베란다에서 키우던 루콜라에 벌레가 생겼다. 값비싼 루콜라를 직접 키워 먹어보겠다며 야심 차게 시작했는데, 수확도 전에 벌레가 먼저 루콜라 잎을 독식해버렸다. 독한 약을 아무리 뿌려대도 계속 생겨났다. 결국 화분을 통째로 버렸다. 그 과정에서 알게 된 사실 하나. 병충해는 식물의 가장 여리고 어린잎을 공략한다는 것이다. 사회의 사각지대, 취약한 비무장지대부터 파고드는 재난과 별반 다르지 않다.

저마다 자신이 더 취약한 상태에 놓여 있다고 여기게 만드는 세상이기 때문일까. 사람들은 불안할수록 더욱 이탈되지 않기 위해 애쓴다. 각자도생을 위한 스펙과 자본을 만드는 일에만 골몰한다. 노동의 가치를 보장하라고 소리치는 대신 자본의 수혜자가 되길 꿈꾼다.

그런 세상에서 돈을 벌고 굴리는 재능이라곤 없고, 상위 1%의 베스트셀러 작가도 아니며, 엄청난 팬덤을 지닌 인플루언서도 아닌 비정규직 비혼 여성으로 나이 들어가는 건 세계의 한 부분을 애써 흐린 눈으로 바라보는 일인지도 모르겠다. 주어진 밑그림을 무시한 채 굳이 다른 그림을 그리는 작업을 하고 있는 걸 수도 있다.

도안을 색칠해 완성하는 컬러링북이 엄청난 인기를

끈 적이 있다. 어느 출판사는 컬러링북이 대박 나서 건물도 샀다는 얘기를 풍문으로 들었다. 책 팔아서 돈을 벌 수 있는 거였다니. 어쨌든 컬러링 대유행 시대에 덩달아 컬러링북을 몇 권 선물로 받기도 했는데, 흥미가 생기지 않아서 한 번도 해보지는 않았다. 대신 그냥 그림을 그렸다. 비율이 엉망진창이고 원근법이 맞지 않아도 밑그림부터 채색까지 원하는 대로 그리는 편이 훨씬 즐겁다. 처음에는 색연필과 물감으로 그렸고, 요즘은 아이패드로 그린다. 최근에는 공유 오피스의 소모임에서 재미있는 작업을 시작했다. 각자 마음껏 그림 여러 장을 그린 후에, 모인 그림들을 자유롭게 콜라주 해서 소책자를 만들어보는 프로젝트다. "이렇게 그린다고?" 할 정도로 대충 그려도 된다. 이렇게 비생산적이고 신날 수가.

물론 도안을 자신만의 색으로 채워나가고 완성하는 일도 충분히 의미 있다. 나는 꼼꼼하고 성실하게 색을 채우는 일에 서툴고 관심이 없을 뿐이다. 무엇이 더 좋고 나쁘고는 없다. 다만 무언가를 선택하게끔 밀어붙이는 태도와 사회는, 나쁘다. 많이 나쁘다. 어떤 선택이든 할 수 있고 그걸로 충분한 삶이었으면. 그리고 지금의 나는 이 비무장지대에서 힘껏 이상하고 즐겁게 살고 싶다.

행복의 제철

목련이 피었다. 봄이 다가오고 있다는 신호다. 목련이 신호탄을 쏘아 올리면 금세 다른 봄꽃들도 차례로 피어난다. 마음이 조급해진다. 서둘러 친구와 한강 피크닉을 간다. 시간을 쪼개 밤 벚꽃도 보러 나선다. 지척에 두고도 데면데면하는 사이인 북한산 둘레길도 시즌 한정으로 친한 척 굴어본다. 이 계절에만 짧게 판매하는 딸기라테를 먹기 위해 카페로 달려간다. 바깥 풍경을 감상할 수 있는 카페라면 더 좋다. 그렇게 짧은 봄이 가기 전에 한 번이라도 더, 조금이라도 더. 다섯 손가락을 쭉 펼쳐 야속한 봄의 꼬랑지를 잡아본다.

나이 들수록 계절 가는 게 아까워진다는 말을 들은

적이 있다. 요 몇 년 사이 봄이 오면 빨리 가버릴까 봐 부쩍 동동거리게 됐다. 정말 나이를 먹고 있다는 증명일까? 그보다는 봄이 너무 짧아진 탓이 아닐까? 덥지도 춥지도 않은 찬란한 날, 그중에서도 미세먼지 걱정 없는 청명한 날이 잔인할 정도로 줄었다. 얼마 되지 않기에 한껏 누리고 싶다. 봄이 짧아진 건 아쉽지만, 아이러니하게도 덕분에 봄을 아끼게 됐다. 덩달아 한철 봄을 놓치지 않으려 애쓰듯이, 제철에만 느낄 수 있는 순간의 기쁨들을 잘 잡아야겠다는 생각도 했다. 역시 세상에 나쁜 점만 있는 일은 없나 보다. 인간은 제아무리 비관적인 척해도 어떻게든 희망 한 줄기를 찾아내고야 마는 존재이거나.

봄꽃도 좋지만, 꽃이 진 후에 찾아오는 녹음의 계절을 더 사랑한다. 이 글을 쓰고 있는 바로 지금. 그래서 요즘은 사무실 대신 창밖으로 초록 풍경이 잔뜩 펼쳐지는 집 근처 카페에 자주 간다. 오두막처럼 생긴 카페의 창문을 활짝 열고 자연 바람을 실컷 쐬고 있노라면《월든》을 쓴 데이비드 소로의 삶을 자본주의의 힘을 빌려 간접 체험하는 느낌이다. 평화롭다.

봄철의 기쁨으로는 먹을 것도 빼놓을 수 없지. 봄나

물의 계절이면 시들했던 요리 욕구도 슬쩍 돌아온다. 귀찮음을 물리치고 식탁 위에 최소한의 봄이라도 차려내본다. 향긋한 달래를 사서 달래양념장을 만들어 쓱쓱 밥에 비빈다. 봄동 겉절이도 만들어본다. 엄마가 택배로 보내주는 조갯살 가득한 쑥국을 후루룩 마실 때면 봄의 기운이 몸 안 가득 퍼지는 기분이다.

짧은 봄이 유난히 아쉬운 건 봄이 가면 가장 싫어하는 계절, 여름이 오기 때문인지도 모른다. 덥고 습한 날씨가 질색인지라 날로 길어지는 여름이 힘들다. 청춘의 이미지로 대변되곤 하는 싱그럽고 청량한 여름의 이미지는 미디어가 세뇌시킨 허상일 뿐이라고 굳게 믿고 있다. 우리는 속고 있다. 진짜 여름은 끈적끈적하고 따갑고 냄새날 뿐이라고.

그래도 어쩌겠어. 사계절 내내 선선한 나라로 이민 갈 수 없는 한, 지금 여기서 좋은 걸 찾아내야 한다. 그래야 여름의 나날을 버틸 수 있다. 나에게 여름의 기쁨은 노란색이다. 포슬포슬 햇감자와 탱글탱글한 옥수수의 맛. 높은 탄수화물 함량 때문에 실컷 먹지는 못하지만 포기할 수 없는 맛이다. 지난해 여름에는 유난히 아름다운 하늘색과 노을이 즐거움 하나를 더해주었다. 비갠 후 하늘에 쌍무지개가 떴다가, 분홍빛 노을이 하늘을 물들였다가, 여름 구름에 스민 노을이 생전 처음 보는 보랏빛을 만들어내기도 했다. 장마와 태풍의 영향이었을까? 기상청은 여러 요인이 맞물릴 때 아름다운 노을이 연출된다고 했다. 어쨌든 별 볼 일 없는 서울 하늘마저 근사하게 만들어준 노을 덕분에 무더운 여름 해질녘이 조금 기다려졌다. 노을도 좋았지만 노을이 예쁘다면서 열심히 찍어 카톡으로 공유하거나 SNS에 올리는 사람들이 더 좋았다. 노을이 뭐라고, 그게 뭐라고. 쉽게 말랑해지고 마는 마음들이 귀엽고 사랑스러워서. 고작 그런 걸로 행복해질 수 있다는 사실이 고마워서.

그토록 싫은 여름에도 좋은 점이 있는데 가을과 겨울은 말해 뭐해. 탱글탱글한 꼬막무침도, 얼큰한 꽃게 된장찌개도, 뜨끈한 바닥에 배를 깔고 누워 먹는 한겨울 아이스크림도, 부쩍 길어지는 밤의 정취도 제철이라야 더 맛이 난다. 제때에 즐길 때 더 싱싱하다. 대단치 않지만, 그래서 또렷하게 눈 뜨고 찾아내야만 하는 순간의 기쁨이다. 건조한 일상에 스며드는 촉촉한 무언가다.

에너지는 부족해도 감정은 늘 넘쳐흐르던 어린 날

의 나는, 좋으면 한껏 부풀어 올랐다가 나쁘면 한없이 가라앉았다. 그 진폭은 미숙함이라고 여겨졌다. 좋은 일에 너무 호들갑 떨지 않고, 나쁜 일은 담담하게 받아들여야 성숙한 어른인 것 같았다. 자고로 봄의 끝에 매서운 겨울이 기다리고 있고, 겨울을 지나면 다시 봄이 오는 삶의 이치를 생각해야지. 근엄한 어떤 얼굴이 말했다. 그러나 지금은 의문이 든다. 실은 그건 성숙이라기보다는, 행과 불행의 낙차를 견디는 게 힘겨운 어른들의 방어기제가 아닐까?

언젠가부터 내 일상의 모토는 '일희일비(一喜一悲)하자'이다. 인생은 좋은 일과 나쁜 일이 번갈아 끊임없이 오니까 일희일비해서는 안 된다는데, 그렇기 때문에 더 열심히 일희일비해야 하는 게 아닐까? 좋은 일이 생기면 다음의 상실을 미리 슬퍼하기보다는 기쁨을 기꺼이 누리고, 슬픈 일이 생기면 온전하게 슬픔을 겪어내면서. 불행한 와중에도 찾아오는 아이러니한 즐거움의 순간을 기꺼이 받아들이면서. 제철의, 제 순간의, 제때의 감정에 충실하게. 봄의 한가운데에서 봄이 달아날까 슬퍼하고 싶지는 않다. 오늘의 할 일은 미룰지언정, 오늘의 기쁨을 내일로 미뤄서는 안 된다. 행복의 제철은 언제나 지금이니까.

그런데 행복의 조각들이 너무 작고 소소해서인지, 나쁜 기억력 때문인지 자꾸만 흘러간다. 지나고 나면 더 들어볼 수조차 없게 흐릿해지는 게 아쉽다. 분명 좋았던 순간이 많았는데, 돌아보면 지루하고 힘들었던 순간만 선명하다. 그래서 올해는 기쁘고 충만했던 순간들을 종이에 적어 저금하는 메모리박스를 만들었다.

"전주에서 겹벚꽃 동산을 봤다. 한번에 그렇게 많은 겹벚꽃을 본 건 처음. 황홀했다."

"드디어 축구 첫 골을 넣었다. 짜릿하다!"

"인터뷰를 한 작가에게 인터뷰어로서의 달란트가 있는 것 같다는 칭찬을 들었다. 재능이 있다는 생각은 한 번도 해보지 못했는데, 그렇게 보일 수 있다는 게 기쁘다."

소소하지만 명징한 기쁨의 순간들이 하나씩 글자로 옮겨진다. 일기장과 비슷하지만 좋았던 기억만 쓴다는 점에서 다르고, 감사일기와 같은 내용이지만 하나씩 써서 보관한다는 점이 또 다르다. 이건 제철이 지난 어느 날 맛보기 위해 담그는 나만의 마멀레이드다. 달래양념장도, 싱그러운 봄의 녹음도, 한겨울의 아이스크림도 나를 위로해주지 못하는 어떤 시기의 나를 위한. 어느 때고 그런 날이 오면 잘 숙성시켜둔 기쁨의 순간을 하나씩 꺼내 먹을 생각이다. 꽝이 나오지 않는 경품 추첨을 하듯, 서랍에 넣어둔 젤리를 까먹듯, 선물을 거저 주려고 쉽게 숨겨둔 보물찾기를 하듯.

종이에 적어둔 기쁨의 순간들을 본 미래의 나는 헛웃음을 터트리지 않을까? 고작 이런 걸로 기뻐했다니, 웃을 수 있었다니, 미래에 추억하겠다며 적어두기까지 했다니. 그리고 새삼 깨달을 수 있을 것이다. 나는 소소한 일에도 행복을 느낄 수 있는 굉장한 능력자라는 걸.

내가 낸데 아줌마와 예지원

2000년대의 증인, 흑역사의 무덤, 폐쇄되었던 어린 날의 동산인 싸이월드 사이트가 다시 열렸다. 묻어둔 과거가 무덤에서 벌떡 일어나자 어떤 이들은 반가워하고 어떤 이들은 절규한다. 나는 내심 반가운 쪽. 기대를 갖고 접속했는데 아직 내 미니홈피는 백업 중이라는 안내가 떴다. 대신 고양이와 물고기, 해파리가 날아다니는 우주 공간에 내 아바타가 덩그러니 앉아 있는 미니룸(미니홈피의 메인화면)이 나타났다. 아바타 옆의 간결하고도 강렬한 문장도 함께.

"내가 낸데!"

단 네 글자가 현재를 거슬러, 싸이월드와 함께한 20

대를 거슬러, 10대 유년 시절로 나를 데려다 놓는다. 전설의 "내가 낸데"가 탄생한 동네 만화책 대여점으로.

동네마다 만화책과 비디오를 빌려주는 대여점이 유행하던 응답하라 90년대의 시절, 초등학교 동창인 영민, 효정과 함께 10대 시절 내내 삼총사로 어울려 다니면서 집 앞 만화책 대여점을 들락거렸다. 어렸던 우리는 만화책 대여점 사장님을 아줌마라고 불렀는데, 아줌마는 늘 호쾌하고 에너지 넘치는 사람이었다. 작은 일로 전전긍긍하면 등짝을 후려치며 별일 아니라 해주었고, 슬쩍 야한 만화책을 끼워 빌려주며 성장기 소녀의 은밀한 호기심을 채워주기도 했다. 어려운 어른이기보다는 친밀한 친구였던 아줌마는 늘 버릇처럼 말했다. "내가 낸데!"

누군가 무례하게 군다? 내가 낸데 감히!

잘난 누군가와 비교되고 주눅이 든다? 내가 낸데 어쩔 거야!

내가 낸데를 서울말로 의역하자면 '나는 나' '나는 나일 뿐' 정도일 텐데, 서울말로는 영 느낌이 안 산다. 자신감과 무대포 정신이 괄호로 숨겨진 아줌마의 "내가 낸데"는 걱정 많은 어린 마음에게 마법의 주문 같았다. 아줌마의 내가 낸데를 따라 하면서 우리는 그를 "내가 낸데 아줌마"라고 부르곤 했다. 성인이 되어 고향을 떠난 후에도 부모님 집에 갈 때면 내가 낸데 아줌마를 만나러 갔다. 하지만 만남의 빈도는 서서히 줄었고, 이윽고 많은 인연이 그러하듯 과거완료형의 인연이 되었다.

그런데 아줌마와 교류가 끊긴 20대 후반에 마지막으로 사용한 싸이월드 메인화면 문구가 '내가 낸데'라니. 인연이 흘러간 후에도 그가 남긴 마법의 주문이 필요했었나 보다. 그때의 나에게.

실로 그랬다. 점 보기를 좋아하던 친구를 따라 가서 보던 사주에서는 한결같은 미래를 예언했다. 27살부터 인생이 핀다고, 운이 트인다고. 반복해서 같은 말을 들으니 믿을 수밖에. 20대의 나는 27살이 되기만을 기다렸다.

사주는 틀렸다. 운이 트이기는 무슨. 27살 무렵은 20대 인생 중 최악의 시기였다. 내 몸이 아팠고, 가족의 몸도 아팠고, 회사 상황도 나빠졌고, 성폭력 피해자가 되었고, 얼렁뚱땅 달랜 후 치워뒀던 내면의 어린아이도 깽판을 치면서 자기 좀 보라고 난동 부렸다. 그와 함께

자다 깨다 하던 자기혐오가 완전히 각성했다. 들키지 않으려 덕지덕지 붙여 두었던 거짓 자신감이 부서지면서 팽팽하게 부풀어 오른 자기혐오가 실체를 드러냈다. 특히나 20대는 특별하다고 믿던 자신의 평범성에 경악하고 괴로워하기 딱 좋은 시기 아닌가. 나의 시시함과 인생의 추레함을 견딜 수 없었다. 애매한 재능은 없느니만 못하다고 느꼈다. 완전히 다른 내가 되고 싶었다. 심지어 콕 짚어 되고 싶은 사람이 있었다. 그게 바로 예지원이다. 맞다, 그 배우 예지원.

많고 많은 유명인 중 하필 예지원인 이유가 있다. 당시 잡지 인터뷰에서 어느 연예인이 예지원을 칭찬하는 글을 읽었는데, 그가 설명한 예지원의 모든 면면이 내가 꿈꾸는 어른의 상, 그 자체였던 거다. 유연하면서도 내면이 단단하고, 자유롭고, 창조적이고, 다정하고…. 대략 그런 식의 칭찬 릴레이가 몇 줄에 걸쳐 쓰여 있었다. 인터뷰 기사를 오려서 다이어리에 넣고 다녔을 정도였는데 지금은 무슨 내용이었는지 기억이 잘 나지 않는다. 우습게도. 아무튼 그날부터 내 롤 모델은 예지원이었다. 그런 사람이 되고 싶었다.

목이 마르면 우물을 찾고, 아프면 발길이 병원으로

향한다. 예지원을 꿈꾸던 스물일곱이 찾은 곳은 문화센터에서 운영하던 치유 글쓰기 수업이었다. 글쓰기 기술을 가르치는 게 아니라 글쓰기를 통한 내면 보기와 치유를 지향한다고 했다. 홀린 듯이 수업 신청을 하고 참여한 첫 시간, 강사는 별칭을 정하라고 했다. 별 고민 없이 '예지원'으로 불러달라고 했다.

이름만 예지원이 된 채로 일주일에 한 번 글을 쓰고, 강사의 피드백을 받고, 다른 사람들의 글을 읽고, 함께 이야기를 나눴다. 그리고 처음으로 알게 됐다. 내가 나와 아빠를 지나치게 동일시하고 있다는 걸, 단점이라고 여기는 무수한 부분이 실은 동전의 양면이라는 걸, 특별한 사람이나 대단한 생이 아니어도 상관없다는 걸, 어린 시절의 트라우마를 한번도 제대로 직면한 적이 없다는 걸. 무엇보다도 모자람투성이인 내가 아니라, 실은 스스로를 그렇게 여기는 게 가장 문제라는 걸.

솔직한 글쓰기와 지적 없는 피드백의 힘은 엄청났다. 27년간 모르던 걸 몇 주 만에 깨달았다. 깨닫고 나니 부끄러운 건 나라는 사람이 아니라 예지원이라는 별칭이었다. 반짝이던 롤 모델의 이름이 순식간에 흑역사가 되었다. 수업 마지막 날. 소감과 앞으로의 각오를 나누는 자리에서 나는 다음과 같은 글을 쓰고 읽었다. 다시 보니 싸이월드 감성, 그러니까 감성에 젖은 새벽 3시쯤 흐르는 눈물을 일부러 닦지 않으면서 써 내려간 글 같아서 민망하지만, 눈 질끈 감고 공개한다.

"오늘부터 예지원이라는 닉네임은 버릴 겁니다. 이 시간 이후로는 제 이름으로 불러주세요. 내가 아닌 타인의 모습을 꿈꾸기 이전에 나 자신으로 행복해지고, 나답게 살고, 있는 그대로의 나를 인정하는 일부터 시작해야겠습니다."

이후로 사주는 잘 보지 않는다. 여전히 스물일곱은 힘들었던 해로 남아 있다. 그러나 지금은 안다. 나를 제대로 바라보고 받아들이는 법을 배울 수 있었던 건 그 해의, 아니 인생의 소중한 기회였음을. 자기 성찰의 기회 없이 자란 모든 어른에게 필요하지만 모든 어른에게 오는 건 아닌 기회다. 어른의 심리를 상담하는 프로그램 〈금쪽상담소〉의 인기만 봐도 알 수 있지 않은가, 대부분의 마음에는 여전히 상처받은 내면아이인 금쪽이가 있다는 걸. 다만 각자의 금쪽이가 깨어나는 시기가 다를 뿐 아닐까. 어쩌면 평생 울고 있는 금쪽이의 존재를 인식하지 못하고 나이 들거나.

물론 인식하고 각성한다고 극적으로 뭐가 달라지지는 않는다. 만화 주인공은 각성의 순간 초인적인 능력 발현과 함께 완전히 다른 사람이 되지만, 현실의 각성은 각성일 뿐이다. 다른 내가 되지 않는다. 예지원을 버린 이후로도 나는 똑같이 나였고, 그런 나를 미워했고, 가엾게 여겼고, 누군가를 실컷 원망했고, 나아가는가 싶다가도 다시 고꾸라지는 과정을 지겹게 반복했다. 지금도 반복 중이다.

하지만 적어도 예지원을 꿈꾸지는 않는다. 다른 누구도 꿈꾸지 않는다. 이건 거울을 보면서 "내가 최고야" "나는 나를 사랑해"라고 외치는 세뇌와는 다르다. '있는 그대로의 내 모습을 사랑한다'는 기만적 수용도 아니다. 싫은 건 싫은 거지, 어떻게 내 밑바닥까지 사랑하겠어?

그저 '싫은 좋든 내가 낸데 뭐 어쩌겠어'라는 받아들임에 가깝다. 비관 없는 그저 받아들임. 그리고 나는 이쪽이 훨씬 솔직하고 지속 가능한 자기애라고 믿는다. 누군가 20대보다 지금이 좋은 점을 묻는다면 나 자신에게 좀 더 너그러운 사람이 된 거라고, 잘 받아들이는 사람이 된 거라고 말하고 싶다. 이제야 아줌마가 말하던 "내가 낸데"의 진짜 의미를 알 것 같다.

네가 잘 지냈으면 좋겠어

꽤 오래전, 뉴스를 보다가 느닷없이 익숙한 얼굴을 마주했다. 학창 시절 친구였던 윤이가 뉴스에서 인터뷰를 하고 있었다. 세상에, 얼굴이 하나도 안 변했네. 잘 지내고 있겠지? 잘 지냈으면 좋겠다. 짧은 인터뷰 후 화면에서 사라져버린 윤이의 얼굴을 기억해내려 애쓰면서 생각했다.

윤이를 생각하면 미안한 마음만 든다. 윤이와 나는 친한 친구였다. 우리는 아주 많은 걸 함께하고 공유했다. 그러다가 윤이가 점점 바빠졌다. 같이 뭘 하자고 할 때마다 시간이 없었다. 나는 그게 못내 서운했고, 화가 났다. 우정이 너무 중요했던 시절의 나는 왜 나를 1순위로 생각하지 않냐고 따져 물었다. 윤이는 그저 미안하다고 하며 변명도 하지 않았다. 당시 윤이네 집은 IMF로 인해 좋지 않은 상황이었다. 지금 와 생각하면 책임감 강하고 성실한 윤이는 그로 인해 나 모르게 몸도 마음도 바빴던 것 같다. 그걸 헤아리지 못하고 밀어붙인 어린 마음이, 시간이 지나서야 많이 후회됐다. 그래서 생각지도 못한 경로로 성인이 된 윤이를 본 후에 생각했다. 잘 지냈으면 좋겠다고. 나와의 시간이 상처로 남아 있지는 않았으면 좋겠다고.

담은 어딘지 좀 이상한 사람이었다. 웃기고 이상하고 거칠고 지나치게 순수한 사람. 지금 만났다면 친하게 지내지는 못했을 것 같다. 그때도 아주 친한 건 아니었다. 하지만 나는 담의 이상함이 좋았고, 조금은 신경 쓰였다. 친구들과 잘 어울렸지만 기본적으로 단체생활에 어울리지 않는 면모를 두루 지닌 사람이었다. 담이 군대를 간 사이, 나는 졸업을 했다. 그리고 제대 후에 담이 학교로 돌아오지 않았다는 얘기를 들었다. 다음 해에도, 그다음 해에도. 가끔 담이 생각났다. 마당발 친구에게 소식을 알아봐달라고 부탁해보았지만, 그의 소식을 아는 사람을 찾을 수 없었다. 무슨 일이 있었던 걸까. 지금은 어디서 어떻게 지낼까.

수는 담과 다른 결로 신경이 쓰이는 친구였다. 마음에 구멍이 많았다. 그런 구멍은 참 잘 들키기 마련이고, 그걸 보고 접근하는 인간이 꼭 있다. 수는 자꾸 나쁜 연애를 했다. 그게 나쁜 연애라는 사실을 수만 몰랐다. 안타까웠지만 할 수 있는 일이 없었다. 지금은 결핍이 조금 채워졌을까. 나쁜 연애가 아닌 건강한 방법을 찾았을까. 부디 그랬으면 좋겠는데.

이외에도 아주 가끔, 불현듯 떠오르는 얼굴들이 있다. "그땐 그랬지"라며 옛 추억을 이야기할 때, 혹은 그 사람과 연관된 무언가를 볼 때. 한없이 좋은 마음을 내게 퍼주기만 했던 누군가도, 받을 줄만 알고 주는 법을 모르던 시절에 만나 미안한 누군가도, 별 인연도 아닌 나에게 선뜻 친절을 베풀어준 누군가도. 이제는 연락할 길도 없고 굳이 그럴 이유도 없는 지난 인연, 한때의 사람들이다.

상대는 모르고 나만 아는 얼굴도 있다. 어떤 연극의 주인공이다. 20대 때 만난 〈고양이가 말했어〉라는 인형극이 있다. 초등학교 4학년 여자아이인 지영이가 고양이와의 만남을 통해 성장하는 과정을 담은 작품인데,

당시 나는 해당 공연을 올리는 공연장 스태프로 일했다. 〈고양이가 말했어〉를 처음 보는 순간, 유년 시절이 고스란히 무대에서 재연되는 느낌을 받았다. 형제자매 없는 외동으로 자란 나는 하교 후에 혼자 시간을 보낼 때가 많았다. 초등학교에 들어가면서 가정주부이던 엄마는 돈을 벌기 위해 식당 일을 나갔고, 그래서 아무도 없는 텅 빈 집으로 귀가하곤 했다.

그런 아이의 마음은 아무래도 좀 쓸쓸했나 보다. 엄마가 일을 안 했으면 좋겠다는 일기를 써서 보란 듯이 책상 위에 펼쳐두고 잠이 들었었다. 연필 한 자루 한 자루에도 이름을 지어주었고, 밥을 먹을 때는 깻잎무침과 장조림에 캐릭터를 부여해 이야기 한 편을 만들어내곤 했다. 머릿속에 많은 세계를 품고 있지만 겉보기에는 얌전한, 그래서 어른들의 주목을 잘 받지 못하는 아이 캐릭터는 극적인 서사가 중요한 가상의 세계에서는 만나기가 좀처럼 어렵다. 그래서 어릴 때의 나를 꼭 닮은 지영이를 주인공으로 내세운 그 작품이 무척 반가웠다.

홍보를 제대로 못 해서였을까, 아이들이 좋아하기엔 너무 서정적인 극이었을까? 공연이 진행되는 내내 객석은 대체로 썰렁했다. 그런 날이면 한 명의 관객이 된 채 객석 한구석에 앉아 이미 본 연극을 보고 또 봤다. 야금야금 속속들이 장면과 대사를 흡수하면서 외로웠던 어린 나를 만나러 갔다. 처음으로 마주하고 안아주었다. 마지막까지 연출가와 배우들에게 제대로 된 감사 인사는 전하지 못했다. 그게 두고두고 아쉬웠다.

재공연 소식은 아주 오랫동안 없다. 그래도 극단이 다른 작품을 꾸준히 선보이고 있어서 다행이라고 안도한다. 그리고 연극에 출연했던 배우 한 명을 간간이 드라마와 영화에서 만난다. 주로 대사가 많지 않은 단역으로 출연하는데, 나와 비슷한 또래로 보이는 그 배우는 세월과 함께 나이 들어가면서 꾸준히 얼굴을 비추고 있다. 별 생각 없이 드라마를 보다가 뜻밖에 그 배우가 등장하면 늘 반갑다. 카메라 밖의 삶은 어떨까, 잘 지낼까 상상하면서 혼자 오지랖을 부리기도 한다. 내가 받은 위로만큼 그가 안녕했으면 좋겠기 때문이다. 그러려면 아주 많이 안녕해야 한다.

위로받아서, 고마워서, 미안해서, 이상하게 걱정되고 신경 쓰여서…. 여러 이유로 어떤 얼굴들을 떠올리거나 마주할 때면 생각한다. 잘 지내고 있을까? 잘 지내고 있었으면 좋겠는데. 브로콜리너마저의 노랫말처럼 "이

미친 세상 어디에 있더라도 행복"했으면 싶은데. 잘 지내서 40살이 되고, 50살이 되고, 할머니 할아버지가 될 때까지 무사하면 좋겠다. 영영 만나지 못하더라도, 부고조차 듣지 못할 사이라고 해도.

닿지 않을 안녕의 기원이다. 영향을 미칠 수조차 없는 바람이다. 세상에는 이렇게 상대방은 알 수 없는 응원의 마음도 있는 건가 보다. 그 사실을 생각할 때 무언가 차오르고 채워지는 기분이 드는 건 오히려 내 쪽이다. 어딘가에는 나를 비슷한 마음으로 떠올려주는 사람도 있으려나? 옛일을 추억하다 덩달아 끌려나온 내 생각에 "걔 잘 살고 있으려나? 잘 살고 있었으면 좋겠다"라고 안녕을 바라주는 사람이. 어차피 영영 모를 사실이므로 있다고 믿어본다. 닿지는 않지만 분명히 존재하는 응원의 마음들이 있다고. 아마 세상에는 그러한 응원의 마음이, 아주 많이 떠다니고 있을 것이다.

실은 마흔앓이 중인데요

봄 여름 가을 겨울 중 여름이 가장 싫다. 유일하게 싫다. 몸뚱이를 물 먹은 거대 솜뭉치로 만들어버리는 습한 공기도, 습한 공기를 없애기 위해서 작동시켜야 하는 에어컨의 건조하고 차가운 인공 바람도, 정수리를 태울 듯한 직사광선도, 더운 공기와 함께 존재감을 드러내는 다리 많은 생명체들도, 계절 한정으로 민낯이 아닌 민냄새를 드러내는 도시의 온갖 악취도 싫다. '여름이 싫은 이유 10가지' 제목으로 연재도 거뜬히 할 수 있다.

이토록 여름이 싫은데, 정말 싫은데. 이상하다. 덥고 습한 공기에 선선한 바람이 섞여드는 게 언젠가부터 반갑지 않다. 차갑고 건조한 겨울 냄새가 한껏 느껴지는 계절이 찾아오면 마음은 끝내 소리 없는 절규로 아우성친다. '올해가 또 다 갔다고? 믿을 수 없어!'

뼛속까지 산업사회에 길든 일개미답게 한 해를 알차게 보내지 못했다는 반성, 또 한 살 나이 든다는 거부감(사회적 학습 효과인지 본능인지는 모를 일이지만) 때문에 연말이면 부쩍 우울해지는 사람이 나만은 아닐 것이다. 무한하게 흐르는 시간은 삶 안에 가둬지는 순간 명백하게 유한하다. 언제인지 알 수는 없지만 분명하게 정해져 있는 끝을 향해, 저마다의 시계가 성실하게 움직인다.

연말은 이러한 생의 유한성을 새삼스럽게 자각하기에 가장 좋은 시기. 무소음인 줄 알았던 인생 시계가 갑자기 재깍재깍 존재감을 드러내고 요란하게 알람까지 울린다.

'야! 또 1년이 지났다고. 정신 차려!'

10대와 20대, 아니 30대 초반까지만 해도 알람 소리는 통장을 스치는 원고료에 맞먹는 속도로 나를 통과했다. 아직은 남은 날이 훨씬 길다는 본능적인 믿음 때문이었을까? 그런데 마흔을 앞두고는 연말이면 바깥 구경은 어림없다며 꾹꾹 밀어 넣어둔 우울감이 위장을 타고 역류해 식도까지 차오르는 기분이 들곤 했다. 몸 밖으로 배설해버리고 싶지만 결코 소화되지 않고 떠도는 이 녀석은 때때로 온몸을 휘젓고 다니면서 존재감을 과시하는데, 한국식 나이로 40을 찍으면서 덩달아 정점을 찍었다. 아니 찍고 있는 중이다. 삼켜 보지만 도통 아래로 내려가지를 않는다. 망했다.

우울해서 망한 게 아니라 인생이 총체적으로 망한 것 같다는 생각에 휩싸여 버렸다. 망했나? 망했겠지. 안 망한 척하지만 사실은 망한 것 같은데. 걸어온 흔적들은 하나같이 한심하고, 현재는 초라하고, 미래는 막막하게 느껴졌다. 모든 게 불안하다가, 또 어떤 날은 이게 다 무슨 의미인가 싶어졌다. 지금의 삶도 이만하면 괜찮다고, 괜찮을 거라고 믿고 있지만 실은 이미 늦은 자의 자기합리화는 아닐까? 번듯한 집과 차를 사기는커녕 투기 열풍 사회에서 벼락거지로 전락해버린 자의 자기 세뇌는 아닐까? 40대는 안정적으로 '자리 잡고' 살아가야 하는 나이라는데, 여전히 내 자리를 찾지 못한 채 부유하고 있는 건 아닐까. 일은 언제까지 할 수 있을까. 아무도 나를 찾지 않는 날이 오면 뭘 해서 먹고 살아야 할까?

바리스타 자격증이라도 딸까? 아니야, 카페 아르바이트도 젊은 직원만 뽑던데. 10년 후쯤에 아무 하고라도 결혼할 걸 그랬다며 후회하면 어쩌지. 그때는 정말이지 아무도 나를 찾아주지 않고, 아무도 나를 사랑해주지 않으면 어쩌지.

정말이지 별별 생각이 꼬리에 꼬리를 물었다. 저들끼리 네버엔딩 꼬리잡기를 하면서 난리가 났다. 그런 생각에 사로잡히는 밤이면 작은 침실이 우주만큼 거대해진다. 그 캄캄하고 커다란 우주에 혼자 누워 있노라면 끔찍하게 외롭다.

겪어본 사람은 알겠지만, 이러한 부정 사고의 결계는 한번 만들어지면 어지간한 스킬로는 뚫리지 않는다. 옆에서 아무리 〈네 인생이 망하지 않은 100가지 증거〉〈긍정 사고에 기반한 박의나의 인생 40년에 관한 질적 연구〉 따위를 들이밀어도 귀에 와 닿지가 않는다. 그렇게 혼자 땅굴을 파고 머리만 처박은 채로 마흔앓이를 실컷 겪어내고 있었다.

실은 다들 그럴지도 모른다는 사실은 위로일까, 또 다른 절망일까. 나와 정반대의 사회적 조건에 있는, 그러니까 4인 가족을 꾸리고 안정된 직장을 다니며 자가 아파트에 사는 내 친구 역시 마흔 신고식을 거하게 치르는 중이다. 처한 상황과 고민의 내용은 다르지만 그 끝에서 겪어내고 있는 감정은 묘하게 닮아 있기도 했다.

"인생을 완전히 리셋하고 싶어."

친구는 말했다. 인생을 리셋한다면 결혼하지 않을 거라고 했다. 결혼하고 아이를 키우는 삶이 자신과 맞지 않다는 걸 너무 늦게 깨달았다고. 나는 말했다. 사실은 부쩍 외롭고 불안하다고. 인간은 모두 외롭다지만 혼자인 집에 거침없이 침입하는 외로움의 강도는 상상 이상으로 세고, 무지막지하다고. 인생을 잘못 살았는데 애써 부정하고 있는 건 아닐까 무섭다고.

못되게도, 나는 인생을 리셋하고 싶다는 친구의 말에 묘한 위로를 받았다. 어떤 삶을 선택해도 마찬가지구나. 그런 때가 있는 거구나 싶어서. 외로움의 밀도가 부쩍 높아졌다는 나의 말에 친구 역시 위로를 받았을까? 그랬기를. 타인과 나의 삶을 비교하면서 마음을 지옥으로 밀어 넣곤 하듯, 때로는 타인과 나를 비교하면서 만족하고 안도하는 얄팍한 인간임을 적당히 인정하면서.

서로의 지옥을 고백하고 돌아선 후 아이의 여린 살

이 빈틈없이 안겨올 때, 친구는 내가 감히 상상하지 못할 행복감을 느꼈을지도 모른다. 친구는 인생을 리셋할 수 있는 초능력이 주어진다고 해도 틀림없이 사용하지 않을 것이다. 내가 외롭다고 한탄해놓고는 고요한 거실 바닥에 벌러덩 누워 만끽하는 휴식에 만족감을 느끼듯이. 아무런 역할 없이 존재할 수 있는 집에서 충만함을 느끼듯이. 그렇게 우리는 각자의 결핍과 만끽을 끌어안은 채 한껏 흔들리며, 마흔을 지나고 있는 중이다.

청년허브와 50플러스센터 사이에서

친구들과 일주일에 한 번, 화상으로 만나 책을 읽는다. 새롭게 고른 책은 김지연 소설가의 《마음에 없는 소리》다. 단편 모음집인데, 작가가 통영 사람인지 배경이 통영으로 추정되는 작품이 여럿 나온다. 인물들의 대화도 사투리로 쓰여 있어, 네이티브답게 경상도 억양을 한껏 살려 연기하듯 읽는 재미가 쏠쏠하다.

표제작 〈마음에 없는 소리〉의 배경 역시 (아마도) 통영이다. 주인공 선미는 시시한 회사에서 시시한 일을 하다가 김밥과 소고기뭇국을 파는 식당을 차린다. 이제는 '자리'를 좀 잡고 싶다. 공무원인 동창생 민구는 선미에게 청년 대상의 창업지원사업을 추천하는데, 알고 보니 만 35세 나이 제한을 지나서 해당 사항이 없다. 행정이 정한 '청년'의 기준을 벗어난 것이다. 선미는 생각한다. 식당이 망하면 어쩌지? 몇 년 후 마흔이 되었을 때 실패한 상태라면, 인생이 거의 망한 것과 다름없지 않을까? 지원사업 신청자가 적어서였을까. 민구는 내년부터 청년의 기준이 만 39세로 연장된다는 소식을 전해준다.

소설 속 선미가 나를 많이 닮았다고 생각했다. 비슷비슷한 고민을 껴안고 고만고만한 일상을 보내던 친구들과 점점 사는 모습이 달라지면서 느끼는 불안과 소위 말하는 '번듯한' 사람으로 세상에 속해 있지 못한 기분, 정신을 차려보니 청년을 지나 중년으로 향하고 있는 나이. 그래서 사회의 지원 없이 스스로 자립하는 게, 아니 이미 자립했어야 하는 게 당연한 나이.

집 근처에는 다양한 실험을 통해 사회문제를 풀어가는 조직 및 활동가를 지원하는 공간, 서울혁신파크가 있다. 서울 도심 한가운데 '생산적으로 보이지 않는' 건물들이 땅을 차지하고 있다는 사실에 주민들의 못마땅한 눈초리를 받기도 하는 곳이다. 여러 건물 사이로 산책하기 좋은 길이 조성되어 있어서 종종 산책을 하러

간다.

그곳에는 청년 세대를 다방면으로 지원하는 기관인 청년허브가 있다. 청년허브가 정한 청년 세대의 기준은 만 39세 이하다. 선미는 식당 창업지원은 받지 못했지만 청년허브 지원은 받을 수 있다. 나는 이제 못 받는다. 청년허브 건물에서 100미터쯤 떨어진 곳에는 50대 이상의 장·노년층을 위한 교육 및 지원사업을 펼치는 50플러스센터 서부캠퍼스도 있다. 어느 날 산책을 하다가 청년허브와 50플러스센터 사이에 멈춰 생각했다. 이쪽에도 저쪽에도 속하지 않는 나는, 어디로 가야 하는 걸까?

요즘은 공공기관에서 진행하는 시민 대상 사업이 무척 다양하다. 회사를 다닐 때는 잘 몰랐는데, 1인 사업자가 되면서 이러한 지원 및 교육 사업에 부쩍 관심을 갖게 되었다. 경력으로는 1n년 차 사회인이지만, 사업자로는 이제 막 발걸음을 뗀 초짜이기 때문이다. 모르는 것 투성이고 필요한 것이 무수하다. 이때 지원사업은 활동 반경을 넓히고 사업의 초석을 다질 수 있는 발판이 된다. 원한다고 다 혜택을 받을 수 있는 건 아니다. 예산은 늘 한정되어 있고, 그래서 공공기관은 기관 특성, 목적과 지원 범위 등 여러 기준에 따라 지원 대상을 선정하기 때문이다. 대표적인 기준이 나이다. 만 19세 이하 청소년 대상, 만 34세(혹은 만 39세) 이하 청년 대상, 만 55세 이상 장·노년층 대상 등으로. 특히 문화예술 계통 지원사업이나 교육 프로그램은 청년을 대상으로 하는 경우가 많다. 먹고사는 일에서 조금 벗어난, 재미있어 보이는 일들도 대체로 청년 대상이다.

관심사와 맞닿아 있어서 반가운 마음에 상세 내용을 클릭했다가 나이 때문에 입구 컷을 당하기 시작했다. 시무룩한 마음으로 조용히 창을 닫는다. 심술도 조금 난다. 청년지원정책 좋아, 필요하지. 그렇지만 인간은 본디 자신을 중심으로 세상을 바라보는 존재잖아. 수많은 지원 및 교육의 기준이 되는 '청년'에서 이탈하는 나이가 되다 보니 반발심도 든다.

40대를 위한 지원이나 교육은 필요 없나요?

40대라고 모두 안정적으로 사나요?

사회에서 40대라는 나이는 응당 열정적으로 살아온 젊은 날에 구축한 자원으로 안정적인 삶과 주거 환경, 커리어, 관계 등을 구축해놓은 상태여야 한다. 결혼하지 않은 40대 여성을 보는 시각이라고 뭐 다를까. 얼마 전 방영한 드라마 〈서른, 아홉〉은 반갑게도 마흔 살을 앞둔 서른아홉 살의 비혼 여성 세 명을 주인공으로 내세웠다. 그런데 막상 첫 방송을 보고 나니 뭐랄까, 서른아홉 살 세 여자의 사랑이라는 메인 요리에 우정을 가니시처럼 곁들인 느낌이었다. 주인공들의 욕망은 하나같이 '남자'와 '연애'를 향해 있다. 마치 직업적으로 경제적으로 안정된 서른아홉의 여자에게 관심사는 그것 말고 있을 턱이 없다는 듯이.

하지만 인간의 삶이 나이 하나로 납작하게 묶일 수 있을까? 삶의 형태가 다양해지면서 비혼 상태로 중년을 맞이하는 이가 많고, 더 많아질 것이다. 알다시피 비혼은 결혼이라는 제도로 편입한 2인가구, 4인가구보다 안정된 주거 형태를 갖추기가 어렵다. 평생직장 개념이 사라지면서 40대에 새로운 일을 탐색하고 시도하는 경우도 많다.

납작한 기준에서 보더라도 40대는 오히려 조기퇴직의 압박을 겪거나 전업을 시도해야 하는 시기다. 위로는 부모를 돌보고 아래로는 자녀를 양육하면서 이중 돌봄에 시달리기도 한다. 예전 같지 않은 몸의 변화를 실감하면서 훅 꺾이기 쉬운 나이이기도 하다. 기혼 여성은 육아로 단절된 경력을 다시 살려보려 애쓰지만 현실의 벽이 높다. 그러면서도 '번듯하게 자리를 잡지 못한' 상태가 오로지 자신의 탓이라는 생각에 사회 안전망 앞에서는 겸연쩍어진다.

게다가 연령주의가 강한 우리 사회에서 40대는 새로운 곳에서 환영받기가 아무래도 어렵다. 개인의 노력으로 새로운 기술이나 지식을 습득한다고 해도 신입으로 취업하기란 거의 불가능. 퇴직한 중년들이 기승전 '치킨집' 아니면 '편의점'이라는 포화 상태의 시장으로 뛰어드는 현상에도 이런 연령주의가 한몫하지 않을까?

30대 후반에 회사를 그만두고 해외에서 제빵 기술을 배운 이를 인터뷰한 적이 있다. 한국에 돌아온 그는 바로 빵집을 열었는데, 실무 경험이 없다 보니 창업 과정에서 시행착오를 엄청나게 겪었다고 했다. 사업에서 시행착오는 곧 빠져나가는 돈이다. 그가 겉멋에 취해 경험도 없이 바로 창업을 한 게 아니다. 위계질서가 강한 모든 한국 조직이 그러하듯, 빵집 역시 나이 많은 신입을 채용하는 일이 거의 없기 때문이다. 그에게는 선택의 여지가 없었다.

'40'이라는 숫자에는 단순화하기 어려운 수많은 삶의 모양이 담겨 있다. 청년의 삶이, 노년의 삶이 마찬가지이듯. 천편일률적으로 세대를 나누고 정답처럼 제시하기보다는 더 다양한 삶을 상상할 수 있고 시도할 수 있으면 좋겠다. 이에 더해 '표준'에서 벗어난 다양한 40대의 삶에도 귀를 기울이면서. 무엇보다도 여자 나이 마흔이면 아직 한창 부딪치고 배우면서 자랄 때잖아. 안 그래요?

02

나이다운 게 뭔데?

취향에도 나이가 있나요

한창 뜨겁던 아이돌 오디션 프로그램에 조종당해 '국민 프로듀서' 놀이에 심취했던 시기였다. 심판자라도 된 양 같잖은 품평을 해대며 TV를 보는데 어느 조의 경연 무대가 시작되었다. 그때만 해도 분명 거대 애벌레 모드로 심드렁하게 누워서 모니터를 보고 있었다. 분명히 그랬는데. 무대가 끝날 무렵의 나는 벌떡 일어나 앉아 한 참가자를 뚫어져라 보고 있었다. 무대 가장 구석에 서 있는 그만 보였다. 바야흐로 '입덕'의 순간이었다.

특정 가수의 노래, 특정 배우의 캐릭터에는 곧잘 빠져도 연예인 자체를 덕질한 적은 별로 없던지라 강렬한 감정이 낯설면서도 반가웠다. 난생처음 직캠을 봤고, 스마트폰 갤러리에는 그의 사진만 모은 폴더가 만들어졌다. 팬들이 만든 2차 가공물을 구경하는 재미에 푹 빠졌다. 아, 덕질의 대상이 누구인지는 비밀이다. 이미 '탈덕'한 지 오래이기 때문이다. 인간의 간사한 마음이란.

새로운 취미인 덕질에 생각지 못하게 1+1로 따라온 재미가 있었다. 바로 팬덤 문화를 염탐하는 일이었다. 덕질의 세계는 덕질 못지않게 흥미로웠다. 신기하고 진귀한 구경거리가 잔뜩 모여 있는 낯선 여행지의 시장 같았다. 자, 자, 신기하지? 새롭지? 나를 현혹했다. 열성 팬들이 서식하는 온라인 커뮤니티에서 팬덤 문화의 은어를 배웠고, 포토카드를 모으고 팬 사인회를 가기 위해 수십에서 수백 장의 앨범을 사는 팬이 수두룩하다는 걸 알았다. 프로에 버금가는 보정 사진과 영상, 소설 등의 2차 가공물 수준에 감탄했고, 그것이 팬덤 확장에 얼마나 중요한 요소인지도 배웠다. 음원 숨스밍(숨 쉬듯이 음원을 플레이해서 음원 사이트 순위를 올리는 일)이나 검색어 정화 등의 '노동'에 참여하지 않는 팬은 '찐팬(진짜 팬)'으로 취급하지 않는 프롤레타리아적 분위기에 놀라 백스텝을 밟기도 했다. 덕질에서도 노비 신분을 자처해야 인정받을 수 있다니. 그렇게 욕하면서도 양심에 찔려 스밍은 좀 했다. 앨범도 샀다. 굿즈를 덤으로 주는 광고 제품도 샀다.

그렇게 덕질의 당사자이자 관찰자가 되면서, 불편한 진실을 마주했다. 바로 아이돌 팬덤에서 나이 든 여성을 취급하는 방식이다. 슬프게도 정말 '취급'이라는 말이 잘 어울렸다. 목격한 바에 의하면 팬덤 세계에서 아줌마를 줄인 '줌마'는 꽤 보편적으로 사용되는 멸칭이었다. 실제로 몇 살인지는 중요치 않다. 온라인 세상에서 내가 열다섯인지 쉰다섯인지 알게 뭔가. 정밀하게 구축된 팬덤 세계의 질서와 정서를 흩트리는, 혹은 흩트린다고 여겨지는 모두가 '줌마'로 불렸다. 그 세계의 가장 강력한 공격 언어였다. 심지어 어떤 팬들은 남이 후려치기 전에 먼저 나서서 자신을 '할미'라고 칭했다. 흔하게 떠도는 자학개그라지만 개운치가 않았다.

줌마니 할미니 하는 멸칭의 바탕에는 나이 많은 팬을 기꺼워하지 않는 아이돌 팬덤 특유의 분위기가 있다. 특히 내가 좋아한 아이돌은 팬 연령층이 높은 편이었는데, 팬들은 필사적으로 어리고 젊은 팬도 많음을 증명해내려 애썼다. '줌마'팬이 많은 건 부끄러운 일이니까. 그렇게 여겼으니까. 누군가를 숭배하느라 나이 혐오와 여성 혐오가 골고루 범벅된 조롱의 언어를 내뱉는 세계를 목도했을 때의 심정이란. "덕질에 나이가 어디 있어!"라는 분노와 있지 말아야 할 곳에 눈치 없이 껴 있다는 모멸감을 동시에 느껴본 것은 나뿐일까.

돌이켜보면 내 취향은 음악 면에서는 한결같이 청개구리다. 고등학교 때는 친구들이 아이돌이나 일본 록 밴드에 빠져 있을 때 포크 음악에 꽂혀 산울림과 유재하, 양희은의 노래를 찾아 들었다. "82년생이 아니라 82학번 아니냐"는 놀림을 받으면서. 요즘은 오히려 그때보다 아이돌 음악을 더 많이 듣는다. 달리는 기력을 멱살 잡고 끌어 올려주는 EDM도 좋다. 아무래도 이번 생은 소위 말하는 나잇값에 걸맞은 음악 취향은 못 즐길 팔자인가 보다.

그런가 하면 내내 한결같았던 취향이 서른이 넘어가면서 나이 탓으로 후려쳐질 때가 있다. 나는 어릴 때부터 번잡함에서 한 발자국 비껴나간 한적한 카페와 술집이, 화려한 도시 야경보다는 심심한 동네 골목이 좋았다. 사람 많은 술집에 가도 늘 구석진 자리를 찾아 앉았다. 그런데 언젠가부터 "나이 드니까 이제 시끄러운 곳 싫지?"라는 질문을 받곤 한다. 동조를 구하는 무언의 눈빛과 함께. 개별적이고 고유한 특징으로 인정받던 취향이 갑자기 '나이' 때문이라는 획일적 기준표 안으로 말려들어갈 때면 기분이 묘하다. "나이 때문이 아니라 원래 그랬어!"라고 항변해보지만 어쩐지 구차하다.

취향에 나이를 간편하게 끌어다 놓을 수 있다는 건, 그만큼 나이에 따른 기준이 획일적이기 때문이겠지. 10대는 힙합과 아이돌을, 20대 여성은 예쁜 디저트 카페를, 장년층은 등산과 트로트를 좋아한다는 얄팍한 기준이. 편견은 얄팍한 주제에 단단하다. 잘 깨어지지 않고 기준을 벗어난 취향을 조롱과 비하의 대상으로 만들어버린다. 나잇값 못하고 주책맞다고. 어린애 취향이 뭐 그리 올드하냐고. 다 늙어서 한심하다고.

특히나 나이 든 이들의 취향이라고 여겨지는 것을 향한 시선에는 은은한 무시가 깔려 있다. 세상에는 나이 듦의 징표로 여겨지는 대표적인 취향이 있다. 이를테면 트로트 음악과 꽃 사진. 그중 나이와 꽃 사진을 찍는 횟수, 꽃 사진을 프로필 사진으로 설정하는 확률의 상관관계는 수많은 자식들의 경험을 들어볼 때 나름대로 근거가 있는 듯하다. 그래서일까, 꽃 사진을 프로필로 설정하거나 가던 길을 멈추고 꽃 사진을 찍을 때면 "꽃 사진 찍으면 늙은 거라는데"라며 쉽게 자조한다. "할머니 같아" 농담을 빙자해 늙음을 조롱한다.

취향에 나이가 어디 있냐며 억울해하는 나도 사실 편견에서 자유롭지는 못하다. 평생 대쪽같이 지켜 온 취향 하나가 몇 년 전 완전히 뒤집어졌는데, 바로 꽃무늬다. 어릴 때부터 꾸준하고 확고하고 명명백백하게 꽃무늬가 싫었다. 꽃은 좋아도 꽃무늬는 끔찍했다. 돌이켜보면 '꽃무늬=여성스럽다'라는 프레임 때문에 더 반감을 가졌던 것 같다. 유치원 때 파란색을 좋아한다고 했다가 아이들에게 '남자 색'을 좋아한다고 놀림 받은 적이 있다. 놀림 받은 아이는 파란색을 싫어하게 되었을까? 전혀. 반발심에 오히려 '여자 색'이라는 분홍색을 격렬히 거부하게 되었다. 굳세기도 하지. 그러니까 꽃무늬에 대한 반감은 분홍색을 거부하면서 생긴 일종의 연쇄작용이다. 분홍색에 꽃무늬까지 더해진다면? 차라리 쫄쫄이 입는 걸 선택했을지도.

그런 내게 무슨 일이 일어난 걸까. 갑자기 꽃무늬가 예뻐 보이기 시작했다. 급작스러운 취향 변화에 평생 꽃무늬를 거부해왔던 나의 관성은 오작동을 일으켰다. 쇼핑몰에서 꽃무늬 커튼과 꽃무늬 카펫을 들여다보고 있는 나 자신을 용납할 수 없었다. 수연에게 한탄하듯 메시지를 보냈다.

"나이 들면 꽃무늬 좋아진다더니. 나도 진짜 늙나 봐."

수연이 답했다.

"꽃무늬는 언제나 예뻤고, 그걸 알아보는 안목이 지금 생긴 것뿐이지."

이런 우문현답이 있나. 그 말을 듣고 나니 달라진 취향이 오히려 근사하게 느껴졌다. 그래 꽃무늬가 무슨 죄야, 이렇게 예쁜데.

어떤 취향은 여전하고 어떤 취향은 바뀌었다. 흥미를 잃었다가 다시 좋아하게 된 무언가도 있고, 한때 열렬히 애정했으나 돌아보면 부끄러운 취향도 있다. 어떤 취향은 정말로 나이의 영향을 받으면서 달라지기도 할 것이다. 이 모든 변화를 자연스럽게 받아들이면서 '지금은 이게 좋네?' '취향이 바뀌었나 보다'라는 반가운 마음으로 살고 싶다. 취향과 나이를 세트로 묶어 자조하기보다는 현재의 내 취향을 아껴주면서. 정말로 슬픈 일은 즐기고 아낄 취향이 없어지는 일, 일상 속 향유가 사라지는 일이니까.

서른아홉 즈음의 나는 내 돈으로 살 일은 없으리라 여겼던 레이스 커튼과 붉은 꽃무늬 커튼을 샀고, 노란 꽃 패턴이 새겨진 담요를 샀고, 꽃무늬 치마도 샀다. 시끄러운 곳은 여전히 싫지만 아이돌 음악은 자주 듣는다. 팬덤 문화를 알게 해준 아이돌에게서는 마음이 떴지만 또 다른 뮤지션에게 더 세게 입덕했다. 내일의 나는 무엇을 좋아하고 또 싫어하게 될지 궁금하다. 모를 일이지, 30년 후에는 힙합과 다이어리 꾸미기에 꽂힌 할머니가 되어 있을 수도.

이제는 내가 나를 너무 잘 알아서

네발로 기는 시기를 벗어나 어엿한 어린이로 진화하던 시절부터 나는 이미 심각한 몸치, 박치, 방향치 삼위일체를 이룬 생명체였다. 그렇다, 타고난 뚝딱이다. 본디 자신이 갖지 못한 것일수록 선망하기 마련. 한번쯤은 음악에 몸을 맡긴 채 멋지게 움직여보고 싶었던 스무 살의 나는 친구와 재즈댄스 학원에 등록했다. 역시나 관절은 명령대로 움직여주지 않았고, 박자는 늘 미세하게 엇나갔다. 그쯤은 문제가 아니다. 댄서가 될 것도 아닌데 무슨 상관이람. 진짜 문제는 다른 데 있었다.

수업은 한 주 동안 노래 한 곡의 안무를 배운 후 다음 주에 새로운 안무를 배우는 방식으로 진행됐다. 그러면서 틈틈이 지난 시간에 배운 안무를 복습했는데, 나의 뇌와 몸뚱아리는 새 안무 입력을 시작하는 동시에 이전 안무를 모조리 포맷시켜버렸다. 안무 하나 이상이 저장되지 않는 1바이트짜리 댄스 용량이라니. 기억나지 않으니 한 동작 한 동작 강사를 보면서 따라 하기 바빴다. 리듬에 몸을 맡겨? 손가락 관절 한 마디도 맡길 수 없었다. 재미를 느낄 리가 없었다. 6개월 정도 애를 써 보다가 결국 포기하면서 생각했다.

"세상에는 노력해도 안 되는 게 있고, 나는 춤은 정말 아니구나."

이후 미련을 버리지 못하고 안무를 외우지 않아도 되는 스윙댄스에 한 번 더 도전했지만 역시나 또 좌절. 그 이후로 춤의 세계와는 완전하게 안녕 했다.

초등학교 때 학급위원 외에는 별다른 감투를 써본 적 없는 인생이다. 굳이 해보지 않아도 리더십과는 거리가 먼 사람이라는 자기객관화쯤은 일찌감치 할 수 있었다. 초등학교 때 몇 번 했던 학급위원은 자랑삼을 수 있다는 점 외에 어떠한 보람도 재미도 느낄 수 없었다. 단체생활에도 별 관심이 없다 못해 반감을 느끼곤 했다. 운동회도 싫었고, 수학여행도 싫었다. 왜 우르르 버스에서 내려 똑같은 유적지를 똑같은 시간 동안 둘러봐야 하지? 그건 여행이 아니잖아!

그러다가 대학에서 연극동아리 활동을 하며 회장과 연출을 한 번씩 맡게 되었다. 회장은 그냥 순서가 와서 했고, 연출은 리더가 하고 싶다기보다는 연극 연출이 해보고 싶어서 맡았다. 그 과정에서 다시 한번 깨달았다. 나는 다방면으로 리더십과는 거리가 먼 사람이라는 사실을. 구성원들에게 역할을 맡겼으면 믿어야 하는데, 그러지를 못해 조바심이 났다. 내 눈으로 일일이 확인을 해야 안심이 됐다. 책임에 어깨가 굳어지니 즐기지도 못했다. 그때 이미 조직 밖에서 일하는 프리랜서의 삶은 정해진 수순이었는지도 모르겠다.

실패담은 아니다. 이 정도가 실패 축에 들 리가. 그저 인간의 경험은 나이에 비례해 축적되기 마련이고, 그 과정에서 세상 이치도 배우지만 무엇보다도 자기 자신에 대해 배우게 된다는 얘기를 하고 싶었다.

특히 갓 성인이 된 후와 사회 초년생 시절, 그러니까 선택권은 폭발적으로 늘어나지만 모든 게 처음이라 몸으로 부딪치면서 똥인지 된장인지 막장인지 찍어 먹어봐야 아는 시기의 경험은 자신에 대해 많은 걸 알려 준다. 무엇을 견딜 수 있고 견딜 수 없는 사람인지, 어떤 사람에게 반하고 어떤 사람에게 거북함을 갖는지, 무엇에 즐거움을 느끼고 무엇에 참을 수 없는 권태를 느끼는지. 경험의 축적은 꽤나 신뢰할 만한 수준의 데이터를 만들어낸다. 데이터는 말해줬다. 나는 춤에 재능이 없고, 리더십이 없는 사람이라고.

이 사람인가 하고 다가갔다가 상처투성이가 되고, 이 일인가 하며 뛰어들었다가 진저리를 치면서 달아나고, 여기인가 싶어 들어섰다가 화들짝 뒷걸음질치는 일을 10여 년쯤 반복하면서 30대가 되었고, 그 과정 끝에서 차츰 안정감을 찾아갈 수 있었다. 이제는 제법 나를 잘 알기에 현명하고 합리적으로 무언가를 선택할 수 있다. 견디지 못할 것이 뻔한 상황에 나를 몰아넣으려 하지 않고, 가까워지지 못할 성향의 사람은 초기에 차단한다. 심지어 편의점에서 음료 하나를 살 때도 실패 확률을 줄이며 내가 좋아하는 밀크티와 탄산수를 재빠르게 고를 수 있다. 쇼핑몰에 가면 어차피 고르고 골라 처음에 입어본 옷을 사는 나를 알기에, 초반에 대충 괜찮다 싶은 옷을 발견하면 그냥 산다. 그래야 시간과 에너지는 줄이고 만족감을 높일 수 있다. 경험이 가져다준

선물, 그러니까 나이를 먹으며 얻게 된 크나큰 성과다. 평화롭다. 이건 20대에는 결코 가질 수 없던 장점임이 분명하다. 그런데.

〈스트릿 우먼 파이터〉라는 프로그램으로 스트릿댄스 열풍이 불면서 동네 커뮤니티에서도 원데이 댄스 클래스가 열렸다. 춤이라면 소싯적에 도전해봤지. 그리고 내 길이 아님을 깨달았지. 그런 생각을 하면서 수업 신청을 하지 않았다. 얼마 후에는 언제나 새로운 무언가를 취미로 즐기고 있는 '시작 천재' 초롱 작가가 뜬금없이 스탠딩코미디를 같이 배워보지 않겠냐고 물었다. 공식석상에서 자기소개만 해도 심장이 두근거리는 파워 내향인에 노잼 인간인 내가 그런 걸 할 수 있을 리가 없잖아. 단번에 도리질을 치고 돌아섰는데 뒷맛이 어쩐지 찜찜했다. 댄스에 미련에 남았거나 은밀히 감춰둔 스탠딩코미디 열망이 있어서는 결코 아니고, 불현듯 '이래서 나 요즘 사는 게 별로 재미가 없나?' 싶어져서.

수많은 임상실험을 통해 얻은 나에 대한 데이터는 일상에 안정과 평화를 가져다주었지만, 한편으로 새로운 기회를 차단시키고 있는 건 아닐까? 해봐야 뻔하다는 예측, 잘 못하는 분야라는 확신, 경험하지 않아도 이제 다 안다는 오만 속에 사실은 태만과 두려움을 꼭꼭 숨겨두고 있는지도 모르겠다는 생각이 스쳤다.

오래전 한 모임에서 만난 사람은 스스로를 '낭만대장'이라는 별칭으로 칭했다. 굉장한 단어의 조합이라고 생각했다. 부르고 싶지 않았지만 내 별칭이 아니니 도리가 없었다. 별칭에 대장이라는 말이 들어가니 선택의 여지 없이 그를 대장님이라 불러야 했고, 실제로도 모임을 이끄는 리더였다. 그러나 리더의 자질을 갖췄다고 하기는 어려운 사람이었다. 자기 말만 늘어놓기 바빴고, 사람들의 의견을 듣는 척하다가 결국 본인이 원하는 대로 다 했다. 속이 텅 비었을지언정 화려한 언변으로 사람을 홀리는 잔재주를 갖춘 것도 아니었다. 그럼에도 불구하고 그는 자신의 정체성이 리더라고 굳게 믿고 있는 듯했다.

그런 걸 보면 누구나 경험을 통해 한계와 가능성을 배우는 건 아니다. 이미 머릿속으로 구축해놓은 자기 정체성이 너무 강력하면 감히 경험 따위가 뚫고 들어가지 못한다. 살면서 만난 그런 부류의 사람들은 경험으로 자신이 무엇을 얻을 수 있는지에 집중할 뿐, 성찰이나 자기객관화 같은 행위에는 도통 관심이 없는 듯 보였다.

그에 반해 나는 계속 경험을 토대로 스스로를 파악하고, 판단하고, 그럼으로써 결국 검열했던 건 아닐까? 자신의 리더십을 의심치 않고 리더 역할을 꾸준히 맡는 사이 낭만대장은 정말로 대장이라는 수식어에 걸맞은 사람이 되었을지도 모른다. 때로는 자기객관화 따위 던져놓고 그냥 밀고 나가는 정신도 필요한 것이다. 그래서 얻는 나쁜 평판? 그건 어른답게 감당해야지.

"나이가 들수록 사는 게 재미가 없어."

"이렇게 하루하루 살다가 늙는 건가?"

"모든 게 뻔하고 시들시들해."

30대 후반에 접어들면서 주변에서 이런 말이 들려왔다. 나도 때때로 한다. 얼굴만 마주하고 있어도 웃겨 쓰러지던 우리였는데. 굴러가는 가랑잎 하나로도 수만 가지 이야깃거리를 만들어내던 우리였는데. 왜 그럴까, 왜 재미가 없어졌을까? 재미를 즐길 시간도, 체력도 없어서? 이 나이쯤 되니 이미 해본 것투성이라서?

그 모든 이유에 더해, 나 자신과 인생을 이제 알 만큼 안다는 믿음이 삶을 지루하게 만드는 건 아닐까. 그래, 40년쯤 나를 데리고 살았으면 뻔하고 지겨울 만도 하지. 인생의 가장 큰 비극은 어쩌면 평생 내가 나로서

만 살아야 한다는 권태로움인지도 모른다. 가끔은 어제에서 오늘로 이어지는 맥락 따위 건너뛴 새로운 나로 살고 싶은데 말이지.

연극동아리 활동 역시 "스태프만 하겠다" "연기는 절대로 못 한다"라고 선언하며 가입했었다. 그러나 선배들은 배우를 맡을 사람이 부족하다는 이유로 1학년인 내게 무려 주연을 맡겼다. 많은 사람 앞에 서는 일을 꿈도 못 꾸던 나는, 얼결에 주연배우가 된 그 공연에서 무대의 매력에 푹 빠졌다. 그 시절의 내가 가장 사랑했던 건 남자도, 공부도, 유흥도 아닌 연극이었다. 수십 번, 수백 번 같은 대사와 동작을 연습한 후 내가 아닌 캐릭터로 무대에 서는 순간, 신기하게 조금도 떨리지 않았다. 오히려 즐거웠다. 그 몰입의 경험은 낯선 사람 앞에 나설 때 긴장이라는 감정만 느껴본 내게 엄청난 카타르시스를 안겨줬다. 재미있으니 더 잘하고 싶기도 했겠지만, 그저 재미있어서 4학년 졸업반 때까지 연극에 빠져 지냈다. 만약 그때 끝끝내 나는 연기는 못 한다며 무대에 서는 걸 거부했으면 어땠을까.

부쩍 무료하다고 느끼는 요즘의 일상을 돌아보며 나는 또 나를 성찰한다. 평화롭고 안정적인 시간, 익숙한 선호와 선택에 둘러싸인 일상은 소중하다. 암, 소중하고말고. 어떻게 얻은 평화인데. 그렇지만 그 속에 완전하게 새로운 무언가도 섞여 있다면 사는 게 더 재미있지 않을까? 눈길조차 준 적 없던 새로운 메뉴를 골라보기도 하고, 마뜩잖은 사람일지라도 재밌는 에피소드를 모은다는 마음으로 만나보기도 하고(이건 아주 가끔이어야 정신 건강에 좋다), 겁이 나서 엄두 내지 못했던 일을 눈 딱 감고 질러보면서.

그래서 올해는 생존 운동이 아닌 취미 운동을 찾아보기로 마음먹었다. 자신이 없어도 일단 다 시도해보면서 가장 재미있는 운동을 찾아야지. 첫 시도는 무난하게 배드민턴. 그런데 세 번째 강습 만에 예전에 다쳤던 어깨 통증이 도졌다. 수업을 환불하고 정형외과로 향했다. 오기가 생긴다. 그렇다면 하체 운동을 해야 하나? 이번에는 스탠딩코미디 대신 풋살을 제안한 초롱 작가를 못 이기는 척 따라 나섰다. 예상대로 체력도 안 따라주고, 달리기는 느려 터졌고, 안 좋은 허리도 뻐근하다. 못해도 너무 못한다. 그런데 너무 재미있다. 쭈뼛쭈뼛 낯가리면서 운동장에 들어섰다가 어느새 "여기, 여기!" "달려, 달려!" 소리치고 있는 나를 발견한다. 어시스트

하나에 잔뜩 흥분해서 "이 맛에 축구 하나 봐!" 하는 낯선 내가 있다. 이 재미있는 걸 남자 아이들에게만 시켰다니 너무 억울하다.

역시 나이 좀 먹었다고 함부로 아는 척하지 않아야 한다. 해봐야 뻔하다고 결론 내리지 않아야 한다. 이건 한 살 한 살 나이를 먹을수록 더 어려워지기에, 영양제를 챙기듯이 의식적으로 챙겨야 할 삶의 태도다. 서툰 스텝을 밟느라 발가락에 멍이 들고 넘어질지도 모르지만, 대신 설렘과 호기심을 간직한 할머니로 늙어갈 수 있을 테니까.

나이 없는 관계

효경을 처음 만난 건 사진 수업에서다. 당시 수강생 중 젊은 또래 여성이라고는 달랑 우리 둘이었는데, 내 나이를 듣자마자 효경은 대뜸 나를 "언니"라고 불렀다. 말을 놓는 데 시간이 걸리는 편에, 일방적 반말도 선호하지 않던 나는 효경의 거침없는 호칭 정리가 당황스러웠다. 그런데 괜찮았다. 언니라고 부르면서 존대를 하는 게 아니라 언니라고 부르면서 반말을 했기 때문이다. 어쩐지 그 점이 마음에 들었다. "나를 이렇게 막 대한 건 니가 처음이야"라며 흙수저 여주인공에게 반하는 재벌 남자주인공의 마음이 이런 건가? 아무튼 나도 같이 말을 놓았고, 우리는 늘 나란히 앉아 수업을 들었다. 수업이 끝남과 동시에 효경은 카메라의 조리개 조작법도 까먹었지만 우리는 여전히 안부를 묻고 이따금 만나 술을 마시고 여행을 간다. 그가 다정하고 반가운 목소리로 불러주는 "언니"는 늘 기분이 좋다. 그러다 어느 날 갑자기 이름을 부르기 시작한다 해도 상관없고.

사진이 시들해진 취미 헌터가 다음으로 기웃거린 곳은 그림 강좌였다. 평소 팔로우하고 있던 작가님이 드로잉 강좌를 연다는 소식을 보고 바로 신청했다. 정규 수업이 끝난 후부터는 일주일에 한 번 정해진 커리큘럼 없이 자유롭게 그림을 그리고 작가님이 코칭을 해주는 형태의 드로잉 모임이 지속되었다. 3~4명의 인원이 일요일 오후마다 3시간씩 함께 그림을 그렸고, 때로는 밥도 먹고 아주 가끔은 술도 마셨다. 그렇게 1년쯤 지났을까? 우리는 새삼 깨달았다. 이제껏 서로의 나이를 묻거나 말한 적이 없다는 사실을. 그날 처음으로 알게 된 반전의 막내에 놀라워하면서 호들갑을 떨기도 했다. 그런데 지금은 그래서 누가 몇 살이었는지, 누가 누구보다 많았는지 정확히 기억이 나지 않는다. 뇌가 중요하지 않은 정보값으로 판단해 지워버려서인가. 이후로 새로운 멤버들이 들어오고 나가며 드로잉 모임은 3년여간 지속

되었다. 하지만 대화 중에 자연스레 나이를 아는 경우는 있어도, 한 번도 "몇 살이세요?"라는 첫 만남 공식 질문을 들은 기억은 없다.

다른 만남도 마찬가지다. 곰곰이 되짚어보니 최근 몇 년 동안 인연을 맺은 관계나 집단은 대체로 그랬다. 동네 모임에서도, 에디터들의 소셜 모임에서도, 매주 함께 책을 읽던 윤독 모임에서도, 조합원으로 소속된 협동조합에서나 공유 오피스에서 마주치며 인사를 나누고 근황을 공유하는 사이에서도, 그밖에 이렇게 저렇게 알게 되는 이들 중에도 첫 만남에 나이를 묻거나 호칭 정리를 하는 경우는 없었다.

물론 지속적으로 만나다 보면 자연스럽게 알게 된다. 나이가 군사기밀이나 통장 비밀번호는 아니니까. 하지만 알게 된다고 해서 달라지는 건 없다. 새삼스럽게 호칭 정리를 하지는 않는다. 나이 차이가 두 자리는 족히 나는 게 틀림없는 사이라도 마찬가지다. 시대의 변화인 걸까, 아니면 원래 30대가 되면 예의상 나이 얘기를 잘 하지 않게 되는 걸까? 그도 아니면 내가 만난 사람들만 유독 그런 걸까?

20대의 관계는 정반대였다. 한 살이라도 많으면 자

연스럽게 말을 놓았다. 특히 학창 시절에는 한 살 많고 적음이 얼마나 큰 차이처럼 굴었는지. 학교라는 울타리 안에 있을 때는 나도 그게 당연한 줄 알았다. 그런데 사회에 나와 어리다는 이유로 동의 없는 반말을 들으니 불편해지기 시작했다. "왜 반말하세요?" 따지고 싶어졌다. 같은 직급임에도 나이가 많다는 이유로 존댓말도 반말도 아닌 어정쩡한 화법으로 말을 잘라먹는 동료를 볼 때, 처음 만나는 사람이 나이가 많다는 이유 하나로 다짜고짜 반말을 할 때, 택시에서 "어디 간다고?" "데이트 가나보네" 따위의 말을 들을 때.

한국 사회는 유독 나이에 따른 서열 정리에 민감하다. 누군가를 처음 만나는 자리, 어김없이 "실례지만 나이가…?"라는 운 띄우기와 함께 눈치게임이 시작된다. 상대방이 나보다 적을지 많을지를 슬쩍 가늠해보면서 나이를 깐다. 다음은 "그럼 형이시네요" "내가 위니까 말 놔도 되지?" 등의 말이 자동 재생될 차례. 나름 깨어 있는 척한답시고 연장자가 "요즘은 나이 많다고 말 함부로 놓고 그러면 안 되잖아요?"라고 하면 어린 쪽은 "제발 말 편하게 놔주세요"라는 말을 센스 있게 날려줘야 한다. 나이와 서열 정리가 너무나도 중요한 K식 첫 만남의 규칙이다.

호칭과 서열이 정리되고 나면 본격적으로 역할극의 막이 오른다. 돈을 쥐어줘도 안 보고 싶은 따분하기 짝이 없는 극이다. 한 살이라도 많으면 대접해주고 모셔야 할 '형님'이 되고, 동시에 어른스럽게 행동하며 동생들을 리드해야 하는 역할을 맡는다. 지갑을 더 자주 여는 것도 연장자의 마땅한 미덕이다. 밥도 사고 술도 사고 커피도 사고. 사회 초년생과 20년 차 직장인쯤의 간격이라면 모를까, 나이와 지갑 사정이 비례하는 것도 아닐 텐데 말이다. 반면 가장 어린 자에게는 발랄하게 분위기를 띄우고 곰살맞게 구는 '막내' 역할이 주어진다. 식당에서는 가벼운 엉덩이로 물과 수저, 휴지 따위를 챙기는 센스를 발휘하고 고기도 구워야 한다. 고기 굽기 스킬이 모자라 연장자에게 "어휴, 내가 굽고 말지"라는 타박과 함께 가위를 빼앗길 때면 겸연쩍고 송구하다는 표정을 지어주는 게 포인트. 연장자가 재미없는 일장 연설을 늘어놓을 때도 귀는 닫되 입은 열고 마디마다 추임새를 넣어줘야 한다. 교과서에도, 근로계약서에도 쓰여 있지 않지만 모두가 알고 홀린 듯이 실행하는 괴상한 역할극이다.

TV에서는 툭하면 연예인들이 빠른 생일인 동료를 두고 "너 때문에 족보가 꼬인다"라며 재미있지도 않은 촌극을 벌인다. 길에서 싸움이 나면 어김없이 "너 몇 살이야" "먹을 만큼 먹었다" "민증 까 봐" 레퍼토리가 등장한다. 민증을 뒤집으면 갑자기 심판이 등장해서 나이가 많은 쪽에 판정승이라도 주는 걸까? 심지어 잊을 만하면 한 번씩 "어린 게 반말을 해서"라는 변명을 단 살인사건까지 발생한다. 반말이 살인까지 불러일으키다니. 나이 서열주의가 이렇게 위험하다.

지난 2019년 한국 특유의 비수평적 언어 문제를 다룬 SBS스페셜 〈왜, 반말하세요?〉가 방영된 적이 있다. 해당 방송에서 신지영 고려대학교 국어국문학과 교수는 "공손성의 문제로 2인칭 대명사인 '너' '나' '당신'을 쓰지 못하는 언어는 207개 언어 중에서 7개 언어에 불과한데, 그중 하나가 한국어"라고 설명한다. 수평적 호칭으로 상대를 부르지 못하고 반말과 존댓말이 명확하게 나뉘어 있다 보니, 일단 사람을 만나면 나이를 묻고 호칭과 말투를 정리해야만 하는 것이다. 그래야 비로소 대화와 관계 맺음이 가능하기 때문에. 아니, 가능하다고 학습했기 때문에.

언어는 생각보다 강력한 힘으로 인식과 태도를 조종한다. 한쪽은 깍듯하게 존댓말을 쓰고 한쪽은 반말을 쓰는 관계가 얼마나 수평적일 수 있을까. 그래서 반말은 누군가를 하대하고 무시하고 싶을 때 이용하기 좋은 편리한 공격 언어이기도 하다. 술집이나 카페에서 아르바이트생을 "어이" "아가씨" 부르면서 반말하는 나이 든 손님이 그러하듯이. 관계에서 불리해지면 "내가 몇 살인 줄 알아?"라면서 대뜸 나이 공격을 하듯이.

30대 중반이 넘어가면서 택시에서 반말을 듣는 횟수가 급격하게 줄었다. 이제 모로 보나 바로 보나 다짜고짜 반말해도 되는 '어린 여자'로는 보이지 않나 보다. 덕분에 택시 타는 일의 거부감도 한결 줄었다. 그런데 오랜만에 또 반말을 하는 택시 기사를 만나고 말았다. 불쾌함을 참다가 목적지에 도착해서 계산을 할 때 용기 내어 말했다. "기사님, 승객한테 반말은 안 하셨으면 좋겠어요." 내 말에 눈에 띄게 당황하던 택시 기사는 차에서 내려 문을 닫으려는 나를 향해 다급하게 외쳤다. "아, 그… 안녕히 가십시오!" 그는 이제껏 반말이 당연하지 않다는 걸 의심해볼 기회가 한 번도 없었던 게 아닐까.

걸음마만큼이나 당연하게 나이 서열을 습득해 온 이들에게 '나이 없는 관계'는 얼마나 어색하고 낯선 일일까. 안다. 수평한 언어 사용보다 중요한 건 어린 사람을 아랫사람의 동의어로 여기지 않는 태도다. 하지만 나이를 지우고 수평적으로 대화해도 우리는 얼마든지 소통할 수 있다. 친구가 될 수도 있다. 오히려 친구의 범위가 넓어진다. 동갑이 아니라는 이유로 친밀한 관계를 '아는 언니' '친한 동생'이라는 애매한 언어로 지칭할 필요가 없다. 나이라는 숫자가 슬쩍 가려진 관계는 오히려 편안하고 평화롭다. 역할에 대한 부담이나 불편함 없이 오로지 나로서 상대를 만날 수 있다. 나이가 어리다고 주눅들 필요도, 나이가 많다고 눈치 볼 필요도 없다.

그러니 조금 어색하고 낯설더라도 나이 없는 관계를 한 번쯤 시도해보면 어떨까. 경험해본 자로서 강력히 추천한다. 내 말 믿고 한번만 잡숴보세요. 당신의 나이 없는 관계를 응원하는 의미로 〈나이이즘〉에서 만들었던 '평등한 나이 문화를 위한 수칙 6'을 소개한다. 오해할까 봐 하는 말인데 잡지 홍보는 아니다. 아무튼 아니다. 나만 알고 있기 아까워서 그러는 거다. 모름지기 좋은 건 널리 널리 알리고 함께하는 거라고 배웠다.

평등한 나이 문화를 위한 수칙 6

1. 일방적 반말 금지

반말이든 존댓말이든 서로의 동의하에 쌍방통행으로! 평등한 언어생활을 권장합니다.

2. 나이 묻기 금지

누군가를 처음 만나면 나이부터 까며 서열 정리를 하고 있지는 않나요? 타인의 나이를 묻는 건 필요할 때만, 혹은 천천히 자연스럽게!

3. 호칭 강요 금지

우리는 피를 나눈 혈육이 아닙니다. 언니·오빠·형·누나·이모·삼촌 등의 가족 호칭을 강요하지 마세요.

4. 혐오 표현 금지

특정 세대를 쉽게 집단화하고 혐오하는 표현과 행동에는 브레이크를!

5. 내 나이 비하 금지

"좋은 시절 다 갔지, 뭐" "나이 먹는 거 끔찍해"라며 무심코 내 나이를 비하하고 있지는 않나요? 지금의 나, 오늘의 내 나이를 아끼고 응원해주세요.

6. 타인의 나이 후려치기 금지

내 나이가 소중한 만큼 타인의 나이도 존중해야죠. "이제 꺾였네" "아직 어려서 모르나 본데" "그 나이에 뭘 한다고" 같은 말로 타인을 위축시키지 마세요. 긍정의 에너지를 함께 나눠요.

그런 청춘이었던 적이 없어서

유아기와 청소년기를 지나 청년기를 건너 중년으로 진입 중이다. 착실하게 생애주기는 흘러간다. 무조건 무조건이다. 요즘 40대는 중년이라기엔 너무 어리다지만 그렇다고 해서 청년이라고 우기는 건 더 이상하다. 좀 섭섭하고 아쉬워도 어쩔 수 없다. 자고로 어른은 '가야 할 때가 언제인가를 분명히 알고' 돌아설 줄 알아야 한다. 질척거리면 추하다. 그래서인지 '영포티'니 '신중년'이니 하는 신조어도 좀 민망하다. 어떻게든 젊어 보이고 싶다는 욕망, 기존의 중년과는 다르다는 자기과시가 너무 정직하게 드러나 있는 것 같아서. 그래, 무슨 마음인지는 알겠는데, 그래서 더욱 더 들킨 기분이라고.

그렇다고 중년이 반가운 것도 아니다. 낯설어서인지 달갑지 않아서인지 개학 첫날 옆자리 짝꿍처럼 어색하기 그지없다. 심지어 첫인상이 마음에 안 드는 짝꿍. 친해지기 어려워 보이는 짝꿍. 아무래도 어릴 때 가졌던 중년에 대한 부정적이고 납작한 이미지가 한몫하겠지? 그때는 정말이지 40대면 시시하고 고루한 덤 같은 인생만 남는 줄 알았다. 40대야, 미안해. 그땐 뭘 몰랐어.

인간 사회는 나이대에 따라 생애주기를 영유아, 청소년, 청년, 중년, 장년, 노년 등으로 나눈다. 그런데 이 구분, 어딘지 이상하다. 나이의 상대적 많고 적음을 뜻하는 중년 노년과 달리, 청소년과 청년에만 왜 '푸르다'는 의미의 한자어를 쓸까. 초년이라는 단어도 있기는 하지만 청년, 청춘이 절대적으로 많이 쓰인다.

인생에서 가장 푸르게 빛나는 시기. 그렇다면 청년기를 지나면 푸르름을 잃은 채 누렇게 뜬다는 말인가. 이름만으로도 푸르른 청춘은 그 외에도 온갖 좋은 상징은 다 점유한다. 도전, 열정, 트렌디함, 개성, 건강, 방황과 객기, 서투름까지 모두 청년의 동의어다. 심지어 쿨한 것도 핫한 것도 다 청춘의 몫이다. 미지근한 것만 청춘 바깥의 영역으로 밀려난다.

청년기가 아닌 자의 열정이나 방황은 자동으로 나잇값 못하는 치기가 되고, 서투름은 나이를 헛먹은 모자람이 된다. 속이야 여물었든 비었든, 누렇든 시퍼렇든 그럴듯한 어른의 얼굴을 해야 할 것만 같다. 몰라도 아는 척, 세상 돌아가는 이치를 깨친 듯 고개를 끄덕이면서. 이래서 '마음만은 청춘' '나이는 숫자일 뿐'이라며 청춘에 집착할 수밖에 없는 것일까? "예, 제 인생은 이제 누렇게 떴습니다"라고 생각하고 싶은 시기는 인생의 어느 때고 없을 테니까.

한낮의 공기가 아직은 싸늘한 계절, 사무실 근처 공원을 산책하다가 반소매 차림으로 춤 연습을 하는 20대 무리를 발견했다. 동료와 나는 동시에 탄성을 터트렸다.

"젊다, 젊어."

당사자일 때는 몰랐는데 그 시기를 지나고 나니 확실히 청춘에는 특유의 활기가 있다. 한 발자국 떨어지니 비로소 보인다. 그래서 어른들이 "좋을 때다" 하는 거였나 싶다. 그래 청춘 좋지, 젊음 좋지. 좋긴 한데… 에너지를 팔팔 뿜어대는 그 이면을 하나하나 까뒤집어 봐도 과연 똑같을까.

청년의 꽃말은 열정이다. 열정이라 불리고 착취로

쓰이는 이 단어에 대부분의 청년이 치를 떨겠지만, 열정은 여전히 청년의 가장 큰 상징성이다. 맥주 광고는 말한다. 청년이라면 응당 일도, 사랑도, 노는 것도 열정적으로 해야 한다고. 워킹맘에게 일도, 육아도, 살림도 다 잘 해내야 한다고 말하듯이. 기성세대는 말한다. 뜨거운 열정과 무모한 도전은 청년 시기에만 누릴 수 있는 특권이라고.

그런 기준이라면 나는 진작 청년 자격에서 탈락이다. 면접까지 가보지도 못하고 서류 심사에서 탈락했을 게 틀림없다. 청년 실격. 땅땅땅. 열정 넘치기에는 게으르고, 무모하기에는 겁이 많아서. 애써보지 않은 것은 아니지만 늘 남들보다 51%쯤 부족한 것 같았다. 애초에 성취 욕구가 많지 않은 편이기도 하다. 안 되면 되게 하라? 안 되면 안 하면 되지. 하면 된다? 되는 거나 하자.

20대 때 제주 올레길이 유행했다. 제주 여행을 가면 올레길 코스를 차례로 도장 깨기 하는 여행자들을 어렵지 않게 만날 수 있었다. 나는 올레길 투어를 인증하는 스탬프 카드를 자랑하는 여행자에게 "멋지네요"라고 말하면서 속으로 생각했다. "모든 코스를 다 걸으면 뭐가 좋지? 풍경 좋은 부분만 골라 걷는 게 더 낫지 않나?" 실제로 나의 여행은 대체로 그랬다. 유유자적 발길 닿는 대로. 어디 여행만 그랬겠나.

20대에는 미지근한 삶이 초라하게 느껴졌다. 더 열심히, 열정적으로 살지 못해서. 그렇다고 끝내주게 잘 놀지도 못해서. 어정쩡한 청춘은 청춘답지 못한 것 같았다.

청춘이 지닌 또 다른 강력한 상징, 건강한 육체 면에서도 마찬가지. 일단 남아도는 체력을 가져본 적이 없다. 아니, 너무 짧게 가졌다고 해야 할까. 생사를 오가거나 수술을 해야 하는 큰 병을 앓은 적은 없는, 그래서 겉보기에는 멀쩡하지만 어딘가 내구성이 떨어지는 몸뚱이를 가진 사람. 그게 나다. 어릴 때부터 잔병치레를 달고 살았다. 시간이 흘러 20대 초반에는 갑자기 쏟아진 자유와 해방감을 만끽하는 데 미쳐 밤새 술을 마시고 1교시 수업에 들어가는(들어가서 조는) 미라클 라이프를 실천하기도 했지만, 그건 유흥 욕구가 만들어낸 찰나의 기적이었던 것 같다. 다시는 돌아오지 않을.

청년기의 정점이라 할 수 있는 20대 후반에는 이유를 알 수 없는 어지럼증으로 오랫동안 고생했다. 시시때때로 찾아오는 어지럼증 때문에 일상생활이 버거웠다. 온갖 병원을 전전했지만 원인을 알 수 없었고, 마지막으로 찾은 이비인후과에서 편두통성 어지럼증이라는 애매한 병명을 얻었다. 그 시기 내내 생각했다.

"왜 나는 남들처럼 에너지 넘치는 청춘이 못 되는 걸까?"

교사나 부모들이 아이를 혼낼 때 흔히 오가는 레퍼토리가 있다. "이게 열심히 한 거야?" 어른이 물으면 아이는 시무룩한 얼굴로 답한다. "나름대로 열심히 한 건데요" 그러면 어른은 으름장을 놓으면서 말한다. "나름대로 하면 돼? 누가 봐도 최선이어야지"

최선을 목 놓아 부르는 최선주의 한국에서 청춘은 더욱이 '나름대로' 살아서는 안 되는 존재다. 사실 정말로 중요한 건 나름대로 하는 것, 그러니까 자기 속도로 깜냥만큼 해내는 건데 어릴수록 그 말은 자기변명의 다른 말로 치부된다. "나이도 어린 게 포부가 없어?" "지금 최선을 다해서 살아야 나중에 후회 안 하지" 자꾸 윽박지르고 겁을 준다.

청춘을 개별적으로 바라보고 하나씩 속내를 까보면 나 같은 사람이 많지 않을까? 콘텐츠를 만들다 보면 아무래도 남들과는 다른 길을 가는 사람, 특별한 이야깃거리를 지닌 사람의 삶을 담게 된다. 특히 라이프 스타일 잡지가 유행하면서 애초에 다른 세상에 사는 듯한 연예인이 아닌, 주변에서 만날 수 있을 것 같은 이들의 일상을 다루는 콘텐츠가 많아졌다. 그런데 어느 날 친구가 부끄럽다는 듯 고백했다. 자신은 잡지 인터뷰를 잘 못 읽겠노라고. 거기에는 대단하고 용감한 인생을 사는 청춘들만 있어서 평범하기 짝이 없는 자신의 삶이 재미없고 초라하게 느껴진다고.

잡지뿐일까. 반짝이는 일상으로 채워진 SNS도 우리를 의기소침하게 한다. 화사한 필터로 편집된 누군가의 일상은 명도는 낮지만 '나름대로' 성실하게 색을 채우는 날것의 하루를 시시하게 만든다.

젊고 아픈 몸도 생각보다 훨씬 많다. 〈나이이즘〉 3호를 만들면서 '나이와 몸'에 관한 독자 투고를 받았다. 그런데 접수된 원고의 상당수가 젊고 아픈 몸에 대한 이야기였다. 설사를 달고 사는 질병 때문에 학교 수업조차 제대로 들을 수 없는 젊은 몸도 있었고, 암과 함께 살아가는 젊은 몸도 있었고, 중증 우울증을 겪으며 집 안에 갇혀버린 젊은 몸도 있었다. 병명도 통증도 저마다 달랐지만 다들 같은 이중고를 앓고 있었다. "나이도 어린데 왜 아파?"라는 편견 어린 시선이다. 젊음이 곧 건강으로 인식되는 사회에서 그들은 필사적으로 자신의 아픔을 숨겨야만 했다. 청년답게 보이기 위해서, 사회에서 내쳐지지 않기 위해서.

다른 어떤 상징성을 불러오더라도 마찬가지다. 모든 일반화에는 항상 예외가 존재하니까. 특별한 꿈이나 열정 없는 청춘도 있고, 안정이 최우선인 청춘도 있고, 사는 게 지겨운 청춘도 있고, 무모한 도전은커녕 생계를 책임지느라 허덕이는 청춘도 있고, 예기치 못한 사고로 삶의 한 부분이 부서져버린 청춘도 있고, 젊은 나이에 아예 세상을 떠나버린 청춘도 있다. 그리고 예외는 틀림없이 예상치보다 훨씬 많을 것이다. 젊고 아픈, 젊고 생기 없는, 젊고 지루한 수많은 청춘이 인생에서 가장 푸르른 시기라는 실체 없는 프레임 바깥으로 밀려나 주변부를 헤맨다.

모성에 대한 숭배는 동시에 여성을 모성이라는 감옥 안에 가둔다고 한다. 아름다운 희생이니 여자의 본능이니 하며 추켜세워진 모성 숭배의 사회에서 엄마가 된 나의 친구들은 끊임없이 자신의 모성을 의심하고 검열하고 자책한다. 충분히 잘하고 있는데도. 나름대로 애쓰고 있으면서도.

청춘도 비슷한 것 같다. 청년기는 살면서 자연스럽게 맞이하는 시기일 뿐인데도 자부심이 한껏 부여된다. 딱 그만큼의 압박과 함께. 그래서 기성세대가 말하는 청년다움에 진저리를 치면서도 청년기를 벗어나는 데 공포심을 가지는 게 아닐까. 인생의 화양연화는 오직 20, 30대에만 존재하는 듯이.

나는 청춘이라고 불리는 시기가 끝나면서 한편으로는 자유로워졌다고 느낀다. 어느 연령이든 정형화된 '나이다움'에서 벗어나기 어려운 사회이지만, 그나마 마흔 언저리는 청년이나 노년에 비해 고정된 이미지가 적은 시기인 것 같다. 평균수명이 길어지면서 30대 후반에서 40대 초중반을 청년 쪽에서는 "넌 너무 늙었어"라고 밀어내고 중년 쪽에서는 "아직 애기야"라며 밀어내는 바람에 어디에도 속하지 못하다 보니 더욱 그렇다. 이 어정쩡함과 애매함이 만족스럽다.

그래서 20주년을 맞이한 기업의 책 작업을 하다가 어김없이 등장한 '두 번째 스무 살'이라는 표현을 봤을 때는 내적 비명을 지르고 말았다. "제발 그만해!"

왜 40을 40이라고 말을 못 해? 내 나이가 마흔이다,

내가 산 세월이 40년이다, 왜 말을 못 하냐고. 기업이건 사람이건 자부심을 갖자. 이 풍진 세상에서 40년이나 버텨왔다는 게 얼마나 대단한 일인데. 청춘과 스무 살 집착 따위 좀 치워 버리고 살자. 나이답게 말고, 나름대로 나답게.

어른의 조건

처음으로 '나 이제 어른이군' 느낀 순간은 언제였더라? 역시 주민등록증이 나왔을 때였을까. 아니다. 그때의 심경은 훗날 도로주행을 망쳤다고 생각했는데 운전면허 합격증이 내 손에 쥐어졌을 때와 비슷했을 게 분명하다. 이렇게 어설프고 위험한 나를 도로에 내보낸다고? 이렇게 아무것도 모르고 날뛰는 나를 성인으로 인정한다고? 믿을 수 없어. 국가의 검증 체계란 정말 엉망진창이군.

당혹감이 아닌 뿌듯함으로 '나 좀 어른인 듯?'이라는 기분에 취하는 순간들은 훨씬 더 훗날에 찾아왔다. 부모님의 도움 없이 집을 알아보고 계약서에 도장을 찍을 때, 주민등록등본을 뗐는데 내 이름 하나만 덜렁 찍혀 있을 때, 도시 뷰가 내려다보이는 레스토랑에서 단품이 아닌 코스 요리를 시켜 놓고 "우리 성공한 도시 여자 같다"라며 친구와 낄낄거릴 때, 싸구려 냉동 삼겹살이 추억의 맛으로 그리워질 때. 그리고 처음으로 가전제품을 내 손으로 장만하던 때.

스무 살부터 부모님 집을 떠나 살았지만 늘 세탁기, 냉장고가 옵션으로 딸린 집에 살거나 누가 사용하던 것을 대충 얻어와 임시로 썼다. 그러다 옵션이 하나도 없는 집으로 이사하면서 처음으로 세탁기부터 냉장고, 옷장 등의 큰 가전제품과 가구를 한꺼번에 마련하게 됐다. 목돈을 한번에 쓰면 돈 감각이 없어진다더니, 나가는 목돈에 부담을 느낀 것은 잠시이고 곧 신나는 쇼핑 러시가 시작됐다. 아, 이래서 결혼을 하는 건가?(아니다)

슬라이딩 옷장은 공간 효율성은 좋지만 못생겨서 싫어. 세탁기는 이불 빨래까지 편하게 할 수 있는 통돌이가 더 좋아. 좀 비싸도 커튼은 제일 예쁘고 제일 마음에 드는 걸로. 이참에 침대도 새로 살까? 그렇게 예산에 맞춰 취향에 맞춰 신나게 쇼핑리스트를 하나씩 제

거해가며 질주하다가 끼익, 냉장고 차례에서 멈춰서고 말았다. 가전제품 매장에 가서 냉장고 실물을 살펴보니 400리터는 작고, 800리터는 1인가구가 쓰기엔 너무 거대했다. 600리터 정도가 적당해보였다. 그런데 시중에 600리터 사이즈가 잘 출시되지 않다 보니 종류가 다양하지 않았다. 800리터 냉장고와 가격 차이가 안 나거나 심지어 더 비싸기도 했다.

같은 값이면 그냥 더 큰 걸 사는 게 낫지 않을까? 아니야 괜히 공간만 더 차지하지. 한 번 고민의 늪에 빠지니 좀처럼 결정을 할 수가 없었다. 결국 1인가구 커뮤니티 카페에 들어가 검색창에 '1인가구' '혼자' '냉장고 크기' 따위를 넣어봤다. 역시 인간의 고민은 거기서 거기다. 나보다 앞서 같은 고민의 길을 걸은 사람이 남겨둔 질문이 있었다. "혼자 사는데 냉장고 어느 정도 크기가 적당할까요? 800리터는 너무 큰가요?" 그리고 나는 보았다. 그 아래 어느 현자가 남긴 진리의 말씀을.

"혼자 산다고 수박이 사과만 해지는 거 아니니까 큰 거 사세요."

그 길로 800리터 양문형 냉장고를 주문했다. 여름에 커다란 수박을 사서 통째로 넣어 놓고 먹을 날을 상상하면서. 그리고 지금까지 후회 없이 잘 쓰고 있다. 탄산수나 두유를 한 박스 주문해서 냉장고에 차곡차곡 넣어두면 부자가 된 기분이다. 부자 기분 느끼기 참 쉽다. 그 외에도 일용할 양식과 식재료를 차곡차곡 넣어둔다. 그래도 공간이 남는다. 흐뭇하다.

희구는 우리 집에 올 때마다 혼자 사는 집 냉장고에 뭐가 이렇게 많으냐며 놀란다. 집에서 주로 삼시 세끼를 먹기 때문에 맞벌이 2인가구가 사는 것과 마찬가지라고 설명하는데, 다음번에 오면 냉장고를 열면서 또 놀란다.

내가 봐도 1인가구 평균보다는 식재료가 많다. 하지만 자세히 살펴보면 음료나 발효식품, 냉동식품 같은 유통기한이 긴 식재료가 대부분. 채소나 과일 같은 신선재료는 조금만 게을리 먹으면 상해버려서 한번에 많이 살 수가 없다. 파와 고추, 버섯 같은 식재료는 한꺼번에 손질해서 냉동실로 직행시킨다. 냉동실에 넣어두고 요리를 할 때 야금야금 꺼내 쓰면 편리하다. 밥도 압력솥에 넉넉하게 지은 후 얼려두고 전자레인지에 데워 먹는다. 이래서 현대인의 냉장고는 냉장칸은 작더라도 냉동칸이 커야 한다.

냉장고의 크기는 곧 살림 노동의 크기이기도 하다. 식재료를 사고, 정리하고, 다듬고, 요리하고, 버리고, 치우는 모든 과정이 노동이다. 그뿐일까? 부양할 자녀도 없고, 고양이조차 없는 단출한 삶이건만 놀랄 만큼 살림거리는 끊이지 않는다. 요리 후에는 가스레인지 주변을 바로 닦아야 눌어붙은 찌든 때라는 재앙을 마주하지 않을 수 있으며, 전자레인지 안과 가스레인지 후드도 주기적으로 청소해야 한다. 음식물쓰레기도 그때그때 갖다 버려야 하며, 싱크대 수챗구멍은 뽀득뽀득 솔로 닦아줘야 한다. 배수구가 막히지 않게 종종 뜨거운 물을 부어주는 일도 필수다. 일에 치여 조금만 집안일을 방치하다 보면 휴지와 세탁 세제와 올리브유가 동시에 똑 떨어지는 불상사도 발생한다.

그 밖에도 살림살이를 쪼개 나열하자면 최소 수십, 아니 수백 가지는 되지 않을까? 살림을 직접 해보면서 내가 흰옷을 사오면 엄마가 왜 그토록 싫어했는지, 머리카락을 온 집안에 뿌리고 다닌다고 잔소리를 했는지 이해할 수 있게 됐다. 정말이지 바닥에 굴러다니는 머리카락을 보면 아직도 내 두피에 머리카락이 남아 있다는 사실이 놀라울 지경이다.

이렇게 말하면 대단한 살림꾼인가 싶겠지만, 전혀. 살림에는 재주도 흥미도 없는지라 최소한의 인간다움만 유지하고 살자는 주의다. 그런데 그 최소한에 품이 참 많이 든다. 내 몸 하나 먹이고 입히는 데 해야 할 일이 뭐가 이리 많고 챙겨야 할 게 많은지. 문명화된 인간 삶의 비효율성이 놀라울 따름이다.

특히 혼자 산다는 건 다른 말로 집안에 굴러다니는 티끌 하나조차 내 손이 닿지 않으면 사라지지 않는다는 의미다. 대충 눈감고 모른 척하면 다른 가족구성원이 해결해주는 일 따위는 일어나지 않는다. 며칠 전에 까먹다가 바닥에 떨군 과자 부스러기는 내가 안 치우면 며칠이고 그 자리에 있다. 몇 달이고 몇 년이고 그 자리에 있을 것이다. 당연하다고? 이 당연한 사실이 나는 자주 놀랍고, 가끔은 서럽기까지 하다. 대체 왜 나 없는 사이에 우렁총각이 치워주지 않는 거야. 왜 집을 비운 사이에 청소도 싹 해놓고 8첩반상도 예쁘게 차려놓지 않는 거야. 우렁총각을 내려달라고 정수기 물을 뽑아 놓고 기도라도 올리고 싶다. 그만큼 살림은 귀찮다.

그러나 살림은 귀찮을지언정 결코 하찮지 않다. 하찮다고 여겼던 적도 있다. 살림에 공들일 시간이 있으면 더 그럴듯한 일을 해야 한다고 여겼고, 더 어릴 때는 자기 일이 없는 가정주부나 하는 일이라는 생각까지 했다.

'생활력'이라는 말이 있다. 삶을 유지하는 데 필요한 능력을 일컫는 이 말은 주로 열악한 여건에서도 돈을 버는 능력을 지닌 사람에게 사용된다. "그 사람 참 생활력 강하지"라며. 돈도 물론 필요하다. 그래야 휴지도 사고 맥주도 사지. 그런데 그만큼 중요한 게 자신과 가족을 먹이고 입히고 재우는 살림의 기술 아닐까.

"집안일은 해도 해도 티가 안 나는데 안 하면 바로 티가 난다"라고들 한다. 정말이다. 자기 살림을 책임지는 사람이 되어 보면 안다. 며칠만 방치해도 물건은 제자리를 떠나 자유롭게 굴러다니고 싱크대에는 접시와 냄비가 쌓여간다. 화장실에는 분홍 물때가 존재감을 드러내기 시작한다. 정말이지 딱 수고로움을 들인 만큼 유지된다.

그래서 살림을 한다는 건 나를 잘 돌보고 챙기는 일이기도 하다. 나를 위한 식사를 차리고, 이왕이면 예쁜 접시에 음식을 덜어 먹고, 내 하루를 책임질 옷을 깨끗하게 세탁하는 과정을 통해 스스로 돌보고 챙길 만한 가치가 있는 사람이라고 여길 수 있게 된다. 덕분에 집 상태는 내게 있어 마음 상태를 알려주는 신호등이다. 특히 냉장고에 상한 음식이, 싱크대에 다 쓴 그릇과 온갖 배달 음식 포장지가 쌓여갈 때면 깨닫는다. '아, 나 요즘 상태가 안 좋구나.'

어릴 때는 누구나 꿈꾸듯이 특별한 사람이 되고 싶었다. 대단한 성취를 이루거나 멋진 서사를 가지지 못해 아쉬웠다. 반짝이는 일로 가득 채워지지 않은 평범하기 짝이 없는 일상은 시시했다. 그러나 지금은 하루하루 나를 돌보고 내 공간을 잘 돌보는 일이 얼마나 중요하고도 어려운 일인지 안다. 결코 쉬운 일이 아니라는 걸 잘 안다. 30대를 돌아볼 때면 더 멋지고 특별하게 보내지 못한 나날이 아니라, 나를 내팽개친 채 돌보아주지 못한 무수한 나날이 훨씬 아깝다. 40대는 무엇보다도 좀 더 나를 잘 돌보고, 내 공간을 아낄 줄 아는 살림력 높은 사람이고 싶다.

그런 차원에서 바람 하나를 끼워 넣자면, 아빠도 살림력을 좀 키웠으면 좋겠다. 이 땅의 딸들이 모이면 고해성사처럼 은밀히 나누는 소원이 하나 있다. 바로 엄마가 아빠보다 오래 살았으면 하는 거다. 딸들은 입을 모아 말한다.

"우리 아빠는 아무것도 할 줄 몰라!"

여기서 '아무것도'는 옷을 깨끗하게 세탁하고, 정돈하고, 청소하고, 설거지 후 싱크대까지 정리하고, 한 끼를 차리기까지의 전 과정을 해내는 등의 살림력을 포함한 자기 돌봄의 기술이다. 나아가 타인까지 보살필 줄 아는 돌봄력이다. 혼자 남은 아빠의 집을 대신 청소하고 반찬을 해다 나르면서 옷 좀 단정하게 입어라, 먹었으면 바로 치워라, 냄새 안 나게 자주 씻어라 잔소리를 해야 하는 미래를 상상하면 결국 엄마에게 미안하지만 이기적인 바람을 갖게 되고야 마는 것이다. 충격적인가? 내 딸은 설마 그런 생각할 리 없다고 믿는가? 젊어서 안 해봤다고 지금도 살림에 손 놓고 있는 전국의 아빠들은 충격을 좀 받을 필요가 있다.

아빠들이여, 지금도 늦지 않았으니 나를 돌보고 타인을 돌보는 연습을 좀 해봅시다. 아니, 이건 연습이 아니고 실전이어야 합니다. 국어사전에 따르면 무릇 어른이란 "다 자라서 자기 일에 책임을 질 수 있는 사람"이니까요. 그리고 노년 공간에서는 스마트폰 사용법이나 유튜브하는 법 말고 살림의 기술도 좀 가르쳐주세요.

03

사회생활 1n년 차의 생존

뒤처지면 어쩌지

음악 오디션 프로그램을 볼 때마다 놀란다. 그토록 수많은 오디션 프로그램을 했는데도 노래 잘하는 무명이 또 나온다는 사실이 신기하다. 30대가 끝나가던 연말, 또 하나의 음악 오디션 프로그램이 시작됐다. 앨범 낸 경험이 있는 경력직 무명 가수를 대상으로 한다는 점이 제작진이 강조하는 차별성이었는데, 비자발적으로 오디션 왕국의 국민이 되어버린 대부분이 그러하듯 오디션이라면 뭐가 됐든 더 이상은 관심이 가지 않았다. 의지에 반해 '입덕'했다가 이면을 발견하면서 실망하는 일도 지겨웠고. 그러던 어느 밤, 잠이 오지 않아 침대에서 뒤척이다가 유튜브를 켰다. 추천 영상에 한 오디션 참가자의 무대 영상이 떴고, 무심코 영상을 클릭한 나는 또다시 덕질의 길에 들어서고 말았다. 아, 내 현생을 망치러 온 나의 구원자 유튜브 알고리즘 신이시여.

지난 공연 영상들과 노래, SNS까지 과거의 흔적을 도토리 줍듯 주워 담느라 밤을 꼬박 지새우게 한 출연자 때문에 본방송을 챙겨보기 시작했다. 그런데 내 음악 취향과는 별개로 신경 쓰이는 한 참가자가 있었다. 40대 초반 여성인 그는 들으면 대부분 알 만한 히트곡 여러 개를 갖고 있었지만, 지금은 잊혀 무대에 설 기회가 거의 없는 가수였다. 그는 노래를 아주 잘 불렀다. 기술적으로 흠잡을 곳이 없었다. 심사위원들도 그렇게 말했다. 동시에 "올드하다" "감정 표현이 과하다"는 평을 남겼다.

나도 공감했다. 노랫말 한 자 한 자에 감정을 꾹꾹 담아 부르는 그의 창법은 한때 사랑받았으나 요즘은 시대에 뒤처진, 한물간 스타일로 여겨진다. 프로그램이 진행되는 동안 그는 시대가 요구하는 새로운 창법을 고민하고 시도했다. 확신할 수 없는 길 위에서 흔들리는 그를 보며 덩달아 한껏 심란해졌다.

20대 후반, 나는 출판물을 만드는 에이전시의 기획

팀에서 본격적인 사회생활을 시작했다. 기관 간행물이나 단행본, 사사, 브로슈어 등의 콘텐츠를 제작하는 일이었다. 이후 잡지 제작사를 거쳐 지금은 프리랜서 에디터로 일한다. 주로 기업이나 공공기관의 의뢰를 받아 필요한 콘텐츠를 기획하고 제작한다.

콘텐츠 에디터가 갖춰야 할 기본 소양이 108가지쯤인데, 그중 중요한 하나가 트렌드를 파악하는 감각이다. 소위 시장에서 먹히는 콘텐츠의 스타일도, 문체도, 디자인도 계속 변하기 때문이다. 젊은 세대 소비자가 타깃인 콘텐츠라면 트렌드 파악은 더욱 중요하다. 콘텐츠 제작을 총괄하는 프로듀서인 에디터는 이러한 흐름을 기민하게 파악해야만 소위 말해 구리지 않은 결과물을 만들 수 있다. 그런데 이 소양은, 과연 나이에서 자유로울 수 있을까.

알고 지내는 프리랜서 에디터에게서 자신의 사수였던 중년 에디터가 "이거 읽어보고 솔직하게 얘기해줄래? 혹시 내 글이 올드하니?"라며 피드백을 부탁했다는 얘기를 들은 적이 있다. 그리고 지인은 말했다. 언젠가부터 그 사람의 작업물이 정말로 올드하게 느껴지긴 한다고, 이걸 솔직하게 말해도 되는지 모르겠다고. 오싹했다. 나도 그렇게 되면 어쩌지. 사실은 이미 그런데 아무도 얘기해주지 않아 모르고 있는 거면 어쩌지. 이를테면 나는 지금 '이를테면'이라는 표현을 썼는데 '이를테면'이 나 모르는 사이에 올드함과 구림의 대명사가 되어 있는 거면 어쩌지. 고백하자면 이 글을 쓰면서 드라마 〈모래시계〉의 대사를 패러디한 "나 지금… 뒤처지고 있니"라는 제목을 달았다가 몸서리치며 지웠다. 대체 언제 적 모래시계냐고.

콘텐츠 업계뿐만은 아니다. 트렌드를 읽는 능력은 유·무형의 재화를 선보이는 모든 분야에서 중요하다. 그래서 연차가 쌓이면 실무에서 한발 물러나 프로젝트 전반을 관장하고 젊은 구성원의 아이디어를 독려하는 리더의 역할을 맡는 경우가 많다. 물론 이 경우에도 트렌드를 읽는 능력은 매우 중요하다. 기껏 좋은 기획을 내놓았는데 고르고 골라 가장 구닥다리를 선택하는 신비한 능력을 발휘하는 결정권자를 얼마나 많이 봐왔던가. 후배들이 보기에는 트렌드를 파악하는 감각도 조직을 이끄는 능력도 없지만, 안정적인 조직 울타리 안에서 밥벌이를 사수하는 선배들이 꽤나 있다.

하지만 프리랜서인 나는 그런 요행은 꿈꿀 수 없다.

항상 실무의 최전선에서 역량을 실시간으로 점검받는다. 그렇지 않아도 나이 많은 실무자와 일하는 걸 부담스러워하기 일쑤인 나이 차별의 사회인데 지금 맡은 프로젝트에서 실망스러운 모습을 보인다면? 담당자는 미련 없이 다른 프리랜서를 찾아 나서겠지. 회사에 다시 들어간다 해도 상황은 그다지 다르지 않다. 잡지사나 출판사, 웹콘텐츠 제작사 등 콘텐츠를 다루는 분야는 유난히 일의 수명이 짧다. 40대 이상이 되면 자기 회사를 차리는 경우가 많다.

예전에 다니던 회사에는 60살이 훌쩍 넘은 팀원이 있었다. 나이가 있다 보니 아무래도 일하는 감각이나 기술적인 면에 있어 뒤처지는 부분이 많았다. 다른 부분은 내부에서 해결할 수 있다 치더라도, 소위 말해 '올드한' 문체와 트렌드를 파악하는 감각은 결과물에 바로 드러나니 문제였다. 하필이면 당시 팀은 트렌디한 책을 제작하자며 대대적인 개편을 하는 중이었고, 덕분에 그의 올드함은 인쇄가 잘못된 책의 페이지처럼 도드라졌다. 당시 팀의 수석 에디터였던 나는 결국 매번 그가 작성한 결과물을 수정해야 했고, 정작 내 업무를 제때 처리하지 못해서 야근하는 날이 많았다. 절로 시선이 고와지지 않았다. 그렇다고 온전하게 그를 미워하기도 어려웠다. 연민을 빙자한 경멸을 내뱉어대는 뒷담화 자리에도 기껍게 동참할 수 없었다. 뒷담화 따위 하지 않는 도덕적 인간이어서가 아니라, 자꾸만 그 팀원의 모습에 내 미래가 겹쳐 상상되었기 때문이다. 어찌어찌 지금의 분야에서 일하며 먹고살다가 변화에 적응하는 순발력과 감각이 떨어지는 나이가 되면, 나는 산뜻하게 자리를 박차고 나올 수 있을까.

이런 생각이 이어지다 보면 결국에는 좀 억울해지고야 만다. 그토록 강조하는 '요즘 스타일' '요즘 사람들'이 말하는 요즘은 대체 언제이고 누구냐고 반문하고 싶다. 나도, 내 엄마도 요즘을 살아가는 사람들이다. 10~20대가 주요 소비자인 곳에서는 그들 사이에 유행하는 스타일이 중요하겠지만 세상에는 다양한 세대가 있고 그에 맞는 다양한 스타일이 필요할 텐데. 만약 그 고령 팀원이 노년이 읽는 시니어 신문을 만들었다면, 나보다 훨씬 좋은 결과물을 냈을지도 모를 일이다.

아니지, 애초에 수십 년을 근면하게 일하고도 먹고 사는 일을 걱정해야 하는 현실이 가장 문제다. 하루빨리 로봇세와 함께 기본소득이 도입되어 덜 노동해도 충분한 세상이 도래해야 하는데. 그런 세상이라면, 내 나이에 발맞춰가는 올드함 따위 기꺼이 즐기며 〈나이이즘〉 100호 제작을 최우선 목표로 삼을 수 있지 않을까?

실은 지금까지 반복 사용한 '올드하다'라는 표현도 매우 문제적이다. 일상에서 폭넓게 쓰이는 이 표현에는 단순히 옛날 것이라는 의미를 넘어 '구리다' '별로다'라는 가치판단이 진하게 배어 있다. 왜 나쁜 건 다 '올드'하고 좋은 건 '영'하다고 하지? 영한 나이에서 멀어지는 입장으로서 따져 묻고 싶다.

올드함, 아니 뒤처짐을 가르는 잣대가 과연 평등한지에 대한 의구심도 삐죽 솟는다. 앞서 언급한 오디션 프로그램에서 좋지 못한 반응을 얻은 40대 여성 가수와 달리, 90년대 주류 장르였던 록(rock)을 선보인 남성 출연자들의 노래는 시니어 세대에게는 반갑고 주니어 세대에게는 신선한 스타일로 여겨졌다. 그들에게 정말 같은 기준이 적용되었다고 할 수 있을까. 역시 과거에 엄청난 인기를 얻었으나 이제는 한물간 '소몰이 창법'의 대표 그룹이 추억 캐내기에 열심인 예능 프로그램을 통해 재조명받는 모습을 보며 의혹은 더욱 짙어졌다. 어떤 이의 경력은 깊이와 연륜이 되고, 어떤 이의 경력은 빛

바랜 과거가 되어버린다. 실력이나 운이라는 단어로 간편하게 정리하기는 어려운 복잡 미묘한 차이 속에서 나는 또 길을 잃고 만다. 인생은 왜 살아도 살아도 여전히 미로 같을까.

이런저런 생각으로 심란해질 때면 콘텐츠를 만드는 사람답게 레퍼런스 삼을 만한 책이나 기사를 뒤적인다. 지금 하는 일의 수명보다는 이 습관의 수명이 더 길 것이 분명하다. 인생을 글로 배우고 배운 글로 먹고사는 인생이다. 아무튼 참고도서 삼아 어느 직업인이 쓴 에세이를 골라 펼쳤다. 고개를 끄덕이며 읽는데 한 문장에서 눈길이 멈칫했다. 익숙한 연예인 이름이 등장했기 때문이다. 몇 년 전 성폭력 사건으로 연예계 활동을 접은 이였다. "아, 사건 이전에 출간된 책인가 보다"라고 생각했는데 아니었다. 책에서는 성폭력 사건을 '불미스러운 일' 정도로 표현하면서 그걸 제외하고는 훌륭한 장점을 지닌 사람이었다며 좋은 예시로 그를 언급하고 있었다.

"아, 후져"라는 말이 툭 튀어나왔다. 꼭 필요한 것도 아니었는데 굳이 성폭력 가해자를 상찬의 예시로 가져다 놓아야 했을까. 다른 좋은 사례가 정말 없었을까. 업의 이면을 섬세하게 조명한 책의 좋은 면들까지 무색하게 느껴졌다. 그 도드라진 한 부분 때문에.

나이 들수록 자신의 '후짐력'을 빛내는 사람들에 관해 생각해본다. 습관처럼 쓰던 '젖가슴'이라는 표현이 이제는 금기어가 되었다며 한탄하던 시인이 떠오른다. 그는 그 글에 '실어증'이라는 제목을 붙이며 무려 이중의 후짐력을 뽐냈다. 장애인 비하 표현을 지적받고도 끝끝내 비하가 아니라고 우기는 정치인의 뉴스도 떠올랐다. 단순히 유행에 뒤처져서가 아니라, 오랫동안 해온 방식으로 성취나 편리함을 맛보았을 때 그 방식에 도취되어 변할 생각을 하지 않는 것. 변한 세상만 탓하는 것. 그리하여 끝내 누군가에게 상처 주는 것. 뒤처짐과 다른, 내가 내린 '후짐력'의 정의다.

후짐은 뒤처짐보다 훨씬 끔찍하다. 나이가 들면서 뒤처지는 건 어쩔 수 없더라도 후진 걸 만들지는 말아야지. 후진 표현을 쓰지는 말아야지. 시대의 변화 속에서 낡고 후지게 된 과거의 결과물을 인정할 줄 알아야지. 그러지 못한다면 그건 어엿하고 싶은 직업인으로서도, 한 명의 인간으로서도 정말이지 후진 일이니까.

다짐, 불안, 의욕, 억울함이 뒤섞인 마음을 한구석에 잘 밀어 넣고 나는 오늘도 일한다. 만들어야 하는 작업물의 구성을 고민하고, 인터뷰를 하고, 단어를 고르고 문장을 조립하며 원고를 쓴다. 틈틈이 즐겨찾기 해둔 웹사이트를 둘러보거나 트렌드의 최전선에 있는 트위터를 하며(트위터는 알찬 인풋의 일환이다) 인간사의 크고 작은 이슈도 파악한다. 가능하다면 내가 만들어내는 결과물이 시간의 흐름을 초월한 근사함을 지녔기를 바라면서. 뒤처지는 일에 조금은 초연해질 수 있기를 바라면서. 최소한 '이런 표현은 너무 후지잖아'라는 평은 듣지 않아야지 다짐하면서. 이것이 여전히 답은 알지 못하는 내 최소한의 최선이다.

성장은 몇 살까지 가능한가요

월간지의 표지 촬영을 하느라 십수 명의 스태프가 스튜디오에 모여 분주히 움직이던 어느 날, 그러니까 아직 조직 안 노동자이던 어느 날이었다. 촬영 중에도 미세 신경의 한 가닥은 내내 휴대전화를 향해 있었다. 순조롭게 촬영이 끝나고 소품 정리를 할 때까지도 기다리는 알람은 끝내 울리지 않았다. 알람의 정체는 바로 직장인의 존재 이유, 일용할 양식, 잠시 잠깐 만나고 사라지지만 그래서 더 애틋한 월급 소식이었다. 벌써 두 달째 급여가 제대로 된 고지조차 없이 밀리는 상황이었다. 그날, 이제 정말 '끝'이라는 생각을 했던 것 같다. 결국 공들여 촬영한 사진들과 취재한 기사들은 영영 세상에 나오지 못했고, 서른여섯 살의 나는 백수가 되었다.

자발적으로 선택한 퇴사가 아니기 때문일까. 애매하게 많은 경력과 나이 때문이었을까. 퇴사를 결심하자 마음 가득 조바심이 출렁대기 시작했다. 쉬는 기간 없이 바로 이직하지 못하면 큰일이라도 날 것만 같은 감각이 온몸을 칭칭 감았다. 괜찮다 싶은 곳이면 일단 지원했다. 몇 군데 면접을 보았고, 작업물의 수준도 연봉도 괜찮지만 야근이 많을 것이 분명한 한 회사에 입사하기로 협의까지 마쳤다. 그런데 갈 곳이 정해지고 나니 그제야 불안의 덤불이 걷히며 '이렇게 다시 회사를 다니는 게 맞나?'라는 의문이 불쑥 튀어나왔다.

콘텐츠 제작 업계는 일의 수명이 그리 길지 않다. 아예 회사를 차려서 운영하는 경우를 제외하고 업계에서 만났던 가장 나이 많은 조직 안 여성이 몇 살이더라? 50대는 고사하고 40대도 몇 손가락을 접다 말았다. 내 인간관계망이 작디작아서 그런 거라고 믿고 싶다. 업무량이나 적나, 야근을 밥 먹듯 할 게 뻔한 회사에서 조직이 요구하는 콘텐츠만 만들면서 몇 년을 보낸 뒤를 생각하니 '이건 아닌데' 싶었다.

당시 회사 급여가 밀리기 시작하면서 가장 먼저 회

사를 떠난 건 1~5년 차 젊은 직원들이었다. 퇴사 후 건네 들은 이야기에 의하면, 10년 차 이상의 관리자급들은 대부분 마지막의 마지막까지 딱히 할 일도 없는 회사에 머물렀다고 한다. 그 온도차를 생각하니 다시 회사에 들어가는 게 겁났다. 뻔히 예상되는 일의 내용과 방식에 어떠한 기대도 생기지 않는다는 점 역시 나로서는 충분한 이유였다. 무엇보다도, 야근에 치이며 일할 체력이 남아 있지 않은 상태였다. 하고 싶지 않았다.

고민하던 차에 프리랜서 형태로 할 수 있는 고정 일감 의뢰가 들어왔다. 훌륭한 타이밍에 들어온 일을 운명처럼 느끼는 나를 보면서 깨달았다. '아, 나 회사 가기 싫구나'. 역시 양손에 쥔 떡 중 하나를 포기해야 하는 상황에 처하면 인간은 헷갈리는 본심이 어디로 기우는지 알 수 있다. 그렇게 프리랜서의 세계에 들어서면서 조직 바깥의 노동자가 되었다.

매일 살과 살이 짓눌리고 호흡과 호흡이 뒤엉키는 만원 버스에 오르지 않아도 되고, 말은커녕 공기도 섞고 싶지 않은 이들을 마주하지 않아도 되는 평화롭고 자유롭고 눈부신 프리랜서 월드… 는 잠시 잠깐이었다. 아니다, 애초에 그런 프리랜서의 삶은 실존하지 않지만 환각을 일으켜 사람들을 유인하는 신기루일지도.

매일 출퇴근하지 않아도 된다는 사실은 좋았지만, 일과의 대부분을 혼자 보내며 일하다 보니 곧장 고립감과 불안감이 찾아왔다. '지금 잘하고 있는 게 맞나?' '이렇게 일하면 오히려 커리어에 마이너스가 아닐까?' '어제 본 드라마 얘기하면서 점심 먹을 동료가 없으니까 외롭다' '이렇게 뒤처진다는 사실도 모른 채 혼자 도태되어 가는 건 아닐까?' 브레이크 없이 뻗어나가는 불안은 더 자라기 전에 가지치기를 해야 한다. 싹둑싹둑.

가지치기에는 도구가 필요하다. 그때 선택한 게 독립출판이다. 일을 시작한 이후로 조직 안에서 늘 누군가가 필요로 하는 콘텐츠를 만들어왔다. 그 반복으로 인해 무뎌질 대로 무뎌진 날을 민감하게 다듬으면서 원하는 콘텐츠를 마음껏 만들어보고 싶어졌다. 회사를 함께 다니다가 제각각 흩어진 취재편집팀 동료들과 뜻을 모아 그렇게 독립잡지 〈나이이즘〉을 만들기 시작했다.

잡지를 만들면서 독립출판이나 프리랜서 관련 모임도 조금씩 기웃거렸다. 낯선 사람들로 가득 찬 공간이 세상에서 다섯 번째쯤으로 무서운 내향인 인간에게는 쉽지 않은 일이다. 교류를 향한 목마름이 낯가림을 이긴 셈이다.

새롭게 판을 벌이고 낯선 곳들을 기웃거리면서, 나는 자연스럽게 새로운 하구로 흘러들어 갔다. 난생처음 관람객이 아닌 셀러로 북마켓에 참여해 독자를 만나기도 했고, 우리가 만든 잡지를 읽은 사람들을 만나 북토크도 했다. 잡지를 계기로 무려 라디오 생방송에 게스트로 출연해 엄마가 모처럼(생전 처음이려나) '딸 자랑' 할 기회를 만들어줬고, 일상의 불안과 일의 궁금증을 나눌 수 있는 프리랜서 동료들을 사귀었고, 1인 회사지만 개인사업자를 내면서 대표가 되었다. 공유 오피스에 입주하며 안정적으로 일할 수 있는 사무실이 생겼고, 심지어 이렇게 에세이집까지 내게 됐다. 회사를 다니던 몇 년 전만 해도 생각할 수 없던 일상이다. 요즘은 회사를 다니면서 자기 창작물과 브랜드를 만드는 부지런하고 체력 좋은 작가도 많지만, 기력은 없고 게으름은 넘치는 나는 프리랜서가 되지 않다면 영영 시도해보지 못했을 일들이 분명하다. 40년쯤 나를 데리고 살다 보면 이쯤은 알 수 있다.

조직 안에서 일할 때와는 또 다른 일의 감각과 방식을 새로이 익히면서 버벅대고 고군분투하고 자책할 때도 많았지만, 그만큼 뭔가 성취하고 배우고 있다는 보람도 함께 느낄 수 있었다. 불안을 가지치기한 자리에 가능성의 가지가 새롭게 자란다.

물론 불안할 때도 많다. 불안은 아무리 잘라내도 잠시만 한눈팔면 이내 자라나는, 내가 지닌 것 중 유일하게 근성 있는 녀석이다. '언제까지 일할 수 있을까' '지금이라도 회사를 들어가는 게 낫지 않을까' '10년 후에는 무슨 일을 하고 있을까' 여전히 수많은 고민을 껴안고 산다.

그런데 조직 안에 있다고 해서 이런 불안을 느끼지 않을까? 직장에 다니는 비슷한 연차의 친구는 경력이 쌓이고 관리자급이 되니, 더 이상 발전할 여지가 없다고 느껴져서 허무함과 불안이 크다는 말을 했다. 어떤 친구는 이제 슬슬 회사를 나가 새로운 일을 해야 하는 나이가 아닌가 싶다고 했다. 10년 가까이 한 회사에서 일한 또 다른 친구는 새로운 직장으로 옮기거나 일을 시작할 엄두가 가지 않는다고 했다. 정신을 차려보니 우물 밖으로 나서기 어려운 고인물이 되어버린 것 같다면서. 아이를 조금 키워놓고 재취업을 하려니 막막하다는 40대 친구들은 또 어떤가.

40대가 안정되는 시기라고? 오히려 새로운 갈림길 앞에서, 혹은 반환점 앞에서 또 다른 방식으로 갈팡질팡이다. 치열하고 가쁘게 달려온 시기를 새삼 돌아보면서 슬럼프가 찾아오기도 한다. 생장점이 더 이상 돋아나지 않는 나무가 된 채 이대로 썩어가는 일만 남은 건 아닐까 싶은 기분. 청년기를 벗어나 중년으로 가는 이행기의 수많은 어른들은 한번쯤 느껴보지 않았을까.

〈나이이즘〉 창간호를 낸 후 어느 출판사로부터 인터뷰 진행 제의를 받았다. 〈나는 나대로 혼자서 간다〉라는 소설로 60세에 등단한 일본의 여성 소설가 와카타케 치사코의 인터뷰였다. 용감하고 솔직하게 노년의 고독과 용기를 써 내려간 그 소설에 반한 나는 작가의 내한에 맞춰 인터뷰를 진행했다. 내내 반짝이는 눈으로 대화를 이어가던 그가 말했다.

"공룡은 죽을 때까지 성장한다고 해요. 사람도 마찬가지라고 생각해요. 인간 역시 나이 들어도 여전히 성장할 수 있습니다."

인터뷰를 끝내고 정확한 기사를 위해 자료를 찾아보니, 파충류는 죽을 때까지 느린 성장을 이어가는데 공룡 역시 1960년대까지는 파충류로 분류해 성장했으리라고 보는 의견이 있다고 한다. 파충류나 공룡과 달리 인간은 어느 시점이 지나면 외적 성장을 하지는 못한다. 그렇지만 새로운 배움과 내면의 성장은 어느 시기에나 가능하다고 믿고 싶다. 아니, 가능하다. 60대에 첫 소설을 쓰고 바다를 건너와 독자를 만나면서 자신의 세계를 확장한 소설가가, 나이에 갇히지 않고 새로운 도전을 한 수많은 사람들의 사례가 이를 증명해준다.

현실에서 나이 들수록 정체되는 건 이미 성장을 다 했기 때문이 아니라, 시도와 모험을 할 수 있는 환경이 주어지지 않기 때문 아닐까? 책임질 게 너무 많은 어른이라서, 해야 하는 것들을 해내는 것만으로도 하루가 버거워서, 실패 후 감당해야 하는 무게를 너무 잘 알아서. 우리는 이제 모험을 즐기며 사고를 쳐대는 둘리가 아니라 그들을 먹여 살리느라 고단한 얼굴을 갖게 된 고길동에 이입하는 어른이 되어버렸으니까.

혼자일수록 더 필요한 것

"오후 생리 휴가 결제 부탁드립니다."

"허가합니다. 도장 쾅."

공유 오피스 동료인 다혜 작가와 나는 종종 회사 놀이를 한다. '가능하면 남들 일할 때 일하고 놀 때 놀자'라는 원칙을 세웠지만 몸이 아파서, 날이 너무 화창해서, 오늘은 도무지 일할 기분이 아니라서 등등의 수많은 이유로 게으름을 부리고 싶은 날이 잔뜩이다. 마감이 코앞이 아닌 이상 하루쯤 쉰다고 깎일 고가 점수나 다그칠 상사는 없다. 사실 그래서 더 문제다. 오늘의 내가 미룬 일거리는 결국 내일의 내가 울면서 해내야 하니까. 쉬면서도 죄책감이 든다. 그래서 다혜 작가와 나는 평일에 쉬고 싶을 때면 서로의 휴가 결재자가 되어주곤 한다. 역할놀이일 뿐이지만 휴가 허락을 얻고 나면 쉬는 마음이 한결 편하다. 어쩜 이렇게 뼛속까지 노동자 마인드란 말인가.

타고난 본성은 분명 한량인데 자본주의가 나를 이렇게 타락시키고 말았다고 슬피 울며 출근하는 곳은 서울 마포구에서 운영하는 마포출판문화진흥센터 공유오피스다. 출판업을 하는 창작자들을 지원하기 위해 마련된 공간으로, 심사를 거쳐 일정 기간 이용할 수 있다. 저렴한 임대료와 깨끗한 시설, 다양한 지원 프로그램도 좋지만 비슷한 일을 하는 사람들을 만날 수 있다는 것 역시 장점이다. 활자를 읽는 사람이 날로 줄어드는 이 시대에 기어이 책을 만들겠다고 분투하는 이들의 고단함과 생기가 잔잔하게 뒤섞여 흐르는 공간은 묘한 유대감을 준다. 이런저런 워크숍이나 소모임에 참여하면서 함께 무언가 도모하거나 인사이트를 얻는 기회도 소중하다. 정책 만세. 복지 만세.

공유 오피스에 입주하기 전에는 집과 카페가 사무실이었다. 집에서 일한다고 해서 꼭 혼자인 건 아니다. 한동안은 눈을 뜨면 정신이 깨기도 전에 책상 앞으로 가서 컴퓨터부터 켰다. 접속한 화면에는 나와 비슷한 몰골의 얼굴이 몇몇 더 떠 있다. 우리는 간단한 인사만 나눈 후 각자의 일에 몰두한다. 40분간 일을 하고 나면 20분의 달콤한 휴식 시간이 주어진다. 그 틈을 활용해서 세수와 샤워를 하면서 사람 꼴을 갖추기도 하고 뒤늦은 아침을 챙겨 먹기도 한다. 2분 같은 20분이 지나고 나면 다시 40분간 자리에 앉는다. 다시 20분의 쉬는 시간. 빨래를 돌리고 청소기를 민다. 피곤하면 그냥 드러누워 쉬기도 한다. 그러다 그대로 잠든 적도 있긴 하지만, 20분이 지나면 어김없이 책상에 앉는다. 그렇게 다시 40분이 지나고 나면, 드디어 자유다.

시간표가 정해진 수업을 듣는 것도 아니고 온라인 감옥에 갇힌 것도 아니다. 지난봄부터 가을까지, 프리랜서 몇 명이 모여 모닝 루틴 모임을 함께 했다. 오전 10시부터 오후 1시까지 화상회의로 만나 각자 할 일을 하고 헤어지는 방식의 모임이었는데, 덕분에 규칙적으로 일어나고 일하는 루틴을 유지할 수 있었다.

프리랜서에게는 정해진 출퇴근 시간이 없다. 그러다 보니 들쑥날쑥한 업무에 따라 생활 리듬도 날뛰고 자동으로 생활 습관까지 엉망이 되는 경우가 다반사다.

특히 생활의 감시자가 되어줄 가족구성원이 없는 1인가구가 프리랜서로 일하면 그 자율성은 때로 감당이 되지 않을 정도다. 인간의 나약한 의지에만 기대면 결국 결심-실패-자학이 무한 반복되는 굴레에 갇히고 만다. 그러나 더 이상 자신의 의지 따위를 믿지 않게 된 어른은 대신 자발적으로 강제성을 만드는 합리적인 선택을 할 수 있다.

게다가 일을 결정하는 대표가 되었다가, 원고를 쓰고 취재를 하는 실무자가 되었다가, 세금계산서를 발행하고 비용 처리를 하는 행정 담당자가 되었다가, 책을 서점에 입고하는 유통 담당자가 되었다가, 다 떨어진 토너와 A4용지를 새로 주문하고 간식을 채워 넣는 업무 지원팀이 되었다가…. 프리랜서는 변검 공연을 하는 사람처럼 하루에도 몇 번씩 역할을 바꾸면서 변신해야 한다. 모든 밥벌이가 지겹고 고단하겠으나 대부분의 일을 혼자 결정하고 처리하는 프리랜서에게는 외로움이라는 정서가 첨가된다. 조직 없는 프리랜서의 삶은 대체로 만족스럽지만, 그래도 너무 혼자인 건 심심하고 외롭다. 같이 밥을 먹으며 수다 떨 사람이 없어서 심심하고 일의 지겨움과 고통을 토로할 사람이 없어서 외롭다. 혼자

일수록 동료의 존재가 그리워진다. 타인은 지옥이라고도 하지만, 마지막 회사를 다닐 때 취재편집팀 동료들 간에는 쿵짝이 꽤나 잘 맞았다. 회의 시간이면 일 얘기를 하면서도 뭐가 그리 재밌는지 깔깔거리는 탓에 다른 팀 직원에게 지적을 받았을 정도다. 그래서 그때의 소란함과 친밀함이 그립기도 했다.

이러한 연유로 프리랜서로 일하면서 이런저런 모임에 참여했거나 참여 중이다. 프리랜서 동료인 다혜 작가, 나리 작가와 포트폴리오를 만드는 모임을 했고, 우선순위에서 자꾸만 밀리는 창작을 위해서 매주 한 편 글을 쓰고 인증하는 온라인 글쓰기 모임도 참여했다. 마감을 지키지 못하면 벌칙으로 등산을 가야 해서 모임 이름이 라이팅 혹은 마운틴을 줄인 '라마단'이었다. 이듬해에는 더 극단적으로 벌금 4만 원을 건 '지옥의 마감 모임'도 했다. 콘텐츠를 만드는 페미니스트 에디터 모임인 '페디터즈'의 멤버이기도 하다. 비슷한 분야에서 일하는 에디터들이 한 달에 한 번 정기모임을 가지면서 일의 고민과 어려움을 나누고 정보를 교류한다.

낯선 사람과 공간에 대한 긴장감이 높은 나는 새로운 모임을 적극적으로 찾아다니는 편은 아니다. 회사를 다닐 때 외부 활동이라고는 기껏해야 취미 하나 정도였다. 특히 일에 관련된 모임은 완전히 관심 밖이었다. 그런데 프리랜서로 일하면서 나도 모르게 프로 모임러, 모임 중독자가 되어 가고 있다. 문제 해결의 회로가 기승전 '모임'으로 자꾸 흐른다. 혼자 글쓰기가 힘들어? 그러면 마감 모임을 만들자! 운동해야 하는데 너무 귀찮아? 그러면 운동 인증 모임을 찾아보자! 일에 정체기가 온 것 같아? 그러면 스터디 모임을 만들자!

한번은 일의 정체감을 토로하는 직장인 친구에게 스터디 모임을 권했다가 단박에 퇴짜를 맞았다. "인간은 회사에서 만나는 걸로도 족하다"라고 말하는 그에게서 몇 년 전의 내 모습이 겹쳐 보였다. 나도 회사 다닐 때는 분명 그렇게 생각하는 사람이었는데.

공유 오피스의 공간은 각 사무실이 벽과 문으로 구분되어 있지만 천장 부분은 2미터쯤 뚫려 있는 구조다. 일을 하다가 뻐근해진 목을 스트레칭할 때면 고개를 젖히고 뚫린 천장을 가만히 바라본다. 사각의 벽에 둘러싸여 고립되어 있지만 뚫린 천장 때문에 "저기요"라고 외치면 어디선가 바로 응답이 들려올 것만 같다. 실제로 누군가는 답해주겠지.

공간의 구조가 프리랜서의 동료애와 꽤나 닮았다는 생각을 했다. 같은 업무 목표를 공유하고 실행하지는 않지만, 그래서 결국 저마다의 고통과 지리멸렬함을 끌어안고 감내해야 하지만 적당한 가시거리 안에 머물면서 서로를 지지하고 도움을 요청할 수 있는 관계. 연금보험도 퇴직금도 없는 프리랜서에게 그런 동료애란 꽤나 든든한 비빌 언덕이다.

"오늘 출근해요?"

오늘도 부지런히 일찍 출근한 나의 동료에게서 카톡이 온다. 점심을 느긋하게 먹고 빈둥대고 싶다는 게으른 마음을 접고 답을 보낸다.

"가요!"

역시 혼자일수록 동료는 중요하다.

"오래 살고 볼 일"이라고 말하고 싶어

내가 일하는 업계에는 십수 년째 냉동보관 상태인 것이 하나 있다. 바로 글값이다. 10여 년 전 에세이를 청탁할 때 제시하던 원고료나, 2022년에 제안받는 원고료나 별반 차이가 없다. 심지어 더 적을 때도 많다. 강산의 변화보다도 더디다. 이렇게까지 뚝심 있을 필요는 없는데. "10년이면 강산도 변한다"에 반의하는 말로 "10년에도 글값은 안 변한다"는 새 속담이라도 만들어야 하는 거 아닐까.

글값에만 해당되는 얘기가 아니다. 인지도 높은 소수의 창작자가 아닌 이상 사진이나 일러스트, 영상 등 다른 창작 영역도 사정이 크게 다르지는 않다. 개인이 일감을 경쟁적으로 입찰해서 받는 방식의 플랫폼이 생기면서 오히려 노동의 값어치를 더 후려치는 경우도 허다하다. 그래서인지 비슷한 분야에서 일하는 사람들이 모이면 "이 일로 계속 먹고살 수 있을까" "지금이라도 메타버스 업계로 뛰어들어야 하나" 등의 자조가 도돌이표처럼 반복된다.

출판 에이전시로 시작해 콘텐츠 만드는 일을 업으로 삼은 지도 어느덧 십수 년이다. 모든 일이 낯설고 어색했던 20대의 사회 초년생은 제법 숙련된 40대 직업인이 되었다. 그 시간 동안 필름지는 디지털 PDF 파일로, 쿽(Quark)으로 하던 디자인 프로그램은 인디자인(InDesign)으로 변했고, 수많은 종이 콘텐츠는 웹으로 이동했다. 세상에나, 21세기 출판업계의 산증인 같네. 그 긴 시간 동안 변하지 않은 글값을 생각하면 역시 이 업계에는 희망이 없나 싶어진다. 그래도 가만히 되돌아 저 멀리까지 되짚어보면 제법 변한 것도 많다.

얼마 전 업무 의뢰 메일을 하나 받았다. 간단하게 문자로 인사를 주고받은 후 담당자는 메일로 의뢰 내용과 비용, 참고 자료까지 일목요연하게 정리한 메일을 보냈다. 군더더기 없고 충분하다. 외주 작업자가 이 일을 할지 말지, 어떤 방식으로 하게 될지 가늠할 수 있는 기본 자료를 일일이 청하기 전에 알아서 보내주는 클라이언트라니. 하나를 보면 열을 안다고, 첫 단추인 업무 의뢰가 제대로면 일하는 과정도 대체로 순탄하고 상식적이다.

나는 히터 기능을 갖춘 양변기에 앉은 채 푸세식 시절을 회상하는 '고인 물'의 심정이 되고 말았다. 이 상식적인 업무 의뢰조차 흔치 않던 시절이 있었기 때문이다. 처음 일을 시작할 때, 원고를 의뢰할 때는 정확한 비용을 안내하는 게 상식이라는 상식을 배운 기억이 없다. 대충 전화로만 비용을 얘기하고 서면으로 명시하지 않거나 계약서를 건너뛰는 경우도 허다했고, 업계에는 일단 작업부터 진행한 후에 최저시급도 안 되는 비용을 지급하거나 심지어 '너의 글(그림, 사진 등)을 실을 기회를 주지 않았냐'는 식으로 구는 곳도 많았다. 그런 시절인지라, 인터뷰 요청을 한 사람에게 "인터뷰하면 제가 책을 몇 권 이상 사야 하나요?"라는 질문을 받은 적도 있다. 이전에 다른 잡지 인터뷰 요청을 받은 적이 있는데 '홍보를 해주는 대신' 책을 몇십 권 이상 사야 한다고 요구했다는 것이다. 원고 청탁을 할 때 먼저 원고료와 지급일을 안내했다는 이유 하나로 상식적이고 매너 있는 편집자로 치켜세워진 적이 있을 정도다.

사람을 대하는 태도는 어떤가. 에이전시 업계에는, 아니 비즈니스 생태계에는 갑을병정의 위계가 너무나 명백하고 단단하다. 가장 꼭대기에 있는 대기업이나 공공기관의 담당자는 에이전시나 하청업체를 전문 파트너로 존중하기보다는 내키는 대로 시켜도 되는 아랫사람처럼 여기기 일쑤다. 사회 초년생 시절, 공공기관에 다니는 지인은 상사에게 "하청업체에게 그렇게 친절하게 굴면 안 된다."라는 주의와 함께 고압적 커뮤니케이션 방법을 배웠다는 얘기를 하기도 했다. 그렇게 대물림되는 갑질의 방법을 배우고 흡수한 '갑'들은 요구한다. 해리포터도 못 만들 세련되면서 따뜻하고 화려한데 담백한 디자인을. 헤르미온느도 해내지 못할 마감 일정을. 담당자의 변덕에 월간지 표지 콘셉트를 다달이 바꿔댄 적도 있고, 디자인 컨펌까지 끝난 책을 임원진의 한마디에 몽땅 뒤엎기도 했다. 여전히 몰상식을 업계 순리라고 착각하는 곳이 많다.

그래도 세상이 조금은 변하고 있는 걸까. 예전보다는 수평적인 태도로 일하는 클라이언트가 많아졌다. 정확하게는 그러한 개인이 많아졌다. 예전에는 갑이든 을 이든, 위계가 강력하게 작용하는 갑을병정 문화의 피해자인 동시에 가해자인 경우가 많았다. 기관 실무자는 고압적인 상사의 지시를 거부하지 못해 에이전시를 닦달하고, 에이전시 담당자는 몰상식한 실무자에 혀를 내둘러 놓고는 돌아서서 외주 작업자에게 무례하게 구는 식이다. 그런데 요즘 젊은 실무자들의 태도는 훨씬 수평적이다. 일하는 방식이나 내용에는 이견이 있을지언정, 무례한 태도 때문에 마음 상할 일은 많지 않다. 세상이 조금은 변한 게 맞을까? 아니면 1인기업이지만 대표나 편집장이라는 정체성으로 일하기 때문일까? 세상이 변한 게 맞으면 좋겠는데.

그렇다고 해서 나보다 경험이 적은 사람들에게 "세상 좋아졌어, 나 때는 말이야"로 시작하는 일장연설은 하지 않는다. 예전보다 좋아진 부분이 있다고 해서, 충분하다는 의미는 결코 아니므로.

정말로 충분하지 않다. 갈 길이 여전히 멀다. 늦은 밤이나 주말에 양해조차 없이 업무 연락을 하는 사람도 여전히 존재하고, 계약서를 쓰고 일을 시작하자는 말에 "서로 간에 그렇게 신뢰가 없어서 어떻게 일하느냐"라며 불쾌감을 드러내는 사람도 있다. 10년지기 거래처쯤 되는 줄 알았다. 얼굴 한 번 본 적 없는 사이였는데. 두루뭉술하기 짝이 없는 업무 의뢰로 스무고개를 하게 만들거나, 글을 기획하고 콘텐츠를 만드는 일의 전문성을 후려치고 "서너 시간이면 하나 쓰잖아요?"라고 후려치는 몰상식도 지뢰처럼 곳곳에서 등장한다. 몰상식과 무례는 두더지잡기처럼 아무리 내려쳐도 지칠 줄 모르고 솟아난다. 무엇보다 그놈의 글값. 글값이 문제다.

그럼에도 불구하고 조금은 나아지지 않았을까. 나아지고 있지 않을까. 나은 방향으로 가고 있는 거 아닐까. 갑질보다는 존중의 태도가 익숙한 젊은 실무자를 보며 희망을 걸어본다. 24시간 가동하던 인쇄업계가 9 to 6로 일하는 걸 보며 기대를 걸어본다. 어제와 오늘의 모습이 한 치의 오차 없이 똑같아 보이지만, 지난해와 올해를 비교해보면 제법 자랐음을 알 수 있는 우리 집 스투키처럼.

다양한 인물의 이야기를 에피소드 형식으로 엮은 정세랑 작가의 소설 《피프티 피플》에는 소현재라는 인물이 등장한다. 그는 직업환경의학을 전공하지만 산업재해를 일으키는 거대한 시스템 안에서 개인의 역할에 대한 한계를 느낀다. "늘 지고 있다는 느낌이 어렵습니다."라며 좌절하는 소현재에게 노 교수는 "돌을 멀리 던지는 거라고 생각"하자고 위로한다. 개인의 능력은 고만고만해서 같은 위치에서 던져 봤자 바뀌는 게 없다는 생각이 들지만, 시대와 세대를 지나면서 돌을 던지는 시작점이 조금씩 앞으로 나아가고 있을 거라고.

회사를 다닐 때 유명 작가에게 에세이 의뢰를 한 적이 있다. OO만 원 이하로는 작업을 하지 않는다는 회신이 왔다. 그에게 원고를 맡기지는 못했지만, 나는 그가 고마웠다. 그것은 인지도 있는 작가인 그가 자신의 자리에서 던질 수 있는 돌멩이였기 때문이다.

나도 내가 선 자리에서 조그마한 돌멩이라도 던져보려고 노력 중이다. 배포 있게 원하는 금액을 턱턱 부르지는 못하지만 터무니없이 낮은 원고료 앞에서는 금액 조정을 시도해본다. 철저히 갑 위주로 작성된 계약서에 나를 위한 항목도 슬쩍 추가해본다. 반응은 대체로 둘 중 하나다. 요구에 맞춰주거나, 아예 회신조차 없이 함흥차사가 되거나. 기본 예의조차 지키지 않는 무응답을 겪을 때면 맥이 빠지기도 한다. 그냥 주는 대로 받고 일할 걸 그랬나 후회될 때도 있다. 그래도 이것이 기성세대 직업인이 된 내가 던져야 할 최소한의 돌멩이가 아닐까.

"〈나이이즘〉 언제까지 만들 거예요?" 종종 질문을 받는다. 그럴 때면 내 답은 항상 같다. 가늘고 길게, 할머니가 될 때까지 만들고 싶다. 나이 들면서 찾아오는 노안과 함께 글자 크기를 키워가면서 말이다. 굵고 길게 만들 수 있다면 더할 나위 없고.

돋보기를 쓰고 〈나이이즘〉 교정을 볼 그때에는 모든 일의 가치가 좀 더 인정받았으면 좋겠다. 무례와 하대가 아닌 상식과 존중의 태도가 당연한, 꽤나 달라져 있는 세상이었으면.

얼마 전 배우 윤여정이 출연한 예능 프로그램을 봤다. 그는 1970년대 미국 플로리다에서 생활하던 시절에 대해 "그때는 공항에서 모르는 나라라며 여권을 모른 체했다. 요새는 그런 꼴을 안 당하더라."라고 회상하면서 "세상은 오래 살고 볼 일"이라고 했다. 이상하게 그 말이 참 좋았다. "오래 살아서 못 볼 꼴을 다 본다"라는 말이 아니라 오래 살기를 잘 했다고, 오래 살고 보면 틀림없이 더 좋아진 무언가를 만나게 된다고 말하는 오래 살아본 자의 증언에 기대어보고 싶다. 그런 날이 오면 나도 '라때적' 면모를 한껏 드러내면서 말해야지.

"역시 오래 살고 볼 일이야."

내가 가장 꼰대였을 때

Scene 1

대극장 무대 위. 20대 초반으로 보이는 연극부원 십여 명이 대본을 손에 들고 각자 연습 중이다. 주머니에 한 손을 넣고 짝다리를 짚은 채 대사를 읽는 1학년을 본 2학년생, 인상을 찌푸리더니 소리를 버럭 지른다.

2학년: 야, 어디 신성한 무대에서 주머니에 손 넣고 짝다리를 짚고 있어. 정신 안 차려?

1학년: 죄송합니다….

등장인물 중 한 명은 20대 초반의 나다. 나는 누구

일까? 바로 후배에게 시답지도 않은 이유로 꼰대질을 시전하는 2학년 선배다. 흑역사가 부끄러워 희곡 등장 인물인 척해봤다.

모두가 꼰대를 싫어한다. 꼰대에게 당하는 이들은 당해서 싫어하고, 꼰대인 이들은 자기가 꼰대인 줄 몰라서 꼰대를 싫어한다. 내 얘기다. 어린 꼰대이던 그때는 내가 하는 게 꼰대짓인 줄은 꿈에도 몰랐다. 그러니 연극 연습 무대가 신전이라도 되는 양 호들갑을 떨 수 있었겠지. 짝다리 따위가 뭐 대수라고.

꼰대라고 하면 나이 지긋한 사람을 먼저 떠올리곤 한다. 그러나 40여 년의 인생사에서 내가 가장 꼰대였을 때는 바로 20대였다. 특히 21살에 나의 꼰대력은 정점을 찍었다. 꼰대는 보통 자신의 생각이나 방식만 옳다고 여기고 강요하는 사람을 뜻하는데 폭넓게는 진상과 비슷하지만 나이, 계급 등 사회적 지위라는 권력을 갖고 휘두른다는 점에서 진상과 구별된다고 볼 수 있다. 그런데 학창 시절은 한 학년, 한 학번의 차이에도 뚜렷한 위계와 질서가 존재하는 시기 아닌가. 말하자면 새내기 시절을 끝내고 2학년이 된 나는, 후배가 생기면서 어쭙잖은 권력 휘두르기의 맛을 알아버린 것이다.

특히 내가 속한 연극동아리는 학과에 비해 나름의 규율과 위계가 존재하는 편이었는데, 동아리에 애정이 컸던 나는 규율을 지키고 수호해야 한다는 이상한 책임감에 휩싸여 있었다. 아니다, 이건 거짓부렁이다. 선배들에게 서슴없이 하고 싶은 말 다 하고 살았던 그 시절의 나를 떠올리면. 사람이 70년대에도 태어나냐고 놀리면서 에이지즘을 한껏 시전했던 흑역사를 생각하면. 그냥 선배라는 자리에서 권력 남용을 해보고 싶었던 거겠지, 뭐.

물론 나의 꼰대놀이는 연극으로 치자면 3막은 올리지도 못한 채 1막에서 초라한 막을 내렸다. 허술함과 만만함은 금세 실체를 드러냈고, 잠시 잠깐의 꼰대질은 이후 후배들의 지치지 않는 술자리 안줏감이 되었다. 후배들은 술만 마시면 그때의 내 말투를 따라 하면서 신나게 놀려대곤 했다. 꼴에 연극동아리라고 실감하게 연기해서 약이 더 올랐지만, 지은 죄가 있어서 정색도 못했다. 카리스마도 없으면서 꼰대 역할극에 심취한 자의 최후란 이렇게 볼썽사납다.

동아리에서만 그랬을 리가. 안에서 새는 꼰대력, 밖에서도 샌다. 경험은 미천하고 아는 지식은 다 책에서 나온 주제에 '너는 틀리고 나는 맞다'라는 자기 확신에 가득 차 있었다. 옳고 그름 사이에 회색지대 따위는 없다고 여겼다. 쉽게 단정했고 간편하게 평가 내렸다. 남들보다 도덕적으로 우월하고 윤리적이라고 내심 자만했다. 그렇게나 단순하고, 확고했다. 엄마가 "넌 너무 단순하다"라고 말할 때면 나처럼 복잡다단하고 섬세한 사람을 어떻게 단순하다고 할 수 있냐며 파르르 억울해했는데, 지금은 무슨 말인지 알 것도 같다.

나만 그런 건 아닌 것 같다. 나이와 꼰대력이 결코 비례하지 않는다는 걸 증명이라도 하듯 요즘에도 좁은 식견으로 세상 당당하게 구는 젊은 꼰대들이 많다. 언젠가 한컴오피스 문서로 작업하는 기관은 시대에 뒤떨어지니까 함께 일하지 않는다는 젊은 예술가의 얘기를 들은 적이 있다. 새롭지 않은 것을 구리고 꼰대 같다고 여기는 태도야말로 얼마나 꼰대적인지.

내 경우에는 오히려 나이를 먹으면서 수많은 확신이 물음표로 변했다. 틀릴 리 없다고 믿은 정답이 세상의 수식이 바뀌면서 오답 처리 되기도 했다. 양면인 줄 알았던 것은 알고 보면 대체로 다각형이었다. 특히 사람이 그랬다. 점잖고 어른스럽다고 평판이 좋았던 사람은 성희롱을 하며 추잡한 이면을 보여주었고, 어린 나에게 반말을 해대던 택시 기사는 새벽 골목길에서 무사히 집으로 들어설 때까지 헤드라이트를 밝혀주었고, 예민하고 불평 많던 동료는 퇴사 후 전혀 다른 밝은 사람이 되었다(그렇다, 회사가 사람을 망친 거였다).

그리하여 판단을 흐리는 일이 없는 나이라는 불혹의 나는 오히려 모르겠다. 확신의 마침표는 다 어딜 갔는지 죄다 물음표다. 이쪽 입장, 저쪽 입장 다 이해가 가는 회색 메뚜기가 될 때가 많다. 소위 말하는 '낀 세대'가 되어서인지 젊은 세대의 이야기와 노년 세대의 이야기에 다 고개를 끄덕이는 샌드위치 속 햄의 기분이다. 그만큼 이전보다는 유연하고 쉽게 단정하지 않는, 그러니까 덜 꼰대인 인간으로 성장했다고 믿는다.

앞으로는 어떨까? 인생 최대 꼰대기가 20대라는 기록을 깨지 않고 살아갈 수 있을까? 한국 사회에서 30~40대는 대체로 직장에서 후배 직원들을 통솔하는 관리자급이 되고, 집에서는 아이들에게 절대적인 영향력을 미치는 양육자가 되는 나이다. 크든 작든 이전에 비해 휘두를 수 있는 권력이 커진다. 나처럼 조직도 아이도 없는 인간일지라도 익숙해진 자신만의 가치와 방식을 의심 없이 믿게 된다. 이제는 하던 대로 하고, 생각하던 대로 생각해도 될 것만 같다. 나름 치열하게 부딪치며 익힌 거니까. 수많은 고민 끝에 정립한 거니까.

동시에 이러면 꼰대인가, 저러면 꼰대인가 고민스럽기도 하다. 아직 기성세대는 아닌 것 같은데, 10~20대 문화는 점점 생소해진다. 머리로는 이해 가지 않으면서 꼰대가 되지 않으려면 일단 받아들여야 할 것 같은 인지 부조화가 마구 일어난다.

실제로 꼰대 상사 욕으로 주를 이루던 친구들의 대화가 이제 "이러면 꼰대야?"라는 자기 검열로 바뀌고 있다. 초는 휴가만 갔다 하면 잠수를 타는 팀원이 불만이다. 휴가 기간에는 회사 호출에 응답하지 않을 권리가 있지 않느냐 싶지만, 각자 맡은 역할의 합으로 굴러가는 일인지라 팀원이 정보를 알려줘야 하는 상황이 발생했던 거다. 며칠 동안 연락이 닿지 않아 동동거린 초는 볼멘소리를 했다.

"나도 웬만하면 연락 안 해. 오죽 급하면 그랬겠냐고. 그런데 며칠 내내 카톡, 전화 다 씹더니 출근해서는 미안한 척조차 안 하더라고. 여기에 화나면 꼰대인 거야?"

준은 요즘 애들이 메신저로 대화할 때 첫인사나 마무리 인사를 건너뛰는 게 이해 불가다. “안녕하세요” “지금 시간 괜찮으세요?” 등의 인사 없이 바로 본론부터 말하고, 대화를 마무리할 때면 “알겠습니다”와 같은 확인 인사조차 없이 끝을 내는 게 당황스럽다고 했다. 예를 들면 “내일 3시에 OO에서 만나요”라고 메시지를 보내면 “네, 알겠습니다” “확인했어요” 등의 반응이 있어야 하는데 그대로 끝. 어차피 읽음 표시가 떠서인지 응답을 하지 않는다는 거다. 준도 말했다. “그래도 사람이 무슨 말을 하면 알겠다, 확인했다 반응을 해야지. 이렇게 생각하면 꼰대 된 거야?”

양쪽 모두 나름대로 이해는 간다. 그치만 아무래도 친구들 입장에 마음이 조금 더 기운다. 이렇게 생각하면 꼰대인 건가? 그렇다 해도 어쩔 수 없다. 꼰대 안 되기 너무 어렵다.

인생에서 가장 꼰대였던 20대를 돌이켜볼 때, 꼰대력은 굳건한 확신 위에 가치판단이 더해질 때 가장 순도 높은 결정체로 빚어지는 게 아닐까 싶다. 그러니까 “내가 해봐서 아는데”에 “너는 그래서 안 되는 거야”가 따라붙을 때.

한때 봉사활동을 다니던 곳의 대표는 무척 성실한 사람이었다. 자신의 성실함에 대한 자부심도 대단했다. 한 번도 4시간 이상 잔 적이 없다는 사실을 자랑으로 내세웠다. 거기까지도 꽤나 꼰대스러운데, 나에게 젊은 사람이 뭘 그렇게 많이 자냐고 타박하곤 했다. 정신력만 있으면 짧고 깊게 4시간만 자도 충분하다면서. 그에게 나는 하루 8시간씩 자는 게으르고 나태한 청년이었을 것이다. 그 가치판단은 심히 꼰대스러웠다.

누군가에게 그런 꼰대짓을 시전하지 않기 위해서는 열심히 확신을 경계하고 가치판단을 보류하면서 사는 수밖에 없다. 생소한 변화 앞이라면 일단 호기심을 갖고 들여다보면서. 외우자. 선 관찰, 후 판단.

다행히 나는 꼰대가 될 가능성은 낮아 보인다. 나이는 먹고 있지만 휘두를 수 있는 그럴듯한 권력이 없기에. 그래도 방심은 금물이다. 21살의 흑역사를 주기적으로 떠올리면서 경계심을 늦추지 않아야 한다. 그래야 적어도 다이아몬드급의 꼰대는 되지 않겠지.

04

여자로 나이 든다는 것

인생의 기본값은 비혼

"니가 이 나이까지 결혼 안 하고 살 거라곤 상상도 못 했다."

언젠가 엄마가 말했다. 존재를 상상조차 해본 적 없는 외계 생명을 마주한 듯한 얼굴로. 결혼이 인생의 기본값이자 상식이라고 굳게 믿는 그에게, 서른이 넘다못해 마흔이 되었음에도 결혼 가능성을 보이지 않는 딸의 인생은 정말이지 단 한 번도 예측해보지 못한 경로 이탈의 시나리오일 것이다.

실은 나도 몰랐다. 엄마만큼 굳은 믿음을 지닌 것은 아니었지만 20대 때는 막연하게 '때가 되면 결혼하겠지?'라고 생각했다. 결혼이 선택 사항이라는 훌륭하고 훈훈한 인식이 지금보다 현저하게 적은 시절이었고, 그 문제에 관해 딱히 주체적으로 사유해볼 기회도 없었기에 으레 말하는 '결혼 적령기', 그러니까 서른 전후가 되면 남들처럼 결혼하고 아이를 낳고 살겠거니 싶었다. 그렇다고 결혼 상대를 적극적으로 찾거나 결혼을 바탕으로 한 인생 계획을 열심히 세웠던 것도 아니다. 마치 숨만 쉬어도 나이를 먹듯이 굳이 노력을 기울이지 않아도 자연스럽게 도달하게 되는 상태가 결혼이라고 여겼던 게 아닐까.

사회가 모든 여성에게 끊임없이 반복해온 세뇌가 마침내 내게도 성공적으로 발현되어 '올해를 넘기면 시집가기 힘들다!'라는 위기감이 뜬금없이 솟아난 적도 있다. 선거철 정치인처럼 사람을 만나는 자리에서마다 "무조건 올해 안에 결혼할 거다"라는 말을 공약처럼 흩뿌리고 다녔다. 의지를 만천하에 밝히니 손을 뻗치는 이들도 있었다. 그 손을 덥석 잡았다면 나는 매우 높은 확률로 얼렁뚱땅 결혼하고 얼렁뚱땅 아이를 낳아 엄마가 그토록 원하는 '정상가족'의 범주로 굴러 들어갔을 것이다. 그런데 막상 그런 손길들이 나를 향해 손을 뻗자 정신이 확 들었다.

'이런 식은 아니야.'

'이 사람은 아니야.'

'지금은 아냐.'

정확하게 왜 아닌지는 모르겠지만 아무튼 아니었다. 아니라는 사실만큼은 분명했다.

무엇보다도 나는 도무지 알 수 없었다. 결혼의 실체가 무엇인지, 배우자와 평생 이상적인 관계를 유지하며 살 수 있는지, 여기서 이상적인 부부관계란 무엇이 전제되어야 하는지, 사회에서 반자동 시스템으로 만들어 놓은 결혼과 출산과 육아의 과정에 왜 나는 자꾸 질문이 생기는지, 누군가의 배우자가 되고 엄마가 되는 삶을 살 준비가 되어 있는지, 그전에 그런 삶을 원하는 게 맞는지. 내게 있어 결혼은 물 흐르듯 자연스럽게 흘러 흘러 진입할 수 있는 상태가 아니라 오히려 곳곳에서 떠오르는 의문을 하나씩 짚으며 역류해야 도달 가능한 지점이었다.

단순한 일화로 페미니즘이라는 단어도 모르던 10대 시절의 나는 결혼식 때 신부가 남성인 아버지의 손을 잡고 입장한 후 남성인 남편의 손으로 넘겨지는 행위가 이상했다. 그걸 깨닫고 엄마에게 해맑게 말했다.

"난 아빠 손 안 잡고 내 신랑이랑 동반 입장할래!"

바로 등짝 스매싱이 날아왔다. 엄마는 "아빠 서운해한다"라며 그런 말은 입 밖에도 꺼내지 말라고 했다. 그때 엄마는 이 유난스러운 사춘기 딸이 자라 아예 결혼 자체를 하지 않는 어른 여자가 될 것이라고는 상상하지 못했겠지. 그러나 나이가 들면서 유난스러움에 맥락과 경험과 이론이 더해지면 천하무적 유난러가 되는 법이다. 물론 내가 유난러라는 것은 모친 기준이고, 나는 그저 멈춤버튼을 자주 누르는 합리적 의심이 많은 사람일 뿐이라고 생각한다. "스톱, 왜 꼭 그렇게 해야 하죠?" 버튼을 누르고 또 누르느라 진도가 좀 늦다. 아예 멈춰버리기도 하고.

이러한 사실을 뒤늦게 깨닫고 20대를 돌아보니 무척이나 아쉽다. '결혼을 했어야 하는데' 혹은 '비혼주의자로 노선을 명확하게 정했어야 하는데'라는 아쉬움이 아니다. '비혼을 전제로 인생을 설계했어야 하는데'라는 아쉬움이다.

대학 졸업 후 서울에서 자취를 시작할 때 엄마는 반복해서 말했다. "꼭 필요한 게 아니면 아무것도 사지 마라." 어차피 몇 년 후에 결혼하면 가전제품이며 생활용

품을 새로 사야 하니, 굳이 돈을 써가며 짐을 늘릴 필요가 없다는 논리였다. 그 말대로 나는 질 좋고 비싼 물건의 소비를 절제했다. 필수품이 아닌 물건을 그저 갖고 싶거나 예쁘다는 이유로 살 때면 영수증에 죄책감이 같이 찍혔다. 말 잘 듣는 순종적인 딸이어서가 아니다. 좋은 것을 사고 누리기에 내 월급은 너무나 소박했고, 서울의 비싼 자취방은 비좁았기 때문이다. 물론 엄마의 반복적인 세뇌도 은근하고 강력했을 것이다. 비혼 결심이 확고했다면 흔들리지 않았겠지만 앞서 말했듯 그 시절의 나는 아무 생각이 없었고, 내 유난의 정체에 언어를 붙이지 못한 상태였다. 그래서 물건 하나를 사도 몇 년 사용하고 버리기 적당한 것을 골랐다. 적당히 저렴하고 아무 공간에 구겨 넣어도 어울리는 만듦새를 지닌 것들에 둘러싸여 지냈다.

적금 상품에 가입할 때도 '목돈 쓸 일(결혼)이 생길지 모르니까'라는 막연한 생각으로 3년 이하 상품에만 가입했다. 세탁기와 냉장고 등의 가전제품이 제공되는 대신 크기가 협소한 풀옵션 원룸을 선택했다. 공간은 넉넉하지만 목돈을 들여 살림살이를 마련해야 하는 빌라는 집을 구할 때 선택 사항에 넣어본 일이 없다. 괜히 목돈을 들여 사봐야, 엄마 말대로 '어차피 혼수품으로 새로 사야 하는' 상황이 올지도 모르니까.

그러한 삶의 방식은 부적절했다. 있을지 없을지 모를 인생의 배우자를 내 미래에 고정값으로 끼워 넣고 나면, 그렇지 않아도 불확실한 미래는 더욱 불확실해진다. '내'가 만드는 미래가 아닌 누군가와 '함께'하는 미래이기에 주체적이고 실질적으로 미래를 그리기보다는 막연한 공상만 하다가 끝난다. 특히 여성은 혼수 마련할 정도의 목돈만 준비하면 되는 대신 가사와 육아 노동의 주체가 되어야 한다는 암묵적인 룰이 존재하는 결혼 시스템을 생각하면, 더더욱 주체적인 미래 설계는 차단될 수밖에 없다.

자연스럽게 한계를 그을 가능성도 높아진다. 커리어를 선택할 때 결혼 후에도 지속하기 적당한 일인지, 그러니까 육아와 일을 병행하기에 적당한지를 고려하거나, 학업 욕구가 있음에도 제때 결혼하기 어렵다는 이유로 유학과 같은 도전을 주저하는 또래 여성들을 얼마나 많이 봐왔던가.

무엇보다도 현재의 삶을 '임시'로 여기게 한다는 점에서 그러한 삶의 태도는 가장 나빴다. 비혼이 아닌 미혼, 그러니까 아직 결혼하지 않은 미완의 상태로 자신을 인지하다 보면 현재의 삶은 대충 때우고 보내야 할 임시 상태일 수밖에 없다. 적극적인 소비를 통해 취향을 찾아가는 쪽이든, 미래를 위해 욕망을 누르며 돈을 아끼는 쪽이든 내 일상과 삶의 공간을 어떻게 꾸려갈지 주체적으로 그렸어야 했는데 그러질 못했다.

생각해보면 비혼이 아닌 기혼이 기본값이라는 게 이상한 일이다. 비혼은 태어날 때부터 자연스럽게 유지되는 상태이자 혼자만의 의지로 지속 가능하지만, 기혼은 현재 상태를 벗어나는 적극적인 변화이자 타인과의 협의가 있어야 가능한 삶의 형태다. 기혼 생활을 평생 유지하더라도 둘 중 하나는 비혼으로 삶의 마지막을 맞게 된다. 그런 관점에서 기혼이 아닌 비혼 상태를 인간 생애의 기본값으로 설정하는 쪽이 맞지 않을까?

이건 꼭 비혼으로 살기 위해서 필요한 세팅이 아니다. 비혼이 기본값이 될 때, 우리는 혼자 사는 삶뿐 아니라 함께 사는 삶도 주체적으로 상상하고 선택할 수 있다. 당연하지 않기에 남들이 하는 대로 흘러가거나 떠밀리듯 하지 않고, 진짜 나의 선택으로 결혼하고 출산할 수 있을 것이다. 내가 꾸리고 싶은 가정은 어떤 모습인지, 배우자와 어떤 관계를 맺기 원하는지, 가사 노동과 가정 내 역할 분담은 어떻게 이뤄져야 할지까지도 더 적극적으로 고민하면서.

결혼관이 급격히 달라지는 모습을 실시간으로 목격 중이다. 요즘 20대 여성들에게 결혼은 당연한 수순이 아닌, 선택 가능한 항목 중 하나다. 그러한 변화가 반갑다. 너무 일찍 태어난 걸까 아쉽기도 하다. 인생의 기본값을 어디에 두느냐는 완전히 다른 관점으로, 완전히 다른 삶의 방식으로 이어질 테니까. 하다못해 재테크에 조금이라도 더 관심을 갖지 않을까? 적어도 아무 계획 없이 얼렁뚱땅 20대를 살다가 뒤늦게 '이럴 걸' '저럴 걸' 하는 후회막심이스트가 되지는 않을 것 같다. 나처럼 말이다.

비혼을 염두에 두고 살다가 결혼하면? 하면 되지. 비혼으로 살다가 결혼하게 될 때 곤란한 거라곤 고작해야 새로 사야 하는 침대와 만기일이 남은 적금 정도일 테니.

자립과 의존 사이

여자, 혹은 여자들만 사는 집에 남자가 방문했다. 여자의 남자사람친구일 수도 있고 애인일 수도 있다. 어떤 관계인지는 별로 중요하지 않다. 아무튼 여자 혹은 여자들만 사는 집에 첫 방문한 남자가 쭈뼛쭈뼛 인사를 하며 들어섰다. 그럴 때는 마침맞게 형광등이 나간 상태다. 성인 키만 한 화분이나 옷장처럼 거대한 물건도 하필 그날 옮길 예정이다. 고장 난 변기나 샤워기도 당연히 있겠지? 남자는 옷소매를 걷어붙인 채 형광등을 손쉽게 갈고, 무거운 물건도 번쩍 들어 옮기고, 고장 난 물건도 뚝딱 고친다. 이어지는 다음 대사는 예상하다시피.

"역시 집에는 남자가 있어야 해."

드라마에서 많이 본 장면이다. 최근에는 리얼리티 예능 프로그램에서도 똑같은 장면을 보았으니 클리셰라기보다는 현실인 걸까? 독립 새내기인 여성 출연자가 2주간 고장 난 형광등을 방치해두다가 남자 지인의 도움으로 겨우 새로 형광등을 가는 장면에서 나는 "그거 아니야!" 외치고 말았다. 하필 카메라가 비추는 건물 외관이 익숙하다 싶었더니 위치가 사무실 근처였다. 당장 달려가 형광등 교체법과 함께 독립생활 십계명을 알려주는 오지랖을 부리고 싶었다. 길에서 우연히 마주치는 날에는 정말로 그를 잡아 세우고 "제가 형광등 가는 법 알려드릴까요?"라고 해버릴지도 모른다.

초보 독립자에게 집은 안온하고 평화롭기만 한 방공호가 아니다. 낯선 미션이 끊이지 않고 생성되는, 탈출할 수 없는 방탈출 공간이다. 나 역시 독립 후에 처음 내 손으로 형광등을 갈았고, 막힌 변기를 뚫는 방법을 깨우쳐야 했고, 벌레를 퇴치하는 가장 효과적인 방법을 익혔고, 무거운 가구를 들지 않고 밀어서 옮기는 노하우를 습득했다. 독립 연차가 쌓일수록 생활의 기술과 지혜, 혹은 꼼수는 차곡차곡 적립된다. 돈 주고 사기 어려운 실전 노하우다. 그러니 초보 독립인 곁에 척척 도와

주고 해결해주는 사람이 있다면 존재만으로도 얼마나 든든할까. 그런데 대대로 내려오는 말이 있다. 물고기를 잡아주는 게 아니라, 잡는 법을 알려줘야 한다고. 독립생활도 비슷하다.

스무 살, 소꿉놀이처럼 친구와 시작한 자취가 어느덧 20년. 친구와 살기도 하고 혼자 살기도 하다가 완전히 혼자 산 지도 10년이 넘었다. 독립생활 20년 차쯤 되면 송은이처럼 공구 풀세트를 다루면서 뚝딱뚝딱 웬만한 수리를 할 수 있을 줄 알았는데 나는 여전히 자타공인 똥손, 곰손에 손대는 족족 고장 내는 마이너스의 손이다. 그러나 마이너스의 손도 빌릴 고양이 손조차 없을 때는 혼자 해결할 수밖에. 혼자 사는 이상 결국은 혼자 무언가를 해결해야 하는 순간이 온다. "엄마 보고 싶어" 울면서 두 손을 걷어붙인다. 그리고 울며 겨자 먹기로 하다 보면, 는다. 뭐가 됐든. 무엇이든. 어떻게든.

특히 형광등 갈기는 독립생활의 기초 레벨, 난이도 1이다. 고장이 아니라 형광등 수명이 다한 것이라면 간단히 교체할 수 있다. 그보다 3단계쯤 어려운 병뚜껑 열기도 마찬가지다. 헐크가 잠갔나 싶을 정도로 끔찍하게 닫힌 병뚜껑도 병 입구에 뜨거운 물을 부으면 대부분

열린다. 세상이 좋아져 병뚜껑을 쉽게 딸 수 있도록 도와주는 도구도 있다. 내게 극악의 최고 레벨인 벌레 잡기도 마찬가지. 벌레를 대신 잡아달라고 친구나 애인을 부르는 일도 한두 번이지. 무엇보다도 새벽 3시 창문으로 침입한 벌레와 대치 중인 일촉즉발의 순간에는 멀리 사는 친구나 애인보다 무스 타입 살충제가 훨씬 더 든든하고 신속한 지원군이다. 참고로 '바'로 시작하는 네 글자 벌레를 잡는 데는 애플을 연상시키는 무스형 살충제 '바퀴잡스'와 세스코도 쓴다는(사실인지는 모른다) 젤 타입 살충제 '맥스포스겔' 조합이 최고다. 수많은 비명과 대치의 나날 끝에 얻게 된 노하우니, 그들과 전쟁 중인 사람이라면 꼭 시도해보길.

혼자 해결할 수 없는 영역에는 전문가가 존재한다. 에어컨 청소부터 각종 수리까지, 정당한 비용을 지불하면 전문가 선생님들이 알아서 척척 해결해준다. 자본주의 최고. 남자가 있으면 전문가를 부를 필요도 없다고? 정말로요?

살던 집 창문에 블라인드를 달려고 한 적이 있다. 당시 만나던 남자 애인이 설치해주겠다며 선뜻 나섰다. 천장을 뚫어서 블라인드 봉을 고정시켜야 했는데, 전동

드릴 사용이 익숙하지 않은 애인은 몇십 분간 땀을 뻘뻘 흘리면서 애먼 천장에 구멍만 뚫어댔다. 내 집도 아닌데. 결국 블라인드는 건물 전체에 울려대는 전동드릴 소리를 듣다못한 집주인이 내려와서 달아줬다.

지나간 연인 험담을 하자는 건 아니고, 남자라고 다 공구 사용에 익숙하거나 전자제품을 잘 다루는 건 아니며 그럴 필요도 없다는 얘기다. 물론 잘 다루면 멋있어 보이지만 그건 여자라도 마찬가지다. 공구 풀세트를 들고 다니는 송은이 언니, 얼마나 멋있어. 하지만 세상은 여전히 뭔가를 뚝딱뚝딱 만들고 수리하는 건 남자, 꼼꼼하게 손보고 다듬는 건 여자의 천부 재능이라고 여기는 듯하다.

온라인으로 조립형 물건을 주문할 때도 많은데, 조립형은 아무래도 조립의 난도가 중요한 구매 기준이다. 리뷰를 살펴본다. 역시 '여자 혼자 하기에는 어렵다' '남자인 남편도 어려워했다' 등의 리뷰가 잔뜩이다. 이상한 일이다. 무게가 많이 나가서 혼자 들고 움직이기 어렵다는 평이라면 모르겠지만, 조립의 까다로움에 굳이 남자 여자가 기준으로 등장할 필요가 있을까? 어렵다는 말에 잔뜩 겁을 먹었는데 막상 받아보면 나 같은 곰손도 충분히 조립할 수 있는 게 많았다. 잘못 조립하면? 해체하고 다시 조립하면 된다. 그리고 새로운 인생의 진리를 얻을 수 있다. 완제품이 비싼 데는 다 이유가 있다는 걸.

여성 저자들이 집 수리 노하우를 알려주는《안 부르고 혼자 고침》이라는 책이 있다. 제목처럼 형광등 갈기부터 싱크대와 배수구 수리까지, 독립에 필요한 다양한 생활기술 정보를 담은 유용한 책이다. 저자는 막상 해보면 어렵지 않다고 용기를 북돋으면서 "할 줄 아는 게 전보다 많아졌고, 아직 해보지 않았지만 할 수 있을 것만 같고, 어떤 문제에 부딪혀도 당황하지 않을 거라는 느낌. 믿는 구석이 생겼다. 그리고 그게 다른 이가 아니라 나 자신이라는 사실이 감격스럽다."라고 말한다.

내가 믿는 구석이 다른 누가 아닌 자신이라니. 퍽 근사하다. 나를 나에게서 떼내는 일은 불가능하므로, 믿는 구석이 나라면 시드는 마음이나 상황의 배반 같은 걸 걱정할 필요도 없다.

그렇다고 나를 지나치게 믿는 것도 좀 곤란하다. 진정한 독립이란 모름지기 자기 앞가림 능력과 의지하고 기대는 일 사이의 균형이니까. 백지장은 맞드는 것보다 혼자 드는 게 100배쯤 편하지만, 냉장고는 맞들지 않으면 들기 어렵다. 괜히 헐크에 빙의해 오기를 부리다가는 허리디스크만 얻을 뿐이다. 혼자 감당할 수 없는 문제일 때는 재빠르게 전문가나 주변의 도움을 요청할 것. 나는 다년간의 경험에 의해 '이건 내 손을 떠난 일이다' 싶을 때는 괜한 시간과 힘을 빼지 않고 신속하게 전문가를 찾는다.

특히 아플 때 도움이 필요하다. 혼자 살면서 아픈 것만큼 서러운 일이 없다고들 하는데, 진짜 혼자 아파보면 서러운 감정 따위는 사치다. 당장 입원과 퇴원 수속을 도와주고 필요한 물건을 날라주고 간호를 해줄 실질적 도움이 중요하기 때문이다.

한번은 급성 요추 통증으로 응급실에 실려 갔다. 이럴 때도 10분 거리에 사는 친구보다 5분 만에 달려오는 119가 더 유용하다. 신속하게 달려 온 구급차를 타고 응급실에 실려 갔더니 입원해야 한다고 했다. 챙겨온 거라고는 달랑 스마트폰과 지갑뿐인데. 이제 도움이 필요한 순간이다. 동네에 사는 친구에게 연락을 했다. 금세 달려와 준 친구는 입원 수속을 도와주고, 칫솔이며 슬리퍼며 당장 필요한 것들을 사다 주었다. 다음 날에는 다른 친구가 우리 집에 들러 속옷, 노트북, 충전기 등의 물건을 가져다주었다. 집에 들른 김에 베란다 화분에 물도 주고 갔다. 더 큰 문제는 당시 집에 고양이 두 마리가 있었다는 거였다. 이사 준비 중이던 친구의 고양이를 잠시 맡게 되었는데, 임보인이 고양이를 덩그러니 집에 남겨두고 입원해버린 거다. 결국 임보인 대신 원래 보호자가 우리 집에 이틀에 한 번씩 들러 고양이 밥을 주고 똥을 치우고 그 김에 우리 집 안부도 살펴줬다. 아, 이것은 돌봄이 돌봄을 낳고 그 돌봄이 새로운 돌봄으로 이어지는 돌봄의 뫼비우스 띠인가.

아무튼 혼자 살다 보면 누군가의 돌봄이 필요한 순간이 온다. 그럴 때 누구에게 돌봄을 요청할까 고민조차 필요 없는, 아주 안정되고 친밀한 관계의 누군가가 있다면 훨씬 좋겠다는 생각은 했다. 그렇다고 그게 꼭 가족관계증명서로 묶인 관계여야 할까?

입원 당시 같은 병실에 입원한 여자 환자는 매일 "냉장고에 찌개 만들어 놨잖아" "아니, 그거 챙겨 먹으라니까 왜 안 먹어"라며 배우자와 통화했다. 그의 통화를 들으면서 나의 의구심은 더욱 짙어졌다. 한편으로 제법 다정하고 살뜰하게 엄마를 걱정하는 환자의 아들을 보면서 '역시 남편은 없어도 자식은 있는 게 좋을까?' 생각은 했지만. 그렇지만 나 아플 때 돌보라고 자식을 낳을 수는 없는 일이다.

사실 생물학적 남성의 존재가 필요한 순간은 따로 있다. 예를 들면 집을 알아보고 계약서를 쓸 때. 여자 혼자 집을 알아보러 가면 명백하게 무례한 시선과 태도를 느낄 때가 많다. '혼자라고 무시하는 거야?'라며 친구를 대동해봐도 별반 다르지 않다. 어차피 같은 여자거든. 명징하게 느껴지지만 손으로 잡아낼 수 없는 연기 같은 무례를 마주할 때면 생각한다. 가상의 남편이나 남동생이라도 어디서 빌려와야 하나.

치안의 불안 앞에서는 정말로 가상의 남편과 남동생이 등장하기도 한다. 친구 진이네 집에는 김동석 씨가 산다. 새로 사귄 애인도 나 몰래 만든 남편도 아니다. 그는 택배를 받을 때 진이가 쓰는 가상의 남성 이름일 뿐이다. 진이네 집에는 김동석 씨가 살고, 우리 집에는 고은호 씨가 산다. 사업자명에서 따온 이름인데 어쩐지 꽃미남일 것 같다. 그는 과연 나를 혹시 모를 위험에서 지켜줄 수 있을까? 좀 더 우락부락해 보이는 마동석스러운 이름으로 바꾸는 편이 좋을까? 이렇게까지 해야 하나 싶겠지만 이렇게까지 조심하게 만드는 세상이라 터득하게 된, 조금은 억울한 독립 노하우다. 이런 건 과연 자립과 의존 사이, 어느 지점에서 해결할 수 있는 걸까.

네? 그러니까 역시 집에는 남자가 있어야 한다고요? 아니, 지금 그 얘기를 하는 게 아니잖아요.

마흔 언저리의 우정론

팬데믹 시대가 열리기 전 마지막으로 간 해외 여행지는 2019년의 베트남 하노이다. 여행 메이트는 함께 가장 많은 여행을 다닌 고등학교 친구 수연. 고등학교 때 만난 우리는 졸업 후 2시간여 거리에 떨어진 다른 지역 대학에 각각 진학했고, 졸업 후에는 무려 6시간여 거리의 서울과 통영으로 멀어졌다. 축지법처럼 거리감을 당겨주는 KTX조차 다니지 않는 지역이라 가는 데만 하루가 꼬박 걸린다. 수연은 결혼 후 아이 둘을 낳고 사는 공무원이고, 나는 서울에서 비혼으로 생활하는 프리랜서이자 1인 사업자다. 이처럼 사는 곳부터 삶의 방식까지 극과 극으로 달라졌는데도 신기할 만큼 수연과 나는 꾸준하게 인연을 이어왔고, 심지어 매우 자주 연락하면서 신발을 짝짝이로 신고 출근한 시답지 않은 일상부터 내밀한 고민까지 함께 나눈다. 가끔은 기꺼이 400킬로미터를 달려 나를 만나러 오기도 했다. 그 기꺼움이 나는 늘 고맙다.

나와 수연은 20대 후반에 어쩌다 함께 떠난 태국 여행을 기점으로 여행 메이트가 되었다. 태국과 스페인, 베트남을 갔고 제주도는 수차례 함께 여행했다. 올해 또 제주도 여행을 가면서 세어 보니, 수연과 같이 간 제주만 5번이다.

마지막으로 함께한 해외여행인 하노이 여행은 그런 우리가 알게 된 지 20주년 되는 해에 떠났다. 고1 때 만난 소녀들이 서른여덟의 어른이 되었다는 사실에 호들갑을 떨며, 우리는 이 길고도 위대한 우정을 이국땅에서 기념하기로 했다. 수연이 두 팔을 활짝 펴 들어야 할 정도로 커다란 플래카드를 제작해왔다. 현지인보다 여행객으로 더 많이 붐비던 하노이의 한 기찻길 마을에서, 우리는 "20주년 우정여행"이라는 글자가 큼지막하게 박힌 플래카드를 활짝 펼쳐 기념사진을 찍고 우정의 생존을 자축했다. 그건 정말이지 자축할 일이었다고 생각한다. 그런데 이제 와서 다시 셈해보니 20주년이 아니라 21주년이었다. 친구는 고1이 열여덟 살이라 착각했고, 나는 우리가 열여덟 살에 처음 같은 반을 했다고 착각했다. 아, 마흔 줄의 기억력이란.

40살이 되면서는 20살에 만난 대학 친구들과 20주년을 맞았다. 인생의 꼬박 절반을 친구로 지낸 셈이다. 무엇보다도 가장 까칠하고 감정이 널뛰던 시절의 나를 참아주었다는 점에서 인내심이 많은 은혜로운 친구들이다. 우리는 매일같이 단톡방에서 얘기를 나눈다. 아이가 아파서 병원에 왔다는 걱정부터 저녁 메뉴로 뭘 먹었다는 소소한 일상까지 범주 없는 수다들이 쏟아진다. 하지만 자주 만나지는 못한다. 넷 중 무려 둘이 해외에 살고 있기 때문이다.

대신 디지털 기술이라는 문명을 적극 활용한다. 올해는 일주일에 한 번 화상회의 플랫폼을 통해서 함께 책을 낭독하는 모임을 시작했다. 책 읽기는 반쯤은 핑계, 화면으로나마 얼굴을 보고 안부를 나누는 목적이 더 크다. 3년 전에는 10년 후가 될지, 20년 후가 될지 기약 없는 초호화 해외여행을 위한 계모임도 시작했다. 50~60대에 여행 가려면 하체 운동을 열심히 해야 한다는 다짐과 함께. 학창 시절 매일 같이 얼굴을 보던 친구들이 멀리 사는 건 못내 아쉬운 일이긴 하지만, 그 어쩔 수 없음 안에서 나름대로 방법을 모색하고 있다.

제법 길게 이어지고 있는 인연의 반대편에는 조금 다른 성격의 새로운 우정이 싹튼다. 친구를 만들기 최적의 장소인 학교를 떠난 후, 사회에 나와 20대에서 30대에 만난 인연들이다. 취미 모임에서 만나 친해진 친구도 있고, 일을 하다가 가까워져서 동료이자 친구인 관계로 발전한 이도 있고, 친구의 친구로 인연을 맺게 된 이들도 있다. 아무래도 30대에는 나처럼 비혼이거나, 결혼을 했어도 아이가 없는 친구들을 많이 사귀게 됐다. 알게 된 기간은 상대적으로 짧지만 라이프스타일이나 일에서 공통분모가 많다. 삶을 대하는 태도와 관심사가 비슷해 대화가 잘 통하기도 한다.

반대로 어릴 때는 친했지만 사는 방식과 가치관이 너무나 달라져 멀어진 사람들도 있다. 서로의 이야기에 관심을 기울일 수 없는 것을 넘어 불편한 이야기가 반복되면, 인연은 서서히 멀어졌다. 하지만 내가 어떤 걸 견딜 수 있고 어떤 걸 견딜 수 없는 사람인지 충분히 아는 어른이 된 후 만난 관계는 그런 면에서 더 안전하다.

눈치 보지 않고 편하게 이야기를 쏟아낼 수 있다. 어린 날에 무던히도 반복한 실패를 매뉴얼 삼아 조금은 더 노련하게, 안정적으로 서로에게 다가갈 수도 있을 것이다. 사회에 나와 맺게 된 인연이라 그런지 한 살 차이에 연연하던 학창 시절과 달리 나이의 많고 적음도 별로 중요하지 않다.

그렇게 친구이자 동료가 된 사람 중 한 명이 바로 다혜 작가다. 우리는 다혜 작가가 〈프리낫프리〉 잡지를 창간하면서 개최한 소모임에서 처음 만났다. 프리랜서라는 정체성을 지닌 사람들이 모인다는 반가움에 모임을 찾았다가 안면을 텄고, 이후 몇 번을 더 만났고, 정신을 차려보니 금요일마다 만나서 서로의 마감을 독려하고 함께 작업하는 사이가 되어 있었다. 이제는 아예 사무실을 함께 쓰는 다혜 작가와 나는 외주 업무를 함께 하고 일의 고민을 나누는 동료인 동시에, 콘텐츠 해비 유저라는 공통점으로 수다를 떠는 친구이며, 각자의 우물에 빠져 허덕일 때는 다정하게 안부를 챙기는 지지자다. 나이도 결혼 유무도 다르지만, 콘텐츠 에디터라는 공통분모와 페미니스트라는 지향점은 그와 나의 지속적 관계를 가능하게 한다.

30대 후반에서 40대 여성들의 모임인 '40언저리즈 우먼즈클럽' 소셜모임을 운영하면서도 또래 친구를 여럿 알게 되었는데, 여기서도 비슷한 얘기를 나눈 적이 있다. 같은 시대에 비슷한 나이를 통과하고 있는 사이이다 보니 빠르게 유대감이 싹텄다. 우리는 어떤 날에는 이곳저곳 아프기 시작한 몸에 관해 이야기했고, 어떤 날에는 일의 고민을 나눴고 그리고 또 어떤 날에는 인간관계를 주제로 얘기했다. 나이를 먹어도 여전히 어려운 관계에 울고 웃다가 자문했다.

'나이 들수록 친구 사귀기 어렵다고 말하는데 사실일까?'

'학창 시절 친구가 진짜 친구라는데 정말 그럴까?'

우리의 답은 엑스. 가치관이 더 단단하게 성립된 후인 성인기에 오히려 나와 잘 맞는 친구를 사귈 수도 있지 않을까? 물론 나이가 들수록 새로운 우정을 맺기가 어려운 면도 있다. 접점이 부족해서. 학교 다닐 때처럼 싫든 좋든 같은 공간에서 지지고 볶지 않으니 말이다. 아무래도 적극적인 의지와 노력 없이는 관계가 뿌리 내리기도 전에 흩날려가기 쉽다. '친해질 수 있을 것 같은데' '나와 잘 맞을 것 같은데' 싶어도, '다음' 그리고 '또 그다음'이 없으면 관계는 단발성에서 끝나 버리니까. 그래서 어른이 되면 '무슨무슨 동호회' '무슨무슨 클럽' '조기 무슨무슨회' 같은 사적 공동체에 진심이 되나 보다. 여기서는 총무, 저기서는 회장을 맡느라 바쁜가 보다. 시간과 노력을 애써 들여야 관계도 단단하게 이어질 수 있다는 걸 아니까. 그러니까 어른의 우정에는 일종의 미끼가 필요한 거다. 너와 내가 만날 수밖에 없는 어떤 미끼. 내가 하는 취미에 끌어들이거나, 모임에 초대하거나 하는 식으로. 상대가 덥석 물 만한 미끼를 잘 던지면서 우정을 쌓는 데 필요한 수고로움을 기꺼이 들인다면, 나이와 상관없이 새로운 우정은 얼마든지 가능하지 않을까? 바로 곁에 산 증인이 있다.

아빠가 퇴직한 후, 엄마와 아빠는 오래 산 동네를 떠났다. 수십 년간 쌓아온 관계와 일상을 뒤로한 채 새로운 지역에 정착하는 부모님이 걱정됐는데, 다행히 엄마는 새로운 친구를 잘 사귀었다. 코로나로 인해 동네 문화센터와 노인복지센터가 문을 닫았을 때도 친구들과 오붓하게 소풍을 갔고, 여행을 떠나기도 했다. 언젠가는 "친해지고 싶은 멋진 사람이 있다"고 얘기하다가, 몇 개월 후에 집에 갔더니 "그 사람과 친해졌다"라며 귀여운 자랑을 했다. 친해진 관계 안에서 갈등과 분란이 생겼던 이야기, 모임에 내분을 일으키는 사람을 어떻게 해야 할지 고민이라는 이야기도 해주었다. 엄마의 이야기를 들으면서 '나이 들어도 인간관계가 어려운 건 똑같구나' 생각했다. 반면 나의 아빠는 똑같은 기간을 그곳에서 보냈음에도, 나름 복지회관에서 그림도 배우고 바둑도 두는 활동을 했음에도 십수 년 동안 사귄 친구가 단 한 명도 없는 것으로 추정된다. 참으로 미스터리한 일이다.

상상해본다. 지금 우정의 유효기간은 얼마일까? 오늘 저녁을 뭘 먹을까 함께 고민하고, 내 하소연을 들어주는 이는 30년 후에도 친구일까? 농담 반 진담 반으로 타운하우스를 지어서 모여 살자, 집을 함께 지어서 한 층씩 나눠 살자는 등의 노후 계획, 아니 노후 로망을 나누기도 하지만 알 수 없는 일이다. 인생 모든 것이 그러하듯이 우정 역시 노력만의 영역이 아님을 너무나 잘 아는 나이가 되어버렸기에.

돌아보면 더없이 친밀했으나 생의 한 시절에서 멈추어버린 과거형의 인연이 많다. 나는 계속 걷고 있는데 그들은 어느 시절에 멈춰 있다. 가끔 그 얼굴들을 돌아보면 아쉬움이 들기도 한다. '내가 더 잘했으면 어땠을까' '조금은 다른 방식으로 관계를 맺을 수도 있었을까' 하지만 모든 관계에는 알맞은 때와 기간이 있는 거라 여긴다. 지금까지 지속되지 않더라도, 생의 한 시절을 함께하고 마음을 나눈 것만으로도 충분히 의미 있다고. 조금은 서글프지만 괜찮다. 엄마처럼 더 나이가 들어도 얼마든지 새로운 친구를 만날 수 있다. 그때는 그때의 나에게 가장 알맞은 인연과 우정이 생겨날 것이다. 그러니 집착하고 얽매이지 않되, 그저 지금의 우정에 충실해야지.

아, 연애하고 싶다. 진짜라니까?

"괜찮은 남자는 없었어?"

공원에서 농구를 했다는 말에 희구가 대뜸 물었다. 응? 농구하기에 바빠서 못 봤는데. 내 대답에 희구는 남자 많은 농구장에서 어떻게 주변 한번 안 둘러볼 수 있냐고 했다. 하루는 함께 카페에 갔는데 커피를 사서 나오자마자 "직원이 잘생겼다"라고 말했다. 그때도 나는 메뉴를 고르고 계산하는 데 집중하느라 직원 얼굴은 제대로 보지 못했다. 뒤늦게 "오, 진짜?"라며 얼빠진 소리를 하자 희구는 타박했다. "연애하려면 늘 레이더망을 세우고 있어야지. 올해 목표가 연애라면서?"

내가? 목표가? 연애? 그랬었지. 사실 희구에게 그

말을 한 이후로 한 번도 연애 생각을 한 적이 없다. 까맣게 잊고 있었다. 올해는 영어 공부를 결단코 하겠다는 새해 다짐도 3일은 가던데.

"요즘 만나는 사람 없어?"

"남자친구는 있고?"

"멀쩡하게 생겨서는 왜 연애를 안 해? 눈이 높은가?"

밥 먹었냐는 안부처럼 질문들이 날아온다. 당연히 누군가 옆에 있어야 한다는 듯이. 그러지 않으면 어딘가 흠결 있는 결격자라는 듯이. 현대사회에서 연애는 일견 그런 활동이다. 선택받을 만큼 멀쩡하고 매력 있는 사람이라는 사회적 인증이자 인정. 전혀 멀쩡하지 않은 속내를 지닌 사람이 연애와 결혼이라는 정상성을 손쉽게 거머쥐고 의기양양한 얼굴을 할 때면 그게 정말 인증이라고 여길 만한 것인지 의문스럽기는 하지만.

아무튼 연애나 결혼에 대한 질문과 관심도 서른 하고도 후반쯤 되자 좀 뜸해졌다. 이제 연애 시장에 속하지 못하는 나이라고 여기는 걸까. 연애에 관심 없는 비연애주의자라고 생각하는 걸까. 결혼 못 한 '불쌍한 노처녀'에게 함부로 하기엔 무례한 질문이라고 여기는 걸까. 어느 쪽이든 묻지 않으면 편하긴 하다.

나는 비연애주의자는 아니다. 좋은 상대가 있고 상대도 내가 좋다면? 안 할 이유가 없지. 사실은 하고 싶다. 복권 1등 당첨만큼 진실하고 간절한 바람이다. 그런데 이건 확률의 문제다.

친밀한 관계를 맺는 데 오랜 시간이 필요한 내향형 인간일지라도 20대에는 주변에 늘 사람이 있기 마련이었다. 학과 생활에, 동아리 활동에, 무엇보다도 모두 세뇌라도 당한 듯 연애라는 두 글자에 눈을 반짝이던 시기였으니. 관계 지속의 어려움과는 별개로 시작이 어렵지는 않았다.

그런데 학교를 떠나고, 직장을 떠나 프리랜서가 되고, 나이까지 한 살 한 살 먹으니 새로운 사람을 만날 기회 자체가 급격히 줄었다. 알고 지내던 남자들은 빠짐없이 결혼 상태에 진입했다. 프리랜서로 일하면서 새롭게 알게 된 이들도 꽤 있지만 모조리 여자다. 직업적으로 만나는 사람도, 사적으로 사귄 친구도 열에 열이 여자다. 사실 이런 환경에 별 불만도 없다. 어쩌다 또래 남자를 만난다고 해도 어떤 사람이냐는 두 번째 문제고 기혼자. 상황이 이러하다 보니 연애고 뭐고 일단 남자가 없다. 그리고 애석하게도 나는 이성애자다. 아직은.

나이와 함께 사회적 시각에서 보는 매력자본도 나날이 줄고 있겠지. 자기 비하하려는 게 아니라 현실 세계가 그렇다. 얼마 전 길에서 남자 너덧 명이 말하는 걸 들었다. 여럿이 한 친구에게 "왜 자꾸 이모들이랑 노냐"면서 비아냥거렸다. 대화에 섞여든 숫자를 들어 보니 남자들은 33살이었고, 그들이 이모라고 칭하는 여자는 38살이었다. 그렇다. 나는 연하가 좋은데 연하는 날 이모라고 생각하지 않으면 다행인 거다. 5살 어린 여자를 만난다고 자신을 삼촌이라고 여기지는 않을 것 같은데. 어쨌든 수요공급의 작대기가 영 맞아떨어지지 않는다. 글러 먹었다.

그렇다고 해서 상대를 보는 기준이 헐거워질까? 그럴 리가. 정상성에 편입되기 위해 낮추고 맞춘 연애 상태보다는 취향과 가치관을 고수하는 비연애 상태가 낫다. 최선은 아닐지언정 최악과 차악을 피해 차선에 투표하는 마음과 비슷하달까. 그러니까 연애를 못 하는 거라고? 네, 맞습니다. 맞아요.

설상가상, 엎친 데 덮친 격으로 서른 즈음에 빨간약까지 홀랑 먹어버렸다. 어떤 이들이 불법 복제 비디오

보다 무섭다고 벌벌 떨고, 가까이만 가도 물드는 줄 아는 페미니즘의 빨간 약.

시력 나쁜 사람이 안경을 쓰면 세상이 지나치게 또렷해진다. 덕분에 이전에는 몰랐던 집안의 먼지와 묵은 때의 존재까지 알게 된다. 너무 선명하게 잘 보여서 이전처럼 모르고 지나칠 수가 없다. 페미니즘도 비슷하다. 늘 어딘가 불편하고 부대끼던 것들의 이유를 명확하게 깨닫고 나면 '그러려니'가 잘 안 된다. 이를테면 스스로를 자꾸 "오빠"라며 3인칭으로 칭하는 남자를 참기 어렵고, "건강한 페미니즘은 좋지만 과격한 페미니즘을 반대하는 거지"라고 말하는 남자를 보면 "장애인 시위는 좋지만 선량한 시민들에게 피해 가지 않도록 평화적으로 해야지"라고 생각하리란 확신이 들고 만다.

참외는 일로 알게 된 사이다. 실명을 쓸 수는 없으니까 참외라고 불러보겠다. 참외는 둘이 밥이나 술을 먹게 될 때면 연봉이 얼마인지, 자산을 얼마나 모았는지, 회사에서 얼마나 인정받고 있는지를 얘기했다. 참외의 말은 항상 '나'로 시작해서 '나'로 끝났다. 끝내주게 지루했다. 참외는 나와 대화가 잘 통한다고 말했다. 아무래도 대화가 무엇인지 모르는 사람인 것 같았다.

키위는 페미니즘에는 관심이 없다고 했다. 취향 문제라고 했다. 그건 취향이 아닌 권력의 문제라고 말하는 나에게 페미니즘 책을 굳이 찾아서 추천해줬다. 당연히 자신은 읽지 않은, 읽지도 않을 책을. 한창 미투 고발이 쏟아져 나오던 시기, 키위는 '미투 걸릴까 봐' 무서워서 회사 여자 직원들에게 말을 걸지 않는다고 했다. 키위의 회사는 남자 비율이 절대적으로 높다. 그날 이후 나는 키위의 번호를 차단했다. 미투 '걸릴지도' 모를 가능성에서 그를 구해주기 위해서.

꼭 사람이 문제인 건 아니다. 아니, 사람만이 문제인 건 아니다. 30대의 연애는 대체로 연애에서 끝나지 않는다. 결혼과 출산이라는 수순이 레벨 테스트처럼 기다린다. 연애 상대를 볼 때도 더 멀리 내다보며, 더 면밀하게 따져보곤 한다. 그런데 한국 사회에서 암묵적이고 공고하게 정해진 수순인 결혼과 출산, 그에 딸려오는 역할과 질서들을 군말 없이 따를 자신이 도통 없다. 명절에 내 엄마 아빠를 두고 본 적도 없는 조상 제사를 지내러 가는 일은 도무지 하고 싶지 않다. 엄마는 제발 가버리라고 하겠지만 응, 내가 싫어. 아이를 낳으면 당연하게 남자의 성을 따르는 공기 같은 불평등도 불편하다. 결혼을 하더라도 아이는 낳을 생각이 없다. 그런데 이렇게 고정된 역할을 거부하는 나이 든 여자가 그에 동의하는, 아니 최소한 예민하다고 치부하지 않는 남자를 만날 수 있는 확률은 얼마나 될까? 그가 하필이면 나의 취향과 선호에 맞아떨어질 확률은? 심지어 그러한 상대가 나를 좋아해 줄 확률은? 차라리 복권 1등에 염원을 올인하는 편이 빠를지도 모른다. 이 망할 놈의 이성애를 치료하거나.

자칭 이유, 타칭 변명으로 연애를 관심사에서 밀어낸 채 지내는 편이지만, 가끔은 많이 외롭다. 누구라도 만나고 싶은 마음이 다글다글 끓을 때가 있다. 그렇지만 역시 확률이 문제인 것이다. 희박한 확률. 점점 낮아지는 확률. 0에 수렴하는 확률. 40대에는 아무래도 확률이 더 낮아지지 않을까? 희구와 나는 가끔 자조한다. 이번 생은 텄어. 그러니까 덕 많이 쌓아서 다음 생에 캘리포니아 백인 남자로 태어나자.

쿨하게 "연애 따위 관심 없어요" 말하고 싶었지만 안 하는 게 아니라 못 하는 거다. 간절히 바라지만 도통 안 되는 거다. 연애도, 복권 당첨도.

바라는 대로 안 된다고 해서 현재의 내가 모자라

지거나 삶이 결핍되는 건 아니다. 없으면 없는 대로 즐겁게 잘 지낸다. 나는 나와 꽤 잘 노는 편이다. 툭 하면 "연애하고 싶다" "로또 1등하고 싶다" 도돌이표처럼 내뱉는 주제에 최소한의 노력조차 하지 않는다는 점에서도 둘은 닮았다. 당첨을 원하면 최소한 꾸준하게 복권을 사는 노력이라도 해야 할 텐데, 연애를 원하면 희구말 대로 24시간 레이더망을 바짝 세우고 살기라도 해야 할 텐데.

애쓰지 않을지언정 연애하고픈 마음만큼은 진심이다. 반복해서 강조하지만 복권 당첨만큼 간절한 바람이다. 둘 중 하나만 선택해야 한다면? 에이, 뭘 물어.

다음 세대 여자들은 너처럼 살기를

믿어지니?

여성들을 협박해 끔찍한 성착취를 하고 텔레그램에서 유통하는 일이 대규모로 벌어졌어. 수십 개의 방마다 모인 수백, 수만 명의 이용자들은 누가 봐도 불법이자 폭력임이 분명한 성착취물을 돌려 보면서 여성의 몸을 한낱 오락거리로 삼았지. 미성년자도 포함된 피해 여성들의 연령도 낮았지만, 하나둘씩 검거되기 시작한 운영자와 가담자 대부분이 고작해야 20대 초반, 심지어 10대의 미성년자라는 사실에 사람들은 또 한 번 경악했어.

N번방 사건이 뉴스에 오르기 직전에는 세계 최대

규모의 아동 성착취물 사이트 '웰컴투비디오' 운영자 손정우가 검거된 상태이고, 이미 징역 1년 6개월 형을 선고받았다는 사실이 뒤늦게 알려지기도 했지. 10세 이하의 영유아들이 성폭행 당하는 영상을 무려 22만 건 유통한 그는 이미 자유의 몸이 되었대.

끔찍하지. 처음부터 끝까지. 누구라도 분노할 거야. 너도 그랬지. 요즘 애들은 왜 저 모양이냐고, 세상이 어찌 되려고 이러냐며 혀를 끌끌 찼지. 그런데 그 당연한 모습에 위화감이 드는 건 어째서일까?

어떤 감정의 첫 발현은 너무 강렬해서 평생 지워지지 않기도 해. 내가 최초로 성적 모멸감을 느꼈던 순간처럼. 초등학생 시절, 방과 후 청소 시간에 걸레를 빨고 있는데 같은 반 남자아이 둘이서 "걸레 빠는 거냐?"라는 질문을 묘한 뉘앙스와 표정으로 반복하더라. 어떤 의미인지 알겠지? 하지만 당시의 나는 그게 무슨 뜻인지 전혀 몰랐어. 그럼에도 나를 보며 키득대는 그들의 말투와 표정 때문에 설명하기 어려운 모멸감을 느꼈어. 화가 났지만 이유를 몰라서 화를 낼 수조차 없었어. 얼마간의 시간이 지난 후에야 그 아이들이 한 말의 뜻을 알게 되었지. 당시에 알았다고 한들 뭐가 달라졌을까? 남자아이가 여자아이의 치마를 들추거나 거울을 실내화에 붙여 속옷을 보려는 행동이 그 나이 '짓궂은' 남학생들이 하는 장난일 뿐이라고 모두가 여기던 시절이었는데.

생각해 보면 신기해. 분명 이차성징은 여자가 더 빠르게 겪는데, 나보다 키도 훨씬 작았던 그 아이들은 어쩜 그렇게 빨리 성에 관심을 가졌을까? 어디서 배웠을까. 무엇을 보았을까. 같은 교실에서 여자아이들 몰래 무슨 대화를 주고받았을까. 건널 수 없는 간극은 그때부터 이미 벌어지고 있었던 걸까.

자라는 내내 엄마가 한 말이 있어. 남자들은 '원래' 본능을 제어하지 못하는 동물이니, 여자가 알아서 몸가짐을 조심해야 한다는 말. 엄마는 세뇌처럼 반복하며 딸을 단속했지. 걱정임을 알지. 세상이 여성의 몸을 어떻게 보고 대하는지 이미 보고 겪었을 자의.

참 이상하지 않니. 문명사회에서 '본능'을 참지 못해 타인에게 폭력을 행사한다면, 잠재적 피해자가 아닌 가해자가 될 수 있는 쪽을 조심시키고 통제해야 하는 걸 텐데. 너는 자라면서 어떤 말을 들었니. 욕구가 폭력이 되어서는 안 된다는 걸 배운 적이 있니. 무엇이 폭력이고 아닌지 교육을 받은 적이 있니. 유흥과 오락이 아닌 존중으로 여성의 몸을 대하는 태도를 생각할 기회가 있었니.

90년대는 가정용 비디오와 인터넷이 보급되기 시작하던 시절이었어. 그 시절의 10대였던 나는 방과후면 비디오 대여점에서 최신 영화 비디오를 빌려와 친구들과 보며 놀았어. 한편으로는 불법 복제된 비디오도 저작권 의식 없이 많이 돌고 돌았지.

학교는 물론이고 사회 전체를 발칵 뒤집었던 사건이 기억나. 당시에는 '19금'으로만 소비되었지만 사실은 여성 피해자가 명백하게 존재하는 성폭력이었던 빨간 마후라 사건이. 오래전 일이라 세세하게 기억나지는 않지만, 빨간 마후라라는 제목의 미성년자 성관계 동영상이 퍼졌고 유행처럼 비디오를 구하고 돌려 보았던 분위기가 떠올라. 얼마나 많은 남자아이들이 그걸 돌려 봤을까? 그 또래 아이들이 으레 보는 '빨간 비디오'일뿐이라며 어른들은 알면서도 묵인했을까? 아니, 자신들도 비디오를 구해 보며 즐겼을까.

알고 있니? 그것이 또래 남학생의 협박으로 인해 촬영된 불법 강간 영상물이라는 사실을. 피해자는 경찰에 피해 사실을 밝혔음에도 불구하고 피해자로 호명되지

조차 못한 사실을. 심지어 불법적으로 복제되고 유통되는 비디오 시장에서 수없이 추가 가해를 당해야 했다는 걸. 하지만 아무도 그런 사실은 말해주지 않았어. 몸가짐을 조신하게 못 한 피해자를 탓하기만 했어.

나도, 너도 그런 문화 안에서 자랐지. 섹스는 미성년자가 결코 접해서는 안 되는 불건전한 무엇이지만 뒤에서 은밀하고도 공공연하게 소비되는 문화에서. '남자들은 다 그래' '원래 그런 거 보면서 크는 거야'라는 사회의 불법적인 공인. 그 거대한 비정상의 정상화 속에서 여성의 몸이 어떻게 도구화되고 해체되는지, 그 폭력성이 어떻게 왜곡된 성 인식으로 이어질 수 있는지에 관해서는 누구도 고민하지 않았어. 무엇이 섹스가 아닌 폭력인지 말해주는 어른은 단 한 명도 없었어. 가슴이 큰 여성을 대상화하는 '젖소부인' 같은 표현은 그저 농담처럼 소비되고, 어린 여성은 영계로 비유되어도 지적하는 어른 역시 단 한 명도 보지 못했어.

그런 세계에서 성인이 된 자들의 당연한 수순일까. 스무 살이 넘으니 포르노 소비는 훨씬 노골적이고 당당한 방식으로 이뤄지더라. 그런 걸 즐겨도 되는 '성인'이라는 이유를 등에 업고.

비디오의 시대가 저물고 불법 영상을 더 쉽고 저렴하게 구할 수 있는 웹하드 시대로 넘어왔어. 저작권 의식이 없던 시절, 영화나 드라마를 보기 위해서 수많은 사람들이 이용하던 웹하드 사이트에서는 몇백 원의 비용만 들이면 세계 각국에서 제작된 포르노 영상을 제재 없이 볼 수 있었지. 자신의 컴퓨터에 유형별, 나라별로 '야동'이 수천 편 있다면서 자랑하는 남자도 있었어. 술자리 안주 삼아 국산 야동이 취향이니, 일본 영상이 좋니 하는 대화가 오가기도 했지. 성매매업소에 다녀온 이야기나 해외여행에서 성매매 한 이야기를 무용담처럼 얘기하는 남자들도 있었어. 그냥 웃었어. 혹은 동조하며 농담했어. 정색하면 '쿨하지 못한 여자'인 줄 알았거든. 그런 '야한 얘기'쯤은 같이 즐길 줄 알아야 성인이라고 착각했거든.

그런데 뒤늦게야 알았어. 한국은 포르노의 제작과 유통 자체가 불법인 국가라는 사실을. 수많은 영상이 불법적으로, 동시에 공공연하게 유통되던 수많은 '야동' 사이트에는 여성의 동의 없이 촬영된 영상이나 강간 영상도 엄청나게 많았다는 사실을. 그런 사이트에서는 상업 포르노보다 불법 촬영물이 '실감 난다'는 이유로 훨씬 인기가 높았다고 하더라. 영상에 나오는 피해 여성들에게 별칭을 달고 조롱하며 즐겼다고 하더라. 유포된 영상으로 인해 여성 피해자가 자살했다는 이야기가 퍼지면, '유작'이라는 이름을 달고 소비한다고 하더라. 정말이니?

그리고 2020년. 마침내 수많은 기성세대를 경악시킨 N번방 사건이 수면 위로 드러났지. 그러니까 N번방은 새롭게 태어난, 소수의 비정상적인 괴물이 만들어낸 사건이 아니야. 아주 오랫동안 만연하게 이어진 비틀린 성문화가 디지털이라는 새로운 환경에서 폭발적인 영향력을 발휘했을 뿐. 거기에 툭 하면 집행유예로 끝나는 성폭력에 대한 솜방망이 처벌은 암묵적인 '허가 도장'을 찍어주지. 협박해도 돼. 강간해도 돼. 불법으로 찍고 유포해도 돼. 그 정도는 감상해도 돼. 그래 봐야 세상은 여성의 몸에만 관심을 가질 뿐이야.

오랫동안 양지와 음지에서 골고루 쌓여온 인식의 불균형은 성착취물 문제로만 나타나지 않지. 대학부터 병원, 언론사까지 여러 채팅방에서 동료 여성을 성희롱하고 강간 모의까지 하는 사건이 허다하게 터져. 여성 연예인들은 비정상적으로 마른 몸을 강요받고, 쇼핑몰에서는 이차성징도 오지 않은 여아들이 성인 옷을 축소시킨 듯한 섹슈얼한 옷을 입고 허리를 한껏 비튼 포즈를 취해. 게다가 미투운동을 전후로 수많은 업계에서 터지기 시작한 성폭력의 증언들을 봐. 장소와 업계를 불문하고 일상의 모든 장소에서 여성의 몸을 대상화하고 폭력을 행하는 일들이 일어나고 있지. 어디에도 안전지대는 없어. 그것은 영상 속 세계에서만 존재하지 않아. 나는 확신해. 이 나라에서 성폭력을 단 한 번도 경험하지 않은 여성은 둘 중 하나라고. 억세게 운이 좋거나, 그것이 성폭력이었음을 아직 인지하지 못했거나.

몇 년 전 어느 밤. 집에서 잘 준비를 하다가 여자의 비명을 들은 적이 있어. 분명 내가 사는 건물 안에서 난, 그저 금요일 밤의 열기에 취해 기분 좋게 내질렀다고는 생각하기 어려운 종류의 비명이었어. 평화롭던 방 안에 급속도로 불안과 공포감이 퍼지기 시작했어. 현관문 걸쇠를 건 채로 조심스럽게 문을 열자 위층에서 인기척이 느껴지더라.

"혹시 비명 지르신 거 그쪽인가요?"

내가 묻자 목소리가 들려왔어.

"아뇨. 저도 소리 듣고 나왔어요."

목소리에 용기를 내 복도로 나가니 잠옷 바람의 여자가 서 있었어. 한 건물에 살고 있었지만 인사 한번 나눈 적 없는 이웃과 이상한 첫 대면을 하고 있을 때, 아래층에서 또 한 여자가 나타나더라. 그는 비명을 듣자마자 경찰에 신고했다고 했어. "예전에 현관문을 여는 순간 따라오던 남자가 저를 집 안으로 밀어 넣으려고 한 적이 있거든요. 그때 생각나서 바로 신고했어요."라는 말과 함께. 사실 나도 그래서 문을 열었던 거였어. 누구라도 도와주기를 바라면서 간절하게 비명을 지르던 어느 밤이 생각났기에. 누군지도 모르는 이의 비명이 언젠가의 나여서, 언젠가의 나일 것이기에 두려움에 떨면서도 밖으로 나온 세 여자. 우리는 경찰이 올 때까지 기다릴 수가 없어 건물주를 불러내 함께 한 집 한 집 문을 두드리며 탐문 조사를 하기 시작했어.

"혹시 안에 다른 사람 있어요?"

"아뇨. 저 혼잔데요."

"잠깐 확인해도 될까요? 여자 비명이 들려서. 혹시 들으셨어요?"

"아, 듣긴 했는데…."

어리둥절한 표정으로 문을 열어주는 얼굴은 대부

분 남자였어. 비슷한 대화가 서너 번쯤 반복됐지. 그 사이 경찰이 도착해서 비명을 지른 여자와, 함께 있던 남자의 집을 찾아냈지만 몇 가지 질문을 하는가 싶더니 이내 떠나버리더라. '단순한 커플 간 싸움'이라고 여겼을까.

공포감에 휩싸였으면서도 기어이 밖으로 나온 세 여자와, 똑같이 소리를 들었지만 내다볼 생각조차 않은 이들. 귀찮음이 묻어난 무감각한 얼굴들을 보면서 나는 깨달았어. 들려도 들리지 않는구나. 도심의 밤에 으레 들리는 고성방가, TV 속에 흐르는 주인공들의 대화, 시끄러운 자동차 소음과 별다를 바가 없구나. 누군가 절실하게 외치는 구조 신호일지도 모르는 그 소리가. 그 악의 없는 간극이 참 단단하고, 멀게 느껴지더라.

너에게도 악의가 없지. 그래서 적당히 안타까워하고 분노하지. 뉴스를 끄는 동시에 다시 산뜻하고 안온한 일상으로 돌아가지. 그런 너를 보면서, 나는 요원하고도 불온한 꿈을 품곤 해.

다음 세대의 여자들은 부디 너처럼 살았으면.

불안과 공포, 모멸과 위축의 감정 따위에 이입할 필요 없이 자랐으면. 누군가의 공포와 두려움에 자신을 이입할 수밖에 없는, 그래서 손을 내밀 수밖에 없는 그 마음을 이해조차 하지 못했으면. 오로지 일신의 안위를 위해 살다가 이따금 시혜적으로 안타까움과 분노를 표하면 족한 삶이었으면. 그럴 수만 있다면 무감각하게 쪼그라든 자아에 좀 갇힌들 어떠냐고.

그런 날이 오면, '요즘 것들은 세상 잘 만나 자기밖에 모른다' '요즘 여자애들은 세상 무서운 걸 모른다'라고 욕을 퍼부으면서도 내심 안심할 거야. 긴장감 없이 밤거리를 누비고 불안함 없이 사랑을 나누는 모습을 보며 혀를 끌끌 차면서도 다행이다 여길 수 있을 거야.

지금 안티에이징이 문제가 아니라

사람이 최초로 나이 듦을 인식하는 순간은 언제일까. 한국에서 대학에 진학한 여성이라면 대학교 3~4학년쯤이지 않을까. 고학년이 되면 약속이라도 한 듯이 끊임없는 주변의 후려치기가 시작된다. "새내기들 부럽지?" "이제 왕고잖아" "화석이다, 화석" 따위의 말을 몇 번이나 들었을까. 고작 스물둘, 스물셋이었는데. 그게 가스라이팅이라는 걸 하는 사람도 당하는 사람도 모르던 야만의 시절이었고, 나는 타인의 후려침에 신나게 장단까지 맞췄다. 한 살이라도 어릴 때부터 아이크림을 발라야 주름이 생기는 걸 늦춘다는 괴담에 아이크림도 꼬박꼬박 발라가면서. 그러니까 주입당한 늙음의 인식인 셈이다.

그러다가 사회생활을 시작하면 다시 '어린 여자' 취급을 받는 역행의 마법이 일어난다. 하지만 방심하기엔 이르다. 곧 크리스마스 케이크의 시기가 다가오기 때문이다. 크리스마스 케이크의 시기란 여성의 나이를 크리스마스 케이크에 비유해 24살을 정점으로 보고 25살 이후에는 값이 떨어지는 케이크처럼 가치가 떨어진다고 보는, 합리성이 지구평면설에 버금가는 구시대적 이론이다.

하지만 음모론 맹신자가 압도적으로 많은 사회에서는 "그래도 지구는 둥글다"라고 확신을 지니기가 어렵다. 나도, 내 친구들도 정점을 지나 시들어가는 청춘을 서글퍼하면서 20대를 보냈다. 주름살 하나만 생겨도 호들갑을 떨었고, 29살을 지나 30살을 맞이할 때는 많은 이들이 지구 종말이라도 앞둔 듯이 굴었다. 그때의 나이 듦에 대한 공포란 오로지 가장 예쁠 나이를 지나 늙고 추한 외모의 시기로 접어든다는, 외적인 노화에 대한 것이었다.

그로부터 10여 년이 지났고, 30대의 끄트머리에 안착했다. 성실하게 십여 년치 더 나이를 먹었고, 눈가 주름도 생겼고, 흰머리도 하나둘씩 늘고 있다. 더 이상 새치라고 우길 수 없는 진짜 흰머리가. 반가운 일은 아니다. 어느 날 문득 거울을 보다가 없던 목주름이 선명하게 새겨진 걸 발견하고 "우와, 드디어 목주름이 생겼다!"라며 반가워한다는 건 쉽지 않은 걸 떠나 솔직히 좀 이상하다. 더구나 한국은 "동안이시네요"가 첫 만남에서 들을 수 있는 최고의 칭찬으로 통하는 곳 아닌가. 특히 한때는 귀찮을 정도로 많던 머리숱이 줄어드는 문제 앞에서는 정말이지 초연하기가 어렵다. 머리카락 풍성한 할머니가 되고 싶다는 욕망은 아무래도 포기할 수가 없다.

하지만 대체로 외적 노화는 후순위 관심사다. 요즘은 주름이 생겼다면서 큰일 난 듯 이야기하거나, 피부에는 무슨 시술이 좋으니 하는 이야기를 들을 때면 부럽다. 뭐가 부럽냐고? 기능적 노화가 아닌 미적 노화만을 걱정할 수 있다는 사실이. '아직 젊네' '아직 살 만하구나'라고 꼰대처럼 생각한다. 요즘 내 관심사는 오로지 건강이기 때문에.

30대 후반에 접어들자 또래 친구들과 대화에서 건강 점유율이 폭발적으로 늘었다. 연애니 연예니 하는 이야기가 주를 이루던 대화창이 영양제 추천, 운동 영상 추천으로 채워지고 있다. 미국 스탠포드대학교 연구진의 발표에 따르면 인간의 노화는 평생에 걸쳐 일정한 속도로 꾸준하게 진행되는 게 아니라 34살, 60살, 78살에 급격하게 진행된다고 한다. 30대 후반에 접어들면서 너도나도 "몸이 예전 같지 않다"라고 호소하는 걸 보면, 정말 그런가 싶다. 나부터도 그렇고.

더구나 나는 1인가구에 프리랜서라는, 건강을 망가트리기에 최적인 조건을 갖춘 채 오랜 시간을 살았다. 먹고 싶을 때 먹고, 먹기 싫을 때 안 먹고, 혼술을 마음껏 즐기고, 함께 술도 마음껏 즐기고, 마감이 닥치면 몇날 며칠이고 새벽잠 쪽잠을 자고, 마감이 끝나면 20시간을 내리자는 둥 몸에 나쁜 온갖 생활 습관을 만끽하면서. 과로와 인스턴트는 가깝고 여유와 집밥은 먼 많은 현대인이 그러하듯이.

그러나 축복의 나날은 그리 길지 않았으니. 이제 밤샘은 고사하고 평균 수면 시간보다 모자라게만 자도 하루 종일 피곤하고 정신이 몽롱하다. 벼락치기는 짧은 시간에 생산성을 낼 수 있는 고효율적인 방식이라고 합리화하던 시절이 완전하게 끝난 것이다.

원래 약했던 곳이 30대에 접어들면서 서서히 문제를 일으키는 경우가 많다. 어릴 때는 젊은 에너지로 어찌어찌 버틸 수 있지만, 신체 노화와 함께 실체를 드러내기 시작한다. 진작 운동도 하고, 식단도 신경 쓰면서 관리를 잘했으면 이런 증상이 좀 더 늦게 찾아왔으려나. 인간은, 아니 나는 어찌하여 소를 잃고서야 외양간 고칠 생각을 하는 어리석은 존재인지. 다행히 소 한두 마리 떠나 보낸 후에 남은 소라도 사수하려고 발버둥치는 이가 나만은 아니다. 동지들이 있어 노화로 가는 길이 외롭지만은 않다.

얼마 전부터 다년간의 불규칙한 식생활로 다져진, 그리하여 저마다의 신체 문제를 안고 있는 프리랜서들이 모여 '프리랜서 췌장 지키기' 모임을 시작했다. 우리는 매일 자신의 아침 식사를 인증한다. 식사 인증을 하는 김에 운동 인증도 한다. 먹고 싶은 대로 실컷 먹고 밤새고 싶은 대로 실컷 새는 20대의 삶을 부러워하면서. 80년대생 프리랜서로 이뤄진 이 모임에서 규칙적인 식사는 보디프로필용 몸매 만들기 따위보다 훨씬 더 중요하고 급한 미션이다.

사실 최근에 '이것이 말로만 듣던 노화인가' 싶은

몸의 변화를 경험하면서 나는 경악했다. 이제 겨우 40인데, 평균수명상 아직 살날이 더 많이 남았는데 벌써 몸이 고장 나고 체력이 떨어지면 60살, 70살에는 대체 어떤 몸으로 살게 되는 걸까 싶어서.

그런데 엄마 아빠를 보면 나이가 들며 이런저런 질환과 노화 증상은 겪지만, 기초체력은 나보다 훨씬 나은 것 같다. 가족 나들이나 여행을 갈 때 오후면 이미 체력이 바닥나 집으로 돌아가고 싶은 나와 달리, 엄마 아빠는 쌩쌩하다. 자꾸만 어디를 더 가자고 한다. 아침 9시 비행기를 예약했더니 왜 그리 늦게 출발하냐고 해서 여행을 취소해버리고 싶게 만든다.

우리 집에만 해당되는 얘기가 아닐지도 모른다. 내 또래는 대체로 초등학교에 입학하는 순간부터 평생 책상에서 공부하고, 먹고, 일하고, 교류하는 의자일체형 인생을 살지 않는가. 특히 한국인, 그중에서도 여성은 유년 시절에 생활체육과 친해지는 기회가 좀처럼 없다. 세계보건기구(WHO)가 2016년 세계 146개국 11~17세 남녀 학생의 신체 활동량을 분석한 결과, 운동 부족으로 분류된 학생 비율이 무려 94.2%로 146개국 중 가장 높은 수치를 기록했다. 여학생은 100명 중 97명이 신체활동 부족이었다. 특이한 점은 일반적으로 국가 소득 수준과 청소년 운동 부족 비율은 반비례 경향성을 보이는데, 한국은 예외적으로 국가 소득이 높으면서도 청소년 운동 부족이 심각하다고 한다. 대학 진학에 도움이 되는 국영수를 가르치느라 정작 평생의 버팀목이 될 건강은 등한시하는 셈이다. 게다가 미세먼지와 인스턴트, 배달음식 등 나쁜 환경적 요인까지 늘어나고 있으니, 이런 요인들이 맞물려 부모 세대보다 체력 면에서 훨씬 뒤처지는 세대가 되지 않았을까?

어릴 때부터 내게 체육은 늘 재미없고 힘든 대상이었다. 수학만큼이나 싫었다. 나름 최선을 다해서 달렸음에도 뛰는 폼이 엉성해서인지 대충 뛴다고 체육 교사에게 혼난 기억, 무서워하면서 뜀틀 연습을 하다가 결국 뜀틀과 함께 무너졌던 기억만 떠오른다. 체력장 부동의 5등급에, 철봉 매달리기 0초 컷인 인간에게 실기시험 위주의 체육 시간은 피하고 싶은 재앙일 뿐이었다. 만약 시험 점수를 위해 농구공을 던지는 자세만 무한 반복하는 대신 친구들과 팀을 이루고 신나게 뛰어놀았다면 어땠을까. 남자아이들이 운동장을 누비면서 축구하는 모습을 지켜만 보는 게 아니라, 함께 뛰는 게 당연한 환경이었다면 어땠을까. 그랬다면 운동이라면 치를 떨던 나도 좀 더 자연스럽게 운동을 옆에 둘 수 있었을지도 모른다. 아니, 확신할 수 있다. 체육이라면 최선을 다해 멀리했지만, 쉬는 시간 피구만큼은 열렬하게 즐겼던 어린 나를 떠올려보면.

어쨌든 나를 비롯한 이 시대의 수많은 어른은 어린 시절 기초체력을 쌓고 생활체육을 즐기는 데 실패했다. 건강 적신호가 켜지고 나서야 비싼 돈을 들여 PT를 받고, 없는 시간을 쪼개 필라테스에 등록하고, 각종 운동 기구를 사서 홈트를 한다. 그러느라 안티에이징까지는 관심이 가닿지를 못한다. 늙어가는 외형이 괜찮아서가 아니라, 거기까지 애를 쓸 기력이 없다. 인생은 언제나 우선순위에 따른 선택과 집중이니까.

그래서 온 세상이 크리스마스 케이크 이론을 설파하던 시절에서 한 치 앞도 나아가지 못한 채 안티에이징을 외치는 걸 볼 때면 아연해지고 만다. 수많은 광고는 피부 탄력과 주름에 신경 쓰지 않는 여자는 세상에 있을 수 없다는 듯 말하고, 스마트폰에서는 클릭한 적도 없는 안티에이징 제품과 시술 광고가 뜬다. 일상 대부분을 안전지대, 그러니까 외모 품평을 하지 않는 사람들로 이뤄진 세계에서 머물고 있지만 가끔 안전지대를 벗어날 때면 어김없이 "너도 이제 늙었네" "아줌마 다 됐네"라는 말을 부끄러운 줄 모르고 내뱉는 사람들을 본다. 화석과 크리스마스 케이크의 시기를 겨우 지나왔더니 이제 안티에이징이라니. 아, 지겹다 지겨워. 뻔하다 뻔해. 하지만 음모론에 쉽게 속아 넘어가지 않는 훌륭한 어른이 된 나는 동안 외모 만들기 대신 근력 운동을 검색하고 아이크림 대신 홈트를 위한 스탭박스를 샀다. 할머니가 되어서도 계단을 거뜬히 오르내릴 수 있는 튼튼한 무릎과 하체 근력이 훨씬 절실하니까.

05

무럭무럭 늙어서 어떤 할머니가 될까

문제는 느리고 늙은 몸이 아니야

곧 퇴사 예정이지만 한 치 앞의 운명을 알 리 없던 36살의 나는 외근을 가기 위해 신나는 마음으로 회사를 나섰다. 택시를 타려고 회사 앞 인도에 발을 내딛는 순간, 몸이 초고속으로 고꾸라졌다. 충돌의 강도가 너무 세서 내 무릎과 바닥의 충돌로 인해 지구 표면에 실금이 갔다고 해도 3초쯤은 '그럴 만해'라며 수긍했을지도 모른다. 당연히 박살 난 쪽은 내 다리였지만. 오른쪽 다리에 반깁스를 했다. 그 상태로 한 달간 사람으로 바글바글한 출퇴근 버스에 올라야 했다. 인파에 쉽사리 파묻혀버리는 존재감 없는 반깁스를 내려다보며 철없는 생각을 했다. "이왕 넘어지는 거 지구 표면에 진짜 실금을 내고서라도 확실하게 박살 낼걸" 존재감 넘치는 목발이었다면 자리 양보를 받을 수 있었을 것 같았기 때문이다. 그렇게 부질없는 상상을 할 정도로 다친 다리로 출퇴근 시간 버스를 이용하는 일은 불편했다. 택시를 타는 횟수가 늘었다.

그러고 나서 얼마 후, 퇴사를 하고 프리랜서 신분이 된 나는 맥주를 사기 위해 편의점으로 향한 참이었다. 여름밤 그리고 마감을 끝낸 프리랜서. 맥주를 마시지 않을 수 없는 완벽한 조건이니까(외 십수 가지 이유로 매일 마셨다). 그날따라 건물 1층의 복도 불이 켜지지 않았다. 자고로 모든 사건 사고는 사소한 변화로 복선을 깔아두는 법이지만, 머릿속에 맥주 생각밖에 없던 나는 매일 오간 익숙한 출입문을 향해 경계심 없이 발걸음을 내디뎠다. 그리고 다음 순간, 출입문 앞에 놓여 있던 커다란 화분에 발이 걸려 또 꽈당. 이번에는 무릎 대신 오른쪽 어깨 연골이 찢어졌다.

또 다른 어느 날. 이번에는 일용할 양식으로 가득한 택배 상자를 들어 올리고 있었다. 상자를 들고 일어나는 순간 허리에 미세하게 싸한 기운이 느껴졌지만, 역시나 사소한 복선을 대수롭지 않게 넘긴 채 미팅에 가기 위해 집을 나섰다. 두 시간여의 회의를 끝내고 일어서는데, 허리 아래쪽 감각이 이상했다. 괜찮아질 거라는 부질없는 희망에 기대어 택시를 타고 집에 왔지만 상태는 더 나빠졌다. 결국 기어서만 움직일 수 있는 사족보행 신인류가 된 채로 응급실에 실려 갔고, 일주일간 입원을 했다. 입원 기간 내내 10초 컷 회진 신공을 선보인 담당의는 척추 측만과 요추 퇴행이 있다며 "자극을 받으면 또 아플 수 있으니 조심하라"고 말했다. 서른여덟에서 서른아홉으로 넘어가던 새해 겨울의 일이었다.

같은 해 가을에는 한옥카페에서 열린 북마켓에 셀러로 참여해 하루종일 불편한 의자에 앉아 있다가 또다시 허리에 위기가 왔다. 내 부스는 내팽개치고 안면을 튼 지 1일차인 곽민지(a.k.a. 비혼세) 작가님과 이진송 작가님의 부스 바로 뒤 작은 방에 드러누웠다. 뜨끈한 온돌바닥에 누운 채로 신들린 영업력을 선보이는 두 사람의 등짝을 구경했다. 덕분에 초면에 "저 좀 누울게요"라며 남의 부스 뒤에 벌러덩 눕는 사람이 내향인일 리 없다는 단단한 오해를 사고 말았다.

지난 몇 년간 해마다 착실하게 어딘가 찢어지고, 탈이 나고, 아작 나기 시작했다. 어릴 때부터 곧잘 넘어지고 부딪치는 부실한 인간이었던 데 비해 신기할 정도로 부상에 의한 병원 신세는 진 적이 없던 나다. 그런데 괜찮다고 방치하고 책상 앞 노동자로 일하며 성실하게 몸을 혹사시킨 대가가 이제야 몰려오는 걸까. 30대 후반에 접어들면서부터 한 번 넘어져도 크게 다치고, 몸은 이곳저곳 돌아가며 파업을 한다. 그때마다 나는 몸에게 석고대죄한다.

"미안해, 이런 주인이라서. 한 번만 용서해주면 진짜 잘할게."

사과만 번지르르하게 해놓고 돌아서면 입 닦기 일쑤인 사악하고 게으른 주인이다. 순진한 내 몸은 악덕 주인의 말에 잘도 속아준다. 지금까지는 그런 편이었는데.

마지막 30대의 설 연휴가 지나자마자 찾아온 급성 허리 통증은 이제 호락호락 넘어가 주지 않겠다는 경고 같았다. "이제 젊은 몸 믿고 까불 나이 아니거든? 자꾸 이러면 가만 안 둬"라는 무시무시한 경고. 다행히 자애로운 나의 척추는 짧고 강력한 존재감을 어필하는 정도에서 파업을 멈춰주었다. 그러나 두 번의 낙상사고와 연이은 허리 통증에 따른 여파로, 일상을 대하는 내 태도는 꽤 달라졌다.

눈 때문에 길이 조금이라도 얼어붙으면 외출이 망설여졌다. 원래도 불편해서 잘 신지 않던 하이힐은 신발장에서 영구 퇴출시켰다. 멋지고 불편한 의자가 있는 카페에 가면 일어났다 앉았다를 반복하면서 척추 상태를 가늠하곤 한다. '이 정도 딱딱함은 참을 수 있으신가요?' '이 정도 무게의 박스는 들어도 괜찮을까요?' 전전긍긍 몸의 눈치를 본다.

그렇게 몸을 사리게 되면서, 불현듯 어떤 감각이 떠올랐다. 대중교통을 이용할 때 종종 내 몸을 침범하던 낯설고 무례한 손길의 감각이. 버스나 지하철을 타면 불쑥 내 팔이나 몸통을 잡는 거친 손길을 만날 때가 있다. 차가 급정거하거나 흔들릴 때, 빠르게 타고 내려야 할 때, 수많은 인파에 휩쓸릴 때 균형을 잡기 위해 내 몸을 기둥 삼는 노인들의 손이다. 그들을 주로 "아이고" "어어"와 같은 정체불명의 의성어로 다급함을 드러낸 후 반복되는 "아이고" "어어"로 대충 머쓱함을 표한다. 대부분 여성이기는 하나, 동성이라고 해서 허락 없이 내 몸을 침범하는 타인의 손길이 괜찮지는 않다. 매번 소스라치게 놀랐고 대체로 짜증 났다. 그런데 빙판길 하나에도 걱정의 날을 세우는 경험을 해보니, 무례한 손들의 행태가 조금은 이해되기 시작했다. 미안함과 수치심보다는 공포가 훨씬 더 크게 작용한 결과일 그 손이.

허리 통증으로 입원한 후, 통증이 조금 가시면서 지지대에 의지해 병원 복도를 왔다 갔다 산책했다. 정형외과 병동이었기 때문일까. 열린 병실 문 너머로는 기력 없이 누워 있는 하얗게 센 머리카락들이 유난히 많았다. 침대 머리맡마다 '낙상주의'가 커다랗게 쓰인 노란 스티커가 침대 주인인 마냥 존재감을 드러내고 있었다. 매직아이처럼 노려보면 이런 글자가 동동 떠오를 것 같았다. '그러니까 다치면 전부 다 네 탓. 나는 책임 없음.'

노인에게 낙상사고는 며칠 고생하면 그만인 타박상에서 끝나지 않는다. 귀를 기울여보면 넘어지거나 미끄러졌다가 다시는 걷지 못하게 되었다는 어느 집 부모, 부모의 부모 이야기가 괴담처럼 떠돈다. 괴담이 아닌 현실이다. 질주하는 버스에서, 수많은 사람이 거친 물살을 이루며 이동하는 지하철에서 내 몸을 다급하게 부여잡던 늙은 손들은 누구보다 잘 알고 있었을 것이다. 가벼운 낙상조차도 얼마나 치명적인지를. 아슬아슬 위태로운 허리와 함께 살고 있는 지금, 나 역시 넘어질 위기에 맞닥뜨리면 온 팔을 허둥거리며 손에 잡히는 무어라도 간절히 붙잡지 않을까.

갈 곳을 잃어버린 불쾌함은 다른 곳을 향한다. 승객이 오르기 무섭게 질주하고 정차하기도 전에 내릴 채비를 해야 하는 버스가, 엘리베이터나 휠체어 진입로가 없는 수많은 건물이, 제대로 정비되지 않은 도로가 훨씬 거슬린다. 깁스한 다리로 절뚝거리며 횡단보도를 건너보면 알게 된다. 젊고 건강하지 않은 다리에게는 보행신호가 터무니없이 짧다는 사실을. 캐리어를 번쩍 들고 계단을 오를 수 없어 엘리베이터를 찾다 보면 알게 된다. 어떤 지하철 역사는 엘리베이터 찾기가 별 다섯 개짜리 방탈출게임 난도에 맞먹는다는 걸. 세상의 많은 부분이 '젊고 건강한 육체'만 기본값 삼아 굴러가고 있음을, 그러한 몸에서 조금이나마 벗어나 보고서야 겨우 깨닫고 있다.

겨울철이면 신문과 방송에서는 낙상사고 예방법을 알려준다. 근력 운동을 해라, 빙판길에서는 보폭을 줄이고 천천히 걸어라, 정기적으로 시력 검사를 받아라. 그래, 다 맞는 말이지. 그런데 안전한 실내 환경을 조성하라는 조언에는 손을 번쩍 들고 싶다. 저기요. 실외 환경은 어쩌고요? 개인의 노력으로만 안전한 환경이 조성될 수 있나요?

보행신호 문제로 민원을 넣은 적이 있다. 차들이 빠르게 사방으로 모이고 흩어지는 거대한 교차로 횡단보도. 초록불이 켜지고 건너편에서 허리가 잔뜩 꼬부라진 노인이 느리게 걸어왔다. 반대편에 있던 나는 그를 지나쳐 횡단보도를 재빠르게 건넜다. 안전지대에 도착한 후 뒤를 돌아보았다. 노인은 이미 빨간불로 바뀐 횡단보도를 여전히 건너고 있었다. 차들은 그를 피해 움직이거나, 빵빵 경적음을 울렸다. 말 못 하는 차에서 어쩐지 표정이 읽혔다. "너 민폐야" 다음 날, 보행신호 길이를 늘려 달라는 민원 글을 올렸다. 며칠 후에 이러저러한 교통상의 이유로 당장은 어렵다는 담당 공무원의 공허한 연락을 받았다. 어쩔 수 없네, 생각하며 금방 잊었다. 얼마쯤은 그런 민원을 넣은 나 자신을 뿌듯해하면서.

그 일이 있고 한참 후, 노년 여성들의 일상을 그린 미국 드라마 〈그레이스 앤 프랭키〉에서 비슷한 에피소드를 봤다. 어느 날 주인공 프랭키의 친구는 새로 생긴 식당에 간다. 그러나 다리가 불편했던 친구는 식당 앞 횡단보도 신호가 너무 짧아서 길을 건너지 못한다. 수없이 시도하지만 번번이 횡단보도 건너기에 실패하고 우울해하는 친구를 본 프랭키는 어떻게 했을까? 동네 노인들을 모조리 호출, 담당 공무원에게 횡단보도를 건너는 데 걸리는 시간을 측정하게 만든다. 노인의 속도로 건너기에 보행신호가 얼마나 짧은지를 직접 보여준 것이다. 그리고 결국 보행신호를 조금이나마 늘리는 데 성공한다. 멋졌다. 느리고 불편한 몸을 민폐로 여기는 게 아니라, 그런 몸에 맞추지 못하는 세상에 문제 제기를 하는 모습이. 싸움은 저렇게 하는 거구나, 감탄했다.

현실에서는 불편하고 느린 몸들이 문제를 제기해도 외면하기 일쑤라는 사실에 씁쓸하기도 했다. 외면만 하나? 힘껏 외치면 도리어 왜 얌전하고 공손하게 문제를 제기하지 않느냐고 한다. '누구도 불편해하지 않을 선에서 조용하게' 이야기하라고 훈수를 둔다. 그러면 투명인간 취급할 거면서.

이제부터라도 주인을 잘못 만난 척추를 잘 보살피고 하체를 단련시켜 어디든 거침없이 걷는 할머니로 늙어가고 싶다. 넘어져도 거뜬한 발목과 안전하게 착지할 수 있는 순발력까지 갖췄다면 더할 나위 없겠지. 하지만 그러지 못하더라도 느린 걸음으로, 목발을 짚고, 휠체어를 끌고 씩씩하게 다닐 수 있는 세상이었으면 한다. 그러려면 하체 근력과 함께 싸움의 기술도 장착해야 하는 걸까. 잘 쪼그라드는 심장을 지닌 나는 프랭키처럼 용감하게 싸우는 할머니가 되고 싶다. "늙으면 민폐야" "늙으면 죽어야지"라며 자책하는 게 아니라, "늙은 몸을 존중하지 않는 세상 따위 망해버려!" 소리칠 수 있는 할머니. 더불어 "아이고" 하는 의성어 대신 "미안합니다"라고 정확하게 말할 줄 아는 할머니로 자라고 싶다. 이건 아주 중요한 문제다.

그런데 하체 근력은 스쿼트로 키울 수 있다지만, 싸움의 기술과 담력은 어떻게 배워야 하나. 현실의 프랭키가 있다면 수련이라도 받고 싶다. 하체 근력 다지기와 함께 배워야 할 기술이 또 하나 늘었다. 역시 배움과 성장에는 끝이 없고, 그건 즐겁지만 동시에 피곤한 일이기도 하다. 웬만하면 세상이 알아서 좀 변했으면 좋겠다. 좋은 말로라도 할 때 알아먹었으면 좋겠다. 나를 먹여 살리며 스쿼트를 열심히 하기에도 충분히 바쁜 인생이니까.

해주고 싶은 일

친척이 죽었다. 일을 마치고 서울에서 부산까지 내려가니 이미 한밤. 나보다 훨씬 먼저 도착한 엄마와 아빠가 장례식장을 지키고 있었다. 새벽, 조문객이 뜸해진 틈에 장례식장을 빠져나와 엄마와 나란히 컴컴한 복도 벤치에 앉았다. 졸음이 밀려와 이내 엄마의 무릎을 베고 누웠다. 엄마는 내 머리카락을 쓸어내리다가 흰머리가 있다면서 하나를 뽑았다. 하나, 또 하나…. 몇 년 사이 없던 흰머리가 하나둘 생겼다. 그거 뽑으면 안 되는데. 미용실 선생님이 흰머리는 뽑지 말고 짧게 잘라야 한다고 그랬는데. 속으로만 생각했다. 엄마가 내 머리를 만지작거리는 느낌이 좋아서. 엄마가 나를 무릎에 누이고 귀를 파주던 어린 시절로 돌아간 것 같았다. 그건 손잡기 외에 내가 기억하는 엄마와의 유일한 스킨십 행위이기도 하다. 생각해보면 그래서 엄마가 귀를 파주는 걸 유난히 좋아했나 보다. 어른이 된 후에도 이따금씩 귀를 파달라며 엄마 무릎에 누웠나 보다. 이제 귀지 제거는 아예 하지도 않으면서.

영영 세상을 떠난 사람들의 사진이 방마다 놓여 있는 병원 장례식장. 그곳에서 늙어가기 시작하는 딸의 흰머리를 뽑고 있는 더 늙은 엄마.

이 이상한 장면을 인지하고 나니 이루 말할 수 없이 서글퍼졌다. 언젠가 영정 사진 속 얼굴이 엄마가 될 때면 나는 누구 무릎을 베고 눕지. 내 귀는 누가 파주지. 그게 누구라도 엄마를 대신할 수는 없겠지. 그 순간 나이 듦은 너무나 선명한 절망이고, 신의 오류였다.

세상을 떠난 친척 어른은 죽기에는 조금 이른 나이였다. 이 글을 쓰는 동안에는 동창의 부고를 들었다. 그는 죽기에는 너무 이른 나이였다. 세상에는 그런 죽음이 너무 많다. 조금 이른 죽음, 너무 이른 죽음, 너무 갑작스러운 죽음, 너무 억울한 죽음…. 과연 몇 살쯤이면 괜찮은 죽음일까.

사실 엄마의 죽음이 내 죽음보다 훨씬 두렵다. 애정하고 원망하는 나의 엄마. 언제나 내가 원치 않는 방식으로 완전하게 내 편인 나의 엄마. 하루만 붙어 있어도 서로를 할퀴어대는 모녀지간이건만, 엄마가 사라진 세상은 상상만으로도 엉엉 울고 싶은 기분이다. 무언가 빠져나가는 느낌이다. 어느 누구에게라도 떼를 쓰고 싶어진다.

엄마 아빠는 부산에, 나는 서울에 산다. 자식이 자꾸자꾸 집에서 멀어지는 게 엄마는 못내 서운하다. 나는 해외 아닌 게 어디냐고 말하지만 내심 미안하다. 부러 미안한 티는 내지 않으려고 한다. 엄마가 원하는 대로는 살 수 없다.

멀다는 핑계로 1년에 서너 번쯤 집에 간다. 그때마다 4~5일쯤 집에 머물까. 길어야 1년에 20일. 그렇다면 내가 엄마 아빠와 보낼 수 있는 날은 앞으로 며칠이나 남은 걸까. 셈을 해본 어느 날, 마음먹었다. 자주 가야지, 더 자주 전화해야지. 그런데 결심은 또 어느새 흐려져 있다.

지난해 봄, 미진의 아빠가 돌아가셨다. 누구도 예상치 못한 갑작스러운 죽음이었다. 남은 이들은 슬퍼하는 동시에 내내 허둥지둥해야 했다. 생의 흔적은 고스란히 남긴 채 사람만 하루아침에 사라졌다. 남은 자들은 슬픔에만 젖어 있을 틈이 없다. 무언가를 해결하고 선택하면서 떠난 자의 뒷정리를 해야 한다. 죽음은 그런 일이다. 해외에 사는 미진은 코로나 시국에 갑작스러운 부고 소식을 듣고 귀국하느라 장례는 보지도 못했다. 대신 한 달 동안 엄마 곁에 머물면서 아빠의 주변 정리를 했다. 아빠가 생전에 신변 정리를 해둔 것이 워낙 없다 보니 애를 먹은 미진은 말했다.

"아직 때가 아니라고 생각하겠지만 그래도 부모님 친한 친구들 연락처는 저장해 둬. 나중에 장례를 어떻게 지내면 좋을지도 얘기 나눠보고."

장례부터 상속까지 필요한 항목을 엑셀 파일로 정리해두었으니 필요하면 얘기하라는 엄청나게 멋진 말과 함께.

하지만 여전히 나는 엄마 아빠와 그런 이야기를 진지하게 나누지 못하고 있다. 입 밖으로 꺼내지 않으면 두려워하는 일이 영영 현실이 되지 않을 거라고 믿던 어린 시절처럼.

얼마 전 영화제 시상식에서 조현철 배우가 아픈 아

버지에게 한 수상소감이 화제가 됐다. "투병 중인 아버지한테 용기를 드리고자 잠시 시간을 할애하고 싶다"라며 운을 띄운 그는 죽음을 "존재 양식의 변화"라고 정의하면서 너무 이른 죽음을 맞이한 다른 이들, 세월호 아이들과 산재로 사망한 김용균 군을 비롯한 수많은 이들의 이름을 호명했다. 자신은 이들이 죽은 후에도 분명히 여기 존재한다고 믿는다고. 그렇게 느낀다고. 아빠가 눈을 조금만 돌리면 볼 수 있는 마당 창밖의 빨간 꽃은 바로 할머니라고. 그러니 너무 무서워하지 말라고.

산 자들에 의해 기억되고 호명되는 한 다른 양식으로 존재하는 것이라며 이른 죽음들을 애도하는 동시에 아버지를 위로한 그의 말은 참 따뜻하고, 어른스러웠다. 나는 '저 철딱서니 없는 걸 두고 어떻게 가나'라는 엄마의 걱정이나 안 사면 다행일 것 같은데. 아직도 단단하게 여문 어른이 되려면 멀었다. 그러니 덜 큰 자식을 두고 엄마가 너무 이르게 떠나지는 않았으면 좋겠다. 조금 이르게 떠나지도 않았으면 좋겠다.

엄마 아빠와의 대화는 숙제로 미뤄둔 채 지난해에는 뜬금없이 내 유언장을 썼다. 조합원으로 활동 중인 협동조합에서 유언장 쓰기 모임을 연다는 소식을 듣고 고민 없이 신청했다. 세상에는 이른 죽음이 너무 많으니까. 혹시 모를 일이니까 강사에게 법적 효력이 있는 유언장 쓰기의 요건을 듣고 직접 종이에 유언장을 썼다. 유언장. 세 글자 아래에 가장 먼저 써내려 간 건 엄마 아빠에게 쓰는 편지다. 만약 이 유언장이 진짜 유언이 된다면 가장 걱정되는 건 아무래도 남은 사람들이니까.

"만약 이 유언장이 진짜 내 유언장이 되었다면 정말 미안해. 슬퍼하지 않을 수 없겠지만, 그래도 슬퍼하기만 하지는 않았으면 좋겠어. 나는 이제 고통에서도, 책임에서도, 더불어 엄마 잔소리에서도 해방이니까. 평화로운 세계에서 안식을 얻었을 테니 먼저 간 자식 때문에 매일 매일을 한스럽게 살아가지는 않았으면 해, 남은 생을 오롯하게 잘 누렸으면 해. 죄책감 없이 행복감을 만끽하기도 하면서. 이게 내가 남기고 싶은 유일한 부탁."

가닿기 힘든 부탁인 줄 알지만 그래도 썼다. 남긴 말 하나 없는 것보다는 위안이 되겠지. 그런 마음으로. 편지 아래에는 작고 귀여운 재산을 어떻게 나누고 기부하기를 원한다, 유품 정리는 누가 어떻게 해줬으면 한다, 〈나이이즘〉 통장은 함께 만드는 동료에게 증여한다,

디지털 기기는 초기화해서 기부해달라 등의 내용을 하나씩 추가했다. 쓰다 보니 써야 할 게 더 생각났다. 하지만 다 덤이 아닌가 싶다. 나 없는 세상에서 내 흔적이 어찌 처리되는지, 내 장례가 어떻게 치러지는지는 하찮은 문제일 뿐이었다. 죽은 척하고 자신의 장례식을 지켜보는 이중생이 될 게 아니라면. 참고로 이중생은 대학 때 공연했던 〈살아 있는 이중생 각하〉의 주인공 이름이다.

유언장을 쓰면서 새삼 바라게 된 게 있다. 최소한 엄마보다는 오래 살았으면 좋겠다는 거다. 나의 첫 유언장이 최후의 유언장이 되어서는 안 된다고 생각했다. 엄마 없는 세상은 슬프지만 그럼에도 불구하고 남겨지는 쪽은 나여야 한다. 상실을 견디는 쪽은 나여야만 한다. 그게 내가 엄마에게 줄 수 있는 얼마 안 되지만 가장 중요한 효도, 아니 사랑이기 때문이다. 그러니 순서도, 규칙도 없는 죽음이 적어도 나를 먼저 찾아오지는 않기를. 유언장을 쓰면서 나는 어느 때보다 간절하게 생을 바랐다. 세상의 수많은 이른 죽음 앞에서 간사하고 이기적이기 그지없는 마음으로 빌었다.

틀딱이 싫은 당신에게

"나 기억 나?"

"그럼, 너 맨날 만화책 가져와서 반에 돌리던 애 잖아."

고등학교 졸업 후 10년쯤 지난 어느 날, 소식이 끊겼던 동창을 만났다. 친하게 지낸 사이가 아니었기에 나를 기억할까 싶었는데, 또렷하게 기억하고 있었다. '반에 만화책 돌리던 애'로. 역시 사람은 자기만의 시그니처가 있어야 하나 보다. 나는 학창 시절 친구에게 만화책으로 각인되어 있었다. 친구 말대로 교과서 대신 만화책에 파묻혀 살았다. 수많은 허구의 세계를 펼치면서 다른 세상을 배우고 사람을 만났다. 이야기를 사랑하는 사람이 되었다.

그 시절의 나는 무심하고 뜨거운 동경과 루다의 세계인 〈쿨핫〉을 사랑했고, 상상력의 무대를 확장시켜 준 〈별빛 속에〉와 〈노말시티〉를 사랑했고, 슬플 때 힙합을 추는 현겸이가 있는 〈언플러그드 보이〉를 사랑했고, "미래는 언제나 예측불허. 그리하여 생은 그 의미를 갖는다."라는 명언을 남긴 〈아르미안의 네 딸들〉을 사랑했다. 애정했던 만화와 만화 속 인물을 꼽자면 지면 한 장은 어림도 없다. 책 한 권도 쓸 수 있다.

그토록 많은 인생 만화 중 딱 하나만, 반드시 하나만 꼽아야 한다면 역시 박희정의 〈호텔 아프리카〉다. 당시 보고 싶은 만화는 넘치고 인내심은 부족했던 나는 주로 단행본은 책대여점에서 빌려 읽고(빌린 김에 반에 돌리고) 보름에 한 번 나오는 만화잡지를 구매해서 봤는데, 〈호텔 아프리카〉는 만화잡지로 보고도 전권을 단행본으로 다시 산 몇 안 되는 만화책 중 하나였다.

〈호텔 아프리카〉는 1995년부터 만화잡지 《윙크》에서 연재된 엄청나게 아름다운 그림체를 지닌 만화다. 유타 사막 한가운데 작고 허름한 호텔을 배경으로 백인 엄마와 흑인 아빠 사이에서 태어난 유복자 앨비스, 호텔을 운영하는 앨비스의 엄마 아델라이드 그리고 호텔을 찾는 손님들의 이야기를 옴니버스로 풀어낸다.

성인 앨비스와 어린 앨비스의 시점을 오가면서 다양한 사람들의 사연들이 펼쳐지는 이 만화에는 혼혈 아동부터 흑인, 아메리카 원주민, 비혼모, 성소수자 등 온갖 사회적 소수자가 등장한다. 1990년대라는 시대를 생각하면 파격적이기 그지없는 설정이었는데 사회적 소수자니 인권이니 하는 개념조차 없던 10대의 나는 그저 〈호텔 아프리카〉 속 인물들이 아름다워서 몰입하고, 사연이 슬퍼서 울었다. 겨우 중학생이던 아이가 인생 곡절을 얼마나 이해한다고 그토록 이입했을까. 역시 그림이 너무나 아름다웠기 때문일까.

〈호텔 아프리카〉를 보고 또 보는 사이 나는 자연스럽게 차별은 사람을 아프게 한다는 걸, 세상에는 내가 속한 좁은 세계에서는 상상할 수 없는 많은 종류의 사람이 존재한다는 걸 배울 수 있었다. 나 자신조차 인지하지 못하는 사이에. 자라서 성소수자 혐오나 인종차별적 발언에 경계심을 갖는 어른이 된 데는 분명 〈호텔 아프리카〉의 지분이 있을 것이다. 그러니까 〈호텔 아프리카〉는, 내 인생의 첫 인권 교과서였던 셈이다.

그토록 아끼던 〈호텔 아프리카〉 만화책은 내가 부모님 집을 떠나 있는 사이 수십 권의 만화잡지들과 함께 실종되어 버렸다. 이사를 하면서 엄마가 갖다 버렸다고 기억하고 있는데, 엄마는 버린 적이 없다고 하니 그냥 실종인 것으로 하자. 지금은 돈 주고도 구하기 힘든 귀한 거지만 그런 걸로 치자. 아까워서 눈물이 흐르지만 땀인 걸로 치자.

어른이 된 나는 여전히 만화를 본다. 이제는 종이 만화가 아닌 웹툰으로. 성실히 연재를 챙겨 보기에는 바쁘고 지친 어른이라, 시간이 날 때 몰아서 본다. 여전히 재미있고 아름다운 작품이 많다. 시대에 맞춰 더 높아진 인권감수성을 갖춘 작품도 가득하다. 종이 만화에서 웹툰의 시대로 옮겨가며 달라진 점 하나는 댓글의 존재다. 그런데 댓글을 훑다보면 미숙하거나 단점을 지닌 주인공을 민폐라고 비난할 때가 많다. 답답한 상황이 조금만 길어져도 '고구마'라고 질타한다. 댓글이 없어 표현하지 못했을 뿐, 내가 어릴 때의 독자들도 그렇게 생각했을까? 아니다. 아무래도 등장인물의 다면성을 이해하고 성장을 기다려주는 여유가 확실히 줄어든 것 같다.

누군가의 세계를 공들여 만나고 기다려주는 수고로

움을 거부하는 태도 끝에는 쉬운 판단이 있다. 쉬운 판단은 쉬운 비난으로 이어진다. 가난해서, 지방대라서, 장애인이라서, 조선족이라서…. 사회의 구조적 성차별을 지적하거나 성폭력을 다룬 웹툰의 댓글창은 전쟁터를 방불케 한다. "페미 묻었다"라는 원색적인 비난을 서슴지 않는다. 혐오 표현을 비판한다면서 "장애인 차별하는 게 더 '병신' 같다" "저 사람은 조선족 같지 않게 괜찮네"와 같은 말을 문제인 줄도 모르고 내뱉는다. 혐오를 지적하는 기사에는 "혐오할 만해서 하는 게 뭐가 문제냐"라는 댓글이 달린다. 오물이 된 언어만이 넘쳐흐른다.

그런 집단 혐오의 공격 대상에서 빠지지 않는 하나가 노인혐오다. 〈나이이즘〉 잡지를 펴낸 후 생애 첫 북마켓에 나갔다. 지금은 반자동으로 참가 신청서를 쓰는 매너리즘에 절은 창작자가 되었지만, 당시만 해도 직접 만든 책으로 사람들을 만난다는 사실에 마음이 퐁퐁 떠다녔다. 세종문화회관 뒤뜰에서 열리는 야외 북마켓이었는데, 야외 마켓을 완성하는 마지막 요소인 날씨까지 화창했고 바람은 선선했다. 그 완벽했던 마켓을 잊을 수 없게 만들어준 화룡점정의 배경음악이 있었으니, 바로 세종문화회관 너머 광화문 광장에서 들려오는 우렁찬 집회 소리였다.

세종문화회관을 건물 앞뒤로 두고 대치라도 하듯 뒤뜰에는 독립출판물을 사고파는 이들이, 앞뜰에는 태극기를 손에 쥔 이들이 모여들었다. 북마켓 주최 측에서 살랑살랑 봄바람 무드의 음악을 스피커로 틀었으나, 우렁찬 집회 구호에 완전히 잠식당하고 말았다. 진정한 크로스오버의 축제 현장이었다.

회의든 집회든 오래 하면 집중력이 떨어지는 법. 집회가 길어지자 대열을 이탈한 노인들이 하나둘 북마켓에 모습을 드러내기 시작했다. 한 손에 미니 태극기를 들고 '이 해괴한 책은 무엇인고' 하는 눈빛으로 어슬렁거렸다. 그들의 등장에 나와 동료는 긴장했다. 부스에 활짝 펼쳐놓은 지면 때문이었다.

〈나이이즘〉 2호에는 꼰대력을 체크하는 항목으로 구성한 '꼰대력 빙고' 코너가 있다. 구경꾼들의 눈길을 한방에 사로잡기에 이만한 노이즈마케팅이 없지! 우리는 해당 페이지를 활짝 펼쳐 놓았다. 실제로 빙고 테스트를 보고 킥킥대면서 부스에 다가오는 사람이 많았다. 책 구매로 이어지는 경우는 별로 없었지만. 아무튼 이러한 연유로 태극기를 들고 나타난 노인들에게 신경이 쓰였다. 꼰대라는 단어에 발끈하거나 시비를 걸면 어쩌지. 내심 쫄았다. 다행히 "늙은이들 욕하는 거냐"며 호통치는 이는 없었다. "이 나이에는 어쩔 수 없이 꼰대야"라는 슬픈 독백 같은 말을 내뱉고 가는 사람은 있었다. 그러다가 젊은 관람객 한 명이 다가와서 잡지를 보더니 불쑥 말했다.

"틀딱들 빨리 좀 없어졌으면 좋겠어요."

생각지도 못한 말에 사고가 잠시 멈췄다. 당황하는 사이, 그는 멀어져갔다. 온라인에서 '틀딱'이라는 단어를 쓰는 경우는 봤지만, 입말로 내뱉는 사람은 처음이었다. 이런 혐오 표현을 정말로 사용하는구나. 온라인 세상에만 머무는 단어가 아니었구나. 새삼 놀랐다.

틀딱은 틀니라는 단어에 틀니가 부딪치는 소리를 합친 '틀니 딱딱'을 줄인 말로, 몰지각하고 무례하다고 판단되는 노인을 조롱하는 뜻을 담고 있다. 설명을 쓰는 것만으로도 기분이 구겨진다. 노인을 공경해야 한다는 지극한 경로사상 때문에 거부감이 드는 게 아니다. 마음에 안 들면 욕 좀 할 수 있지. 비판은 더욱이 할 수 있지. 그런데 노인은 장유유서를 떠받드는 한국 사회에서 기득권인 동시에, 사회적 약자이기도 한 오묘한 위치에 있는 집단이다. 노인의 강자성만 도드라지게 보기 때문인지 노인 집단을 향한 미움에는 유독 브레이크가 없는 것 같다. 살면서 겪은 나이 위계로 인한 억울함은 거침없는 노인혐오를 타당한 비판이라고 믿게 만든다.

그러나 '틀딱'은 약자성을 지닌 집단을 납작한 일반화로 후려친다는 점에서 바람직하지 않고, 하필이면 신체 노화적 특징을 조롱한다는 점에서 더욱 끔찍하다. 홍성수 작가의 책《말이 칼이 될 때》에 이런 구절이 나온다. "혐오 표현이 되려면 단순한 비하를 떠나, 소수자 차별의 맥락이 작동해야 한다." 동의한다. 그런 점에서 틀딱은 늙음과 장애를 동시에 차별하는 명백한 혐오 표현이다.

노인은 참 미워하기 좋은 존재다. 거리에서, 뉴스에서 만나는 노인들은 가짜뉴스에 현혹되어 사회갈등을 야기하거나, 공공예절을 지키지 않고 큰 소리로 떠들거나, 나이를 내세워 젊은 세대를 하대하며 비난의 빌미를 기꺼이 제공한다. 그러나 청년이라고 모두 건강한 신체를 지닌 게 아니듯, 여성이라고 모두 치마 입기를 좋아하는 게 아니듯 노년이라는 집단 안에도 다양성이 있고 저마다의 맥락이 있지 않을까?

퇴직한 아버지가 태극기집회에 나가는 게 고민이라는 사람을 본 적이 있다. 아무리 말려도 듣지 않는 아버지는 가족의 골칫거리였다. 그는 아버지의 행동이 밉지만 가족이기에 마냥 비난하기가 어렵다고 했다. 한편으로 이해도 간다고 했다. 조직에서 인정받는 게 삶의 중요한 가치라고 평생 배워온 한국 사회의 노년 남성에게, 집회 현장은 퇴직한 자신을 기껍게 받아주고 소속감과 성취욕을 주는 유일한 곳인지도 모른다. 공공장소에서 시끄럽게 통화하는 노인은 어떨까. 눈살을 절로 찌푸리게 하는 그 행위에도 숨은 맥락이 있을지 모른다. 나이가 들면 청력이 퇴화하는 경우가 많다. 노년 난청은 매우 흔하게 나타나는 현상이다. 잘 들리지 않으면 자연히 목소리도 커진다. 그 어찌할 수 없는 생로병사를 떠올리면 덮어놓고 비난하기가 어려워진다.

모든 인간은 저마다 복잡하다. 하나로 똑 떼어 앞뒤만 볼 수 없는 맥락과 배경이 엉켜 있다. 그래서 한 사람이 어떤 생을 살았는지, 어떤 삶의 배경을 갖고 있는지 맥락을 가늠하다 보면 수용까지는 못 해도 이해는 하게 된다. 행동은 비난하되, 존재를 혐오하기는 어렵다. 그리고 역시 맥락을 읽는 연습에는 좋은 이야기만 한 교재가 없다. 우리 모두에게는 자신만의 〈호텔 아프리카〉가 필요하다.

어떤 노후 준비

벚꽃의 계절이다. 팝콘처럼 팡팡 꽃잎이 터지는 벚나무 아래 모여든 사람들이 사진을 찍기 바쁘다. 벚나무 뷰를 즐길 수 있는 카페와 식당은 봄 기분을 만끽하며 먹고 마시는 사람들로 가득하다. 소란하고 왁자지껄하다. 나는 생각한다. 팬데믹 시대 맞아? 난리벚꽃장이네.

'난리벚꽃장'은 벚꽃의 고장 진해에만 존재하는 진해 특허 명사로, 벚꽃이 도시 전체를 뒤덮는 계절이면 그 많은 벚꽃보다 더 많은 사람이 몰리면서 시끄럽고 복잡해지는 벚꽃장(진해 벚꽃축제인 군항제를 진해 사람들이 부르는 말)처럼 번잡스럽고 시끄러운 상태를 비유적으로 일컫는 말이다. 용례로 진해에서는 교실에서 종이 친 줄도 모르고 왁자지껄 떠들고 있으면 선생님이 문을 벌컥 열면서 소리친다.

"종친 지가 언젠데 떠드노. 난리벚꽃장이네!"

진해는 나의 고향이다. 부산에서 태어나긴 했으나 기억도 못 할 갓난아기 시절에 온 가족이 진해로 이사했고, 성인이 되어 집을 떠나기 전까지 진해에서 쭉 자랐다. 그래서 내게는 진해가 고향이다. 원래는 진해시였는데 2010년 마산과 진해가 창원에 통합되면서 창원시 진해구가 되었다. 나라 잃은 슬픔에 비할 바는 못 되지만 고향 잃은 아쉬움 정도를 지니게 된 자로서 고향이 창원이라고는 도저히 말할 수 없다. 그래서 그냥 진해라고 한다. 진해시도 진해구도 아닌 그냥 진해. 봄이면 온 도시가 분홍색으로 물드는 곳. 끝에서 끝까지 차로 30분이면 다다르는 작은 동네. 내내 잊고 살다가도 벚꽃만 보면 한껏 그리워지는 곳.

부산에 있는 대학에 진학하면서 스무 살에 1차로 진해를 떠났고, 졸업 후 서울에서 일하면서 2차로 진해를 떠났다. 24살, 커다란 가방 하나만 덜렁 들고 서울에 왔던 날이 기억난다. 임시로 얹혀 지내기로 한 친구의 자취방이 있는 상도동에 도착했을 때 날은 까맣게 저물고 비까지 내리고 있었다. 마중 나온 친구와 우산 하나를 나눠 쓰고 한쪽 어깨를 적셔가며 그의 반지하 자취방으로 걸어가던 길은 참 낯설었다.

이후로 전국 축제를 돌아다니는 봇짐장수처럼 참 여러 곳에 짐을 쌌다가 풀었다. 상도동에서 낙성대로, 청파동으로, 다시 상도동으로, 신대방동으로, 구로디지털단지로…. 마음의 짐까지 풀어 놓기에는 마음도 시간도 두툼한 통장도 없었기 때문일까? 어느 곳 하나도 내 동네처럼 느껴지지 않았다. 계속 다른 어떤 곳으로 가고 싶었다. 힙한 홍대나 이태원 같은 곳에 살면 좀 더 신이 날까? 서울 같지 않은 고즈넉함을 지닌 서촌에 살면 이 바쁘고 거대한 도시에 정이 붙을까? 늘 부유하는 이방인인 채 다른 곳으로 고개를 돌렸다.

그러다가 5년 전쯤, 서울 서남쪽을 벗어나 서북쪽 은평구로 이사를 했다. 특별한 이유가 있던 건 아니다. 다니던 회사에서 출퇴근하기 편하면서도 집값이 아주 비싸지 않은 동네를 찾다 보니 은평구였다. 집을 보러 가던 첫날, 불광천에 흐드러지게 핀 벚꽃을 보고 첫인상 점수가 후해지긴 했다. 그런데 이사가 무색하게도 불광천 근처로 온 지 얼마 지나지 않아 퇴사를 했다. 굳이 은평구에 살 이유가 없어진 것이다. 그런데 은평구에서 몇 년을 보내면서, 처음으로 서울의 거주지를 '우리 동네'라고 부르게 됐다. 틈만 나면 지인들에게 은평구로 이사 오라고 호객을 한다. 무슨 일이 일어난 거지?

회사를 그만둔 후 프리랜서로 일하면서 동네에 머무는 시간이 길어졌다. 자연히 동네를 조금 더 알게 됐다. 심심하니까 동네 커뮤니티 모임이나 책방 모임 등에 나가기 시작했다. 그러면서 아는 얼굴도 하나둘 생겼다. 그 즈음 은평구에 거주하는 1인가구 여성들의 커뮤니티인 '은평시스터즈'도 생겼다. 멤버들은 단체 채팅방에서 지역살이와 1인 생활에 대한 정보를 활발하게 나눈다. 병원과 맛집 추천 등의 쏠쏠한 정보도 공유하고, 귀여운 강아지 자랑도 한다. 목공 수업이나 혼자 사 먹기 어려운 과일 나눠 먹기 등의 다양한 소모임 활동도 한다. 코로나로 인해 오프라인 활동을 한동안 하지 못하다가, 올해 활동을 재개했다.

요즘은 매주 살림사회적의료협동조합(줄여서 살림조합) 모임에 나가느라 바쁘다. 조합 10주년 행사를 준비하는 기획팀으로 활동하고 있기 때문이다. 은평구에서 가장 큰 존재감을 지닌 커뮤니티인 살림조합은 의료 기반의 협동조합이다. 결혼 유무와 상관없이 안심하고 나이 들 수 있는 마을공동체를 고민하던 페미니스트들이 의기투합해서 만들기 시작했는데, 2012년 2월에 조합을 설립한 이후 가정의학과, 치과, 한의원, 데이케어센터 등의 사업소가 조합원들의 힘에 의해 순차적으로 개원했다. 의료시설 외에 소모임과 운동모임도 다양하다.

처음 살림조합을 알게 된 건 가정의학과와 운동센터를 이용하면서다. 세심하게 이야기를 들어주는 진료 방식이, 다이어트가 아닌 건강에 초점을 맞춘 운동센터의 철학이 좋았다. 그러다가 보았다. "끝까지 나답게 살다가 아는 얼굴들 사이에서 죽을 수 있는 마을"이라는 살림조합의 지향점을. 그 문구를 처음 보았을 때, 속으로 유레카를 외쳤던 것 같다. 여기다, 서울을 떠나지 않는 한은 여기 발붙이고 살아야겠다. 비빌 구석이 생긴 기분이었다.

비혼이라고 하면 "젊을 때나 자유롭고 좋지, 나이 들면 비참하다"는 말이 저주처럼 따라붙곤 한다. "너나 잘하세요" 부적으로 퇴치하지만 때로는 무섭다. 미래에 대한 막연한 공포감에 가위 눌리는 기분이 들 때가 있다. 괜한 스산함에 아무도 없는 방을 휘휘 둘러볼 때처럼.

2019년 개봉한 영화 〈작은 아씨들〉에는 전 세계 비혼 여성의 심장을 정조준한 대사가 나온다. 독신인 대고모(메릴 스트립 분)는 조카들에게 돈 많은 남자와의 결혼이 할 수 있는 유일한 성공이라고 얘기한다. 조(시얼샤 로넌 분)가 "고모님은 결혼 안 하셨잖아요?"라고 묻자 돌아오는 그의 한 마디. "난 돈이 많잖니."

대고모님, 돈 없고 비루한 여자가 혼자 나이 들기란 정녕 불가능한가요? 사실 비혼만 노년이 두려운 건 아니다. 많은 사람이 나이 듦에 걱정을 넘어선 두려움을 가진다. 뉴스에는 꾸준히 노인 빈곤 문제가 대두되고, '요양병원의 현실'이라는 제목을 단 기사의 내용은 끔찍하기만 하다. 아이가 있어도 우리 세대에는 자식에게 기댈 수 없다는 인식이 대세론이다. 부모 돌봄 문제도 코앞으로 닥쳐온다.

세상은 공포를 더 부추긴다. 비참하게 늙지 않으려면 공격적으로 투자하고 돈을 모아야 한다고, 노동을 비웃는다. 걱정되면 자식을 낳으라고 말한다. 자식이 보험상품인가? 한쪽에서는 국가가 노후를 모두 책임져야 한다고 한다. 안락사 합법화만 되면 모든 문제가 해결될 것처럼 기승전 '안락사'를 외치는 이들도 있다. 그런데 정말, 그거면 다 되는 걸까?

잘 모르겠으나 일단 나는 그런 노후 준비는 할 수가 없다. 노후 자금 수억, 수십억을 모을 가능성은 낮아 보인다. 노후가 걱정된다는 이유 하나로 자식을 낳고 싶지도 않다. 대고모님의 조언 대로 돈 많은 남자를 찾을 자신도 없다. 대신 마을공동체라는 사회 안전망에 노후를 걸어보려 한다. 늙고 병 들면 죽어야 하는 사회가 아니라 늙고 아파도 서로를 돌볼 수 있고, 여성의 독박 돌봄에만 기대지 않고, 가족이라는 울타리 바깥의 돌봄이 가능하고, 돌봄의 새로운 가치를 찾아나가는 마을공동체에.

그래서 연금보험을 납입하는 마음으로 조합 활동에 슬쩍 발을 담그기 시작했다. 낸 보험료도 없이 필요할 때만 손 내밀기는 좀 민망하니까. 무엇보다도 공동체적 돌봄은 공동체적 관계 속에서 만들어진다는 걸 그곳에서 배웠기 때문이다. 조합에서 "이거 같이 할래요?" 꼬시면 시간과 에너지가 허락하는 한 참여하려고 한다. 소식지도 만들고, 건물 청소도 하고, 대의원도 맡고. 어쩌면 이게 나의 유일한, 동시에 꿈꾸는 노후에 가장 맞닿아 있는 노후 준비다.

내친 김에 좀 더 장밋빛 미래를 그려볼까. 돌봄의 생태계가 살아 숨 쉬는 마을 안에서 마음 맞는 친구들과 모여 살면 더할 나위 없겠다. 비혼이어도 좋고 아니어도 좋다. 어차피 결혼하고 아이를 키워도 다 독립할 나이인걸. 마음 맞는 이들이 모여 공유주택을 지으면 어떨까. 화장실과 주방을 함께 쓰는 건 싫으니까 현관문이 따로 있는 온전하게 독립된 주거 형태면 최고다. 문만 열면 언제든지 만나고 모일 수 있는 노년 주거 공동체. 그때쯤이면 노년 주거 지원사업도 더 다양해질 테니, 지원금을 타서 취향대로 건물을 올리고 집을 꾸며야지. 그래서 나이가 들어도 온전한 내 공간에서 나로 지내되, 이웃들과 밥도 먹고, 산책도 하고, 운동도 하면서. 그때는 시간과 에너지가 많이 든다는 이유로 미뤄둔 연극도 다시 해야지. 시니어 연극단을 꾸려서 주연 자리를 차지해볼 테다. 빠릿빠릿하게 새로운 기기 사용법을 익히거나 형광등을 거뜬히 가는 건 어려울 테니, 생활을 보조할 젊은 직원도 필요하다. 한 번 물어본 걸 또 묻고 또 물어도 귀찮은 내색 않고 알려줄 수 있는.

그러다가 혼자 움직일 수 없는 몸이 되거나, 마지막

을 준비해야 할 상황이 닥치면 방문요양서비스나 호스피스를 이용해야겠지. 살림조합, 혹은 그처럼 믿을 만한 지역공동체가 운영하는 시설이 있다면 조금은 덜 겁을 먹고 마지막을 준비할 수 있을 것 같다.

얼마 전에는 종종 가는 동네 카페에서 이웃을 만났다. 예상치 못한 만남에 반가워하다가 한 시간 넘게 앉은 자리에서 수다를 떨었다. 어떤 날에는 길을 가는데 뒤에서 누가 나를 부른다. 또 다른 이웃이다. 전월세 계약이 만료될 때마다, 다니는 회사가 바뀔 때마다 떠밀리듯이 서울 이곳저곳을 전전할 때는 단 한 번도 하지 못했던 경험이다. 마을 안에서 생겨나는 관계 속에서 나는 '우리 동네'라는 소속감을 슬며시 가져본다. 물가에서 서성이던 한 발을 물 안에 슬쩍 담그면서 할머니가 된 모습을 상상해본다.

친구들에게 이따금 은밀한 눈빛으로 "은평으로 이사 와" "나이 들면 한국 들어와서 살아" "파주에 땅 보러 갈까…?" 말을 던지는 속내에는 나름 이런 야심이 숨어 있다. 은평이 아닌 파주인 이유는 은평도 이미 넘볼 수 없을 만큼 땅값과 집값이 비싸기 때문이다. 문제가 다시 또 부동산으로 돌아가 버리다니. 서울에서의 정착이란 참 어렵고, 비싸다.

올해도 어김없이 벚꽃이 폈다. 남쪽의 진해에서 먼저 피고, 뒤이어 불광천의 벚꽃도 만개했다. 아빠의 퇴직과 함께 부모님이 부산으로 이사했기에, 살면서 진해로 돌아갈 일은 없을 것이다. 영원히 그리움으로만 남을 과거형 벚꽃동산이다. 그렇다면 지금 사는 이곳을 제2의 벚꽃동산으로 만들 수 있을까. 하나둘 늘어나는 아는 얼굴들과 왁자지껄 이상하고 신나는 난리벚꽃장을 만들어내면서. 벚나무 아래에서 자라 벚나무 아래에서 늙어가는 마무리라니. 수미상관 구조라는 점에서는 제법 마음에 든다.

에필로그

서른아홉 즈음의 나에게

스무 살, 연극 연습이 끝나면 동아리방에 모여 술을 마셨다. 술이 어느 정도 들어가면 선배들은 어김없이 통기타를 꺼내 들었다. 생각해보면 21세기였는데 매우 20세기스러운 풍경이었고, 나는 그 아날로그 정서가 좋았다. 통기타와 함께 소환되는 가수는 역시나 유재하니 산울림이니 그리고 김광석이니 하는 가수들이었다.

점점 더 멀어져 간다
머물러 있는 청춘인 줄 알았는데
비어가는 내 가슴속엔
더 아무 것도 찾을 수 없네

갓 청춘에 입성한 청춘들이 '머물러 있는 줄 알았던' 청춘이 떠나간다는 노래를 구슬피 불렀다. 스무 살은 헤아릴 수 없는 서른 살 어른의 삶의 무게와 공허를 훔쳐보는 기분이 들어서 좋았을까. 술자리가 깊어질수록 괜한 우울의 감성이 안주로 깔려서 그랬을까. 아무튼 김광석이 노래한 〈서른 즈음에〉를 따라 부르면서도 뭐가 그리 슬플까 생각하곤 했다. 내가 아직 알 수 없는 어떤 세계가 있겠지. 그 세계에는 무엇이 있을까. 쓸쓸하고 공허한 서른 즈음을 한편으로는 동경했다.

어떤 이가 말했다. 요즘은 수명이 길어져 마흔 즈음이 되어야 〈서른 즈음에〉 가사를 진정으로 이해할 수 있다고. 그 노래가 나온 1994년에는 우리나라 중위연령이 28세였는데, 지금은 44세라고 한다. 그런 점에서 꽤나 타당한 주장이다. 그러니까 〈서른 즈음에〉는 청년 끝자락도 아닌 그냥 중년의 시기에 완전하게 '청춘 엔딩'을 찍으면서 쓴 노랫말인 거다.

서른 즈음도 겪고 서른아홉 즈음도 겪었으니, 나는 이제 〈서른 즈음에〉 가사를 온전하게 이해할 수 있을까? 글쎄, 잘 모르겠다. 아직 중위연령인 44세가 안 되어서 그런가. 오랜만에 가사를 곱씹어 본 감상은 미안하지만 "어린놈의 자식이, 세상 다 살았냐?" 싶다. 꼰대를 경계해야 한다, 나이 위세 부리면 안 된다고 떠들어놓고 이런 말을 내뱉다니. 또 미안하다. 아, 상대적 나이로는 44세에 쓴 것과 다름없으니 나보다 어린놈의 자식도 아니구나. 또 미안합니다.

물론 소중했던 무언가와 이별하는 기분, 인생의 공허함이 이해 가지 않는 바는 아니다. 그럼에도 불구하고 "꽤나 궁상맞고 청승맞은 중년을 보내셨군." 싶다. '매일 이별하며 살고 있다'라는 가사가 절절하기에는 중년도 아직 어린 것 아닌가 의구심도 든다. 스무 살 즈음, 서른 살 즈음에는 몰랐는데 서른아홉 즈음이 되니 오히려 '매일 이별하면서 사는 삶'은 시작도 제대로 안 했다는 감이 왔다.

최근에 한 노년 여성에게 인터뷰를 요청했다. 통화로 인터뷰 취지를 들은 그는 "요즘은 인생에 있던 것도 정리하는 시기라, 어떠한 형태로든 흔적을 남기고 싶지 않다"라며 정중하게 거절했다. 흔적을 남기고 싶지 않다는 그의 말을 온전하게 이해할 수는 없겠지만 어렴풋이 알 것 같았다. 그는 진짜 매일 이별하며 사는 기분을 알까?